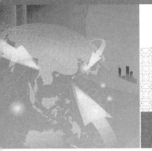

"十二五"国家重点图书出版规划项目

当代经济与管理跨学科新著丛书

会计学基础

FUNDAMENTAL OF ACCOUNTING

（第2版）

么冬梅　主　编

张　宇　孟　磊　副主编

哈尔滨工业大学出版社
HARBIN INSTITUTE OF TECHNOLOGY PRESS

内 容 简 介

本书以我国最新颁布、修订的《中华人民共和国会计法》《企业会计准则》《会计基础工作规范》等法律、法规、制度为依据,全面系统地阐述会计的基本理论、基本方法和基本操作技能。全书共 11 章,内容包括总论、会计要素和会计等式、账户与复式记账、制造业企业主要经济业务的核算、账户分类、会计凭证、会计账簿、财产清查、财务报告、账务处理程序和会计工作组织。

本书可作为普通高等院校会计学、财务管理以及其他经济管理类各专业的会计学教材,也可作为从事会计等相关工作的社会在职人员学习会计学基础、参加会计从业资格考试以及自学考试等的参考用书。

图书在版编目(CIP)数据

会计学基础/么冬梅主编. —2 版. —哈尔滨:
哈尔滨工业大学出版社,2020.8(2022.8 重印)
ISBN 978 - 7 - 5603 - 9013 - 0

Ⅰ.①会… Ⅱ.①么… Ⅲ.①会计学 Ⅳ.①F230

中国版本图书馆 CIP 数据核字(2020)第 151972 号

策划编辑	许雅莹
责任编辑	许雅莹
封面设计	刘长友
出版发行	哈尔滨工业大学出版社
社　　址	哈尔滨市南岗区复华四道街 10 号　邮编 150006
传　　真	0451 - 86414749
网　　址	http://hitpress.hit.edu.cn
印　　刷	黑龙江艺德印刷有限责任公司
开　　本	787mm×1092mm　1/16　印张 15.75　字数 393 千字
版　　次	2017 年 6 月第 1 版　2020 年 8 月第 2 版 2022 年 8 月第 2 次印刷
书　　号	ISBN 978 - 7 - 5603 - 9013 - 0
定　　价	33.00 元

(如因印装质量问题影响阅读,我社负责调换)

第2版前言

2017年以来，我国企业会计准则体系在不断修订、补充和完善；此外，近几年我国财政、税收等政策也发生了很大变化，这些变化对会计工作影响很大，为了配合企业会计准则体系具体内容的变化，充实会计教学内容，我们对《会计学基础》相关内容进行了修改。

本书第2版继续保持第1版的特点：

（1）注重体现会计理论和实务的最新成果。本书以最新的企业会计准则、税法等为依据，对相关内容进行了梳理、补充、完善、修改，将最新规定编入教材，使读者能够及时了解最新的会计政策和方法。

（2）注重理论联系实际。编者结合多年的会计实践经验，根据会计教学的需要，在介绍会计基本理论的基础上，以制造业企业主要经济业务为例详细讲解了会计的基础方法、基本操作技能。

（3）注重系统性。本书以会计核算方法为主线，系统地讲解了会计学的基本理论、基本方法和基本技能。

（4）注重实用性和趣味性。本书各章开篇给出学习目标和关键术语，帮助读者明确学习目标；各章均以案例形式引出内容，并将相关知识串联起来，其中穿插小案例、知识链接；章后有小结、思考题、案例分析、练习题，形式灵活，激发读者阅读的兴趣，增强了教材的实用性和趣味性。

本书由哈尔滨理工大学么冬梅担任主编，哈尔滨理工大学张宇、孟磊担任副主编。具体分工如下：么冬梅编写第2、3、4、8章，张宇编写第6、7、10、11章，孟磊编写第1、5、9章及附录，么冬梅负责全书大纲的制订、全书总纂和定稿工作。

由于编者时间、精力有限，书中难免存在疏漏及不足之处，恳请读者批评指正。

编　者
2020年7月

目录

第1章 总论 ··· 1
  1.1 会计的含义 ·· 2
  1.2 会计的职能和目标 ·· 5
  1.3 会计核算方法概述 ·· 9
  1.4 会计核算基础 ··· 11
  本章小结 ··· 17
  思考题 ·· 18

第2章 会计要素和会计等式 ··· 19
  2.1 会计对象 ··· 20
  2.2 会计要素 ··· 22
  2.3 会计等式 ··· 28
  本章小结 ··· 33
  思考题 ·· 34

第3章 账户与复式记账 ··· 35
  3.1 会计科目 ··· 36
  3.2 账户 ··· 40
  3.3 复式记账 ··· 42
  3.4 借贷记账法 ·· 44
  本章小结 ··· 59
  思考题 ·· 60
  案例分析1 ·· 60
  案例分析2 ·· 60

第4章 制造业企业主要经济业务的核算 ······································· 61
  4.1 制造业企业生产经营过程概述 ··· 62
  4.2 资金筹集业务的核算 ·· 64
  4.3 供应业务的核算 ··· 71
  4.4 生产业务的核算 ··· 83
  4.5 销售业务的核算 ··· 94
  4.6 利润形成及分配业务的核算 ··· 102

本章小结 ··· 113
思考题 ··· 114
案例分析 ·· 114
练习题 ··· 114

第 5 章 账户分类 ·· 115
5.1 账户分类的意义和标志 ·· 116
5.2 账户按经济内容分类 ·· 117
5.3 账户按用途和结构分类 ·· 118
本章小结 ··· 126
思考题 ··· 127

第 6 章 会计凭证 ·· 128
6.1 会计凭证的作用和种类 ·· 129
6.2 原始凭证的填制和审核 ·· 138
6.3 记账凭证的填制和审核 ·· 141
6.4 会计凭证的传递与保管 ·· 145
本章小结 ··· 146
思考题 ··· 147
案例分析 ·· 147
练习题 ··· 147

第 7 章 会计账簿 ·· 148
7.1 会计账簿的意义和种类 ·· 149
7.2 会计账簿的设置和登记 ·· 153
7.3 会计账簿的启用与登记规则 ·· 158
7.4 对账和结账 ··· 164
7.5 账簿的更换和保管 ··· 165
本章小结 ··· 166
思考题 ··· 167
案例分析 ·· 167
练习题 ··· 167

第 8 章 财产清查 ·· 168
8.1 财产清查的意义和种类 ·· 169
8.2 财产清查的内容和方法 ·· 174
8.3 财产清查结果的处理 ·· 183
本章小结 ··· 187
思考题 ··· 188
案例分析 ·· 188

第 9 章 财务报告 ·· 189
9.1 财务报告概述 ··· 190

  9.2 资产负债表 ··· 194
  9.3 利润表 ··· 200
  9.4 现金流量表 ·· 205
  本章小结 ··· 209
  思考题 ·· 210

第10章 账务处理程序 ·· 211
  10.1 账务处理程序概述 ··· 212
  10.2 记账凭证账务处理程序 ·· 213
  10.3 科目汇总表账务处理程序 ··· 214
  10.4 汇总记账凭证账务处理程序 ·· 221
  10.5 多栏式日记账账务处理程序 ·· 225
  本章小结 ··· 226
  思考题 ·· 226
  案例分析 ··· 226

第11章 会计工作组织 ·· 227
  11.1 会计工作组织概述 ··· 228
  11.2 会计机构 ·· 230
  11.3 会计人员 ·· 231
  11.4 会计规范体系 ·· 234
  本章小结 ··· 236
  思考题 ·· 236

附 录 ··· 237

参考文献 ·· 241

第1章

总　论

学习目标

- 了解会计的产生及发展过程
- 理解会计的含义和目标
- 熟悉会计的基本职能
- 熟悉会计核算方法的构成
- 了解会计核算的基本假设和会计信息质量要求
- 了解会计学及会计学科体系

> **关键术语**
>
> 会计　　accounting
> 会计假设　accounting assumption
> 会计主体　accounting entity
> 持续经营　going concern
> 会计分期　accounting period
> 货币计量　monetary unit
> 会计年度　fiscal year
> 会计循环　accounting cycle

小张、小王、小赵和小陈是好朋友,今年一起考上了同一所大学的不同专业,小张考的是会计学专业,小王考的是数学专业,小赵考的是英语专业,小陈考的是计算机专业。一次聚会,大家聊起了各自的专业,小张说自己对会计并不了解,只知道每个单位都要有会计人员,所以认为会计就是指一个人;小王认为会计不是指人而是指一项会计工作,因为他妈妈在单位是做会计工作的;小赵不同意他俩的看法,他认为会计是指一个机构,理由是每个公司都有一个会计部门;可是小陈认为他们说的都不对,他觉得会计应该是一门学科,因为小张学的就是会计学。

那么到底什么是会计呢?如果让你谈谈什么是会计,你会怎么说呢?

1.1　会计的含义

1.1.1　会计的产生和发展

会计是人类社会生产发展到一定阶段的产物,它是随着人类社会生产的发展而发展的。

会计起源于人类的生产活动。生产活动是人类社会赖以生存和发展的基础,在生产活动中,取得一定劳动成果的同时,必然要有劳动耗费(包括人、财、物)。如果劳动成果小于劳动耗费,则只能缩小生产规模,社会就会倒退;如果劳动成果等于劳动耗费,只能进行简单的再生产,社会就会停滞不前;如果劳动成果大于劳动耗费,则能够扩大再生产,社会就能进步。因此,人们必然会关心劳动成果和劳动耗费,对它们进行比较,这时产生了原始的计量、计算、记录行为。由此可见,会计是生产活动发展到一定阶段的产物,是为适应管理生产活动的需要而产生的。

会计从产生到现在经历了一个漫长的发展历程,其发展大体经历了以下三大阶段:

1. 古代会计阶段

早在原始社会,随着社会生产力水平的提高,猎物及生产的谷物等便有了剩余,人们就要算计着食用或进行交换,这样就需要进行简单的记录和计算。由于当时没有文字,只好"绘图记事",后来发展到"结绳记事""刻石记事"等。这些原始的简单记录,就是会计的萌芽。不过此时的会计只是生产职能的附带部分,还不是一项独立的工作。随着社会生产的进一步发展,生产规模的日益扩大和复杂,出现了大量的剩余产品,为了满足生产发展的需要,适应对劳动成果和劳动耗费进行管理的要求,会计逐渐从生产职能中分离出来,成为特殊的、专门委托代理人行使的独立职能,成为一种专门的职业。

我国古代会计在世界处于领先地位,有文字考证的会计活动可追溯到西周,西周王朝出现了"会计"一词,并且有了比较明确的含义,即"零星算之为计,总合算之为会",当时产生了"官厅会计",并设有"司会"一职,专门从事会计工作。到了宋朝,出现了"会计司"这样的组织,并且开始使用"四柱清册",逐渐形成了"四柱结算法"。四柱是指旧管、新收、开除和实在四项数字,它们之间的关系是旧管+新收=开除+实在,相当于现在的期初余额+本期收入=本期支出+期末余额,这一时期形成了中式会计。

2. 近代会计阶段

近代会计开始的最重要的标志就是复式记账理论的产生和运用。从13世纪到15世纪期间,随着资本主义经济关系的萌芽和发展,地中海一带,商业和金融业特别繁荣,使得来自银行业的复式记账法被广泛运用于商业会计核算中。1494年,在意大利数学家卢卡·帕乔利所著的《算术、几何、比与比例概要》一书中,系统地介绍了威尼斯的复式记账法(借贷记账法),并在理论上进行了全面的阐述。这是一本有关会计理论和方法方面最早的著作,它标志着近代会计的产生,该书推动了借贷记账法的传播,从而影响了许多国家会计的发展。

我国明末清初,商业和手工业有了一定的发展,与此相适应,出现了"龙门账",复式记账开始形成并得到发展。在清朝,随着资本主义经济关系的萌芽,产生和运用了"四脚账",这是一种比较成熟的复式记账法。同时,国外会计传入我国,从而出现了中式会计和西式会计并存的局面。

3. 现代会计阶段

19世纪以后,随着股份制公司的出现,产生了以提供财务信息为主的财务会计,企业会计从以对内提供会计信息为主,逐渐转变为对外提供会计信息为主,同时也出现了以查账为职业的注册会计师。

从20世纪30年代起,英国、美国等国家为了规范会计工作,陆续制定了"公认会计原则",从而把会计理论和方法推上了一个新的台阶。1971年成立的国际会计准则委员会(International Accounting Standards Committee,IASC)致力于国际间的会计协调。在经济全球化的浪潮下,会计作为一种通用的商业语言,会计国际化问题成为热点,各国在制定会计准则时都在参考国际会计准则。

20世纪50年代前后,由于商品经济的迅猛发展,企业之间的竞争加剧,企业注重通过加强和改进管理来提高经济效益,会计逐渐形成了各种预测、决策、控制和分析的方法,因此,管理会计和财务会计相分离,管理会计侧重于为企业内部经营管理服务,财务会计主要是为企业外部提供符合"公认会计原则"的会计信息。管理会计的出现是现代会计发展的主要标志。

新中国成立后,国家在财政部设置了会计事务管理司,主管全国的会计事务,并且先后制定了有关会计核算和管理方面的会计制度。改革开放以后,国家工作重点转向经济建设,1985年颁布了《中华人民共和国会计法》,我国的会计工作从此走上了法制轨道。为适应市场经济的发展,逐步与国际会计惯例接轨,我国于1992年颁布了《企业会计准则——基本准则》,在1995年至2004年间颁布了一系列具体准则,并且于2001年颁布了统一的《企业会计制度》,使得我国的会计规范体系得到逐步完善。为适应会计国际化的需要,2006年2月,颁布了新的《企业会计准则》,即我国会计准则由基本准则、38项具体准则和1项应用指南组成,它标志着适应我国社会主义发展进程的、能够独立实施和执行的、与国际会计标准趋同的新的企业会计准则体系正式建立。2014年至今,我国对基本准则进行了多次修订,并陆续修订、制定了多项具体准则,发布了多项企业会计标准解释性文件,使我国企业会计准则体系更加完善。

会计产生和发展的实践表明:会计是适应管理生产活动的需要而产生的,并随着生产的发展而发展,会计从产生至今经历了一个由低级到高级、由简单到复杂的发展过程。经济越发展,会计越重要。

1.1.2 会计的含义

什么是会计?或者说会计的内涵是什么?要想解决这个问题,首先要明确"会计"一词指的是什么。按照前述案例中小张、小王、小赵和小陈的说法,会计是会计学科?会计机构?会计人员?还是会计工作?四个人的看法都说明了会计含义的一部分,但又都不全面。我们通常所说的会计主要还是指会计工作,既然有会计工作的实践,就势必有实践经验的总结和概括,就有会计的理论,就有会计工作赖以进行的指导思想。会计是解释和指导会计实践的知识体系,是一门学科,即会计学。

虽然会计从产生至今已经有几千年的历史,但是,人们对会计还没有一个统一的定义。其主要原因是会计本身是不断发展的,在不同的时期、不同的社会环境,人们对会计本质的认识不同,而会计的含义概括了人们对会计本质属性的基本观点。

我国会计界对会计的定义主要有信息系统论和管理活动论两种观点。

(1)信息系统论。该观点把会计的本质理解为一个经济信息系统,他们认为"会计是为提高企业和各单位的经济效益,加强经济管理而建立的一个以提供财务信息为主的经济信息系统"。

(2)管理活动论。该观点把会计的本质理解为一种经济管理活动。他们认为"会计是人们管理生产过程中的一种社会活动""会计不仅是管理经济的工具,它本身就具有管理职能,是人们从事管理的一种活动"。

以上两种观点并不是对立的,只是认识会计本质的角度不同,并且这两种观点在认识上有接近的趋势。会计在本质上具有双重性,它既是一个经济信息系统,为会计信息使用者提供会计信息,同时又是一种经济管理活动。

因此,从会计工作角度出发,综合考虑,会计的定义应表述为:会计是以货币为主要计量单位,采用一系列专门方法,对企业、事业、机关团体等单位的经济活动进行全面、连续、系统地核算和监督,向会计信息使用者提供会计信息,促使单位提高经济效益和社会效益的一种经济管理活动。

会计的定义里涵盖了以下内容:

(1)会计主体(会计的范围)——企业、事业、机关团体等单位。

(2)会计客体(会计的对象)——经济活动。

(3)会计的主要计量尺度(显著特征)——货币计量。

(4)会计的手段——专门方法。
(5)会计的任务——提供会计信息,参与企业的经营管理,促使单位提高经济效益。
(6)会计的本质——经济管理活动。
(7)会计的基本职能——核算和监督。
(8)会计的服务对象——会计信息使用者。

1.2 会计的职能和目标

1.2.1 会计的职能

会计的职能是指会计在经济管理工作中所具有的功能或能够发挥的作用。会计职能是客观存在的,是会计的本质属性。随着经济的不断发展,经济关系的复杂化和管理理论水平的不断提高,会计职能也不断得到发展和完善。核算(反映)和监督是会计的两大基本职能。

1.会计的基本职能

(1)核算职能。

核算职能又称反映职能,就是反映客观的经济活动情况,为经济管理提供信息。核算职能是会计的最基本的职能,也是全部会计管理工作的基础。

【案例1.1】 某公司是一家经营家电的公司,在一定时间内购进了多少商品,花了多少钱,销售了多少商品,卖了多少钱,在购销过程中发生了多少费用,最后到底是赚了还是亏了,要想知道这些,必须采用一定的方法,把具体情况都记录下来并计算清楚,最终通过一定的方式表达出来。这种记录、计算和报告的过程就是会计核算。

核算职能要通过确认、计量和报告来实现。从交易或事项的确认开始,依次经过计量、记录,实现对交易或事项的会计处理,到最后编制财务报告,完成一个会计期间的会计循环。

①确认是会计人员按照会计规范,判定某项经济活动的信息是否应当作为会计信息记录,作为什么记录以及何时记录。凡符合确认标准的经济活动信息均应在会计报表中予以确认。会计确认可以分为初次确认和再次确认。

初次确认是指对输入会计核算系统的原始经济信息进行的确认,初次确认的标准主要是发生的经济业务能否用货币计量,如果发生的经济业务能够用货币计量,则通过初次确认可以进入会计核算系统;如果发生的经济业务不能用货币计量,则排除在会计核算系统之外。再次确认是指对会计核算系统输出的经过加工的会计信息进行确认。也就是要依据管理者的需要,确认账簿资料中的哪些内容应列入财务报表,或是在财务报表中应揭示多少财务资料和何种财务资料。再次确认的标准主要是会计信息使用者的需要,会计输出的信息应是能够影响会计信息使用者决策的信息。初次确认和再次确认的任务是不一样的。初次确认决定着经济信息能否转化为会计信息进入会计核算系统,而再次确认则是对经过加工的信息再提炼。经过初次确认和再次确认,可以保证会计信息的真实性和有用性。

②计量是会计人员对经过确认的会计信息,以货币或其他度量单位衡量其对会计要素(会计对象具体内容)在数量上的影响及结果,确定应记录项目金额的会计处理过程。会计

计量过程包括被计量对象的实务数量计量和被计量对象的货币表现。

会计确认离不开会计计量，只有经过计量，应输入的数据才能被正式记录，输出的数据才能被最终列入财务报表。会计确认与会计计量总是不可分割地联系在一起，未经确认，就不能进行计量；没有计量，确认也就失去了意义。

③报告是会计人员对经过确认、计量的会计信息，以财务报表等形式提供给会计信息使用者。报告是会计核算的最终成果，也是确认、计量的结果和目的。

核算职能实现的过程又具体体现为记账、算账和报账三项工作。

记账是运用一定的程序和方法将一个单位所发生的全部经济业务记载到账簿上。

算账是在记账的基础上，运用一定的程序和方法计算该单位在生产经营过程中资产、负债、所有者权益、收入、费用成本和损益情况。

报账是在记账和算账的基础上，运用一定方法通过编制财务报表等方式将该单位的财务状况和经营成果提供给会计信息的使用者。

会计核算职能具有以下特征：

①以货币为主要计量单位。会计在对各单位的经济活动进行反映时主要是从数量方面反映，因此会使用到计量单位，会计上常用的计量单位包括货币计量、劳动计量和实物计量。又由于会计要将不同类型的经济活动及其影响综合起来，运用综合指标客观地反映，因此，必须采用统一的计量单位，这个计量单位就是货币计量。

②具有可验证性。会计反映经济活动就是反映其事实，会计的任何记录和计量都必须以会计凭证为依据，因此，要求各单位对于发生的每项经济业务都必须填制或取得真实、合法的凭证。

只有在经济业务发生或完成之后，才能取得证明该项经济业务完成的书面凭证，这种凭证具有可验证性，只有经过审核无误的原始凭证（凭据）才能据以编制记账凭证，登记账簿进行加工处理。

③具有全面性、连续性、系统性。全面性又称完整性，是对每个单位所发生的全部的经济活动进行反映，提供完整的会计信息。连续性是指在单位存续期间对经济活动按其发生时间的先后顺序，不间断地进行反映。系统性是指会计运用专门的方法分门别类地对经济活动进行反映。

由于会计的特征主要体现在会计核算上，因此，以上核算的特征也可以称为会计的特征。

思考：（1）会计是否可以进行事前反映？

（2）如果一个企业在进行会计核算时没有将单位的全部经济业务进行核算，那么会出现什么后果？

（2）监督职能。

会计监督职能是指会计按照一定的目的和要求，利用会计核算提供的会计信息对经济活动进行控制，使之达到预期的目标。会计监督的目的是为了保证经济业务的合法性、合理性、有效性（效益性），以加强经济管理。

会计监督职能具有以下特征：

①强制性、严肃性。任何单位，无论规模大小，进行会计工作都要符合会计规范。会计监督是依据国家的财经法规和财经纪律进行的，《中华人民共和国会计法》不仅赋予会计机构和会计人员监督的权利，而且规定了监督者的法律责任。因此，会计监督具有强制性和严肃性。

②连续性。会计对单位存续期间的经济活动进行连续不间断的核算，就需要对经济活动的合法性、合理性和有效性进行连续不间断的监督。会计核算具有连续性，会计监督也具有连续性。

③完整性。会计监督贯穿于经济活动的全过程，即会计监督包括事前、事中、事后监督。事前监督是指经济活动发生前所进行的监督，它是对未来经济活动的指导，如审查即将签订的订货合同，即将下达的计划等。事中监督是指对正在发生的经济业务进行的监督，发现问题，及时提出建议或意见，促使有关部门或人员采取措施及时改正，能够及时纠正偏差。事后监督是指对已发生(完成)的经济业务进行的监督，为制订下期计划、预算提供资料，也可以预测今后经济活动发展趋势。例如，实际成本与计划成本对比、分析，检查分析该计划的完成情况，总结过去，找出差距，为制订下期计划提供相关资料。

> 思考：会计在监督过程中发现有违反国家财经法规和财经纪律的情况应如何处理？

(3) 会计核算和监督职能的关系。

会计核算和监督职能是密切结合、相辅相成的。核算职能是基础，没有核算职能提供的信息，会计监督就没有了依据，也就不能进行会计监督。监督职能是核算职能的保证，没有监督职能进行控制，核算职能就不能保证提供真实可靠的会计信息。因此，只有在正确核算的同时加以严格的监督，才能为管理经济提供真实可靠的会计信息，才能发挥会计的作用。

> 思考：从会计的角度，怎样保证经济业务的合法性、合理性和有效性？

2. 会计职能的拓展

随着社会的进步及经济的发展，会计的职能不断完善，在会计基本职能的基础上派生出其他职能，如预测经济前景、参与经济决策等，出现了"三职能论"直至"六职能论"。

1.2.2 会计的目标

会计的目标是指人们通过会计工作所预期达到的目的。就财务会计体系而言，会计目标又可以看作财务报告的目标，会计目标是会计理论研究的起点，它的定位决定了会计理论研究的方向和内容。

关于会计目标，学术界有两种观点：决策有用观和受托责任观。决策有用观认为，会计的目标是向信息使用者提供有用的信息，来帮助他们做出合理的决策。受托责任观认为会计的目标是向委托人报告受托责任的履行情况。两种观点并不完全排斥，反映受托责任的会计信息和决策有用的会计信息是相互交叉的。

我国《企业会计准则——基本准则》明确规定:企业应当编制财务会计报告。财务会计报告的目标是向财务会计报告使用者提供与企业财务状况、经营成果和现金流量等有关的会计信息,反映企业管理层受托责任履行情况,有助于财务会计报告使用者做出经济决策。财务会计报告使用者包括投资者、债权人、政府及其有关部门和社会公众等。

一般来说,会计目标要明确表述会计向谁提供会计信息、提供什么样的信息、以什么方式提供会计信息三方面的内容。

1. 会计向谁提供会计信息(为谁服务)

单位性质不同,会计服务的对象也有所不同,企业会计服务的对象主要包括投资者(国家、法人、个人、外商等)、债权人(银行等金融机构、其他单位等)、政府及其有关部门(财政、工商、税务等)、企业管理者和社会公众等。

2. 提供什么样的信息

企业要想进行经营,就需要资金投入,其资金的来源渠道之一是投资者对企业的投资。投资者为了选择投资对象、衡量投资风险、做出投资决策,需要了解和掌握企业的经营能力和获利能力等情况,因此需要会计为其提供会计信息。这里所讲的投资者包括现实的投资者和潜在的投资者。

企业资金的另一个来源渠道是从企业外部借入资金,资金拥有者将资金借给企业,出于自身资金安全的考虑,债权人需要了解和掌握企业的运营情况,了解债务人的偿债能力等会计信息,以便做出信贷决策。因此,需要企业向其提供会计信息。

企业的会计信息是国家进行宏观调控和管理的主要依据,政府有关部门需要了解各单位的经济活动,通过各单位会计信息的汇总分析,做出宏观调控的决策。

在市场经济条件下,企业始终处于激烈的市场竞争中,保持企业在激烈的市场竞争中的竞争力的一个重要途径,就是加强企业的内部管理。企业管理者需要了解单位的经济活动情况,通过运用会计信息,对日常的经济活动进行控制,以便及时发现问题,进行经营决策。

社会公众(包括纳税人、选举人等)需要通过会计信息了解企业的发展趋势、经营范围、财务状况、获利能力等方面的信息,据以做出是否进行投资等经济决策。会计有责任向其提供有关财务状况和资源管理状况与效果的会计信息。

3. 以什么方式提供会计信息

会计为上述会计信息使用者提供会计信息的主要方式是财务会计报告(又称财务报告),即能够反映实际经营情况或提供预测基础的一系列报表、说明等。会计信息使用者通过阅读和分析财务报告,达到正确决策的目的。有关财务报告的详细内容将在本书第9章中介绍。

会计目标指明了会计实践活动的目的和方向,同时也明确了会计在经济管理中的使命,成为会计发展的导向。

1.3 会计核算方法概述

1.3.1 会计方法体系

会计的方法是指用来核算和监督会计对象,完成会计任务的手段。正确运用会计方法,对提高会计工作质量,完成会计任务具有重要意义。会计的方法是从会计实践中总结出来的,并随着社会的发展、科技的进步以及管理要求的提高而不断发展和完善,形成了一套科学有效的会计方法体系。会计方法包括会计核算方法、会计分析方法和会计检查方法。

会计核算方法是指会计对企业、事业、机关团体等单位的经济活动进行连续、系统、全面地确认、计量、记录和报告所采用的方法,具体包括:设置账户、复式记账、填制和审核凭证、登记账簿、成本计算、财产清查和编制财务报告。

1. 设置账户

会计对其核算和监督的经济内容进行基本分类,将其划分为会计要素,在此基础上还需要将会计要素划分成若干个项目,即设置若干个账户,用来分门别类地记录经济业务。

2. 复式记账

复式记账是记录经济业务的一种方法,它要求对发生的每一笔经济业务,都以相等的金额在相互关联的两个或两个以上的账户中进行登记。复式记账法能够全面完整地反映每一笔经济业务的来龙去脉,可以检查账户记录的准确性,是一种科学的记账方法。

3. 填制和审核凭证

会计凭证是记录经济业务、明确经济责任的书面证明,是登记账簿的依据。填制和审核凭证是为了审查经济业务是否合理合法,保证会计账簿记录的正确、完整而采用的一种专门方法。填制和审核凭证是会计工作的首要环节,对提高会计工作质量起着重要的作用。

4. 登记账簿

账簿是用来全面、连续、系统地记录经济业务的簿籍,是保存会计信息的重要工具,它具有一定的结构、格式。登记账簿也称记账,是根据审核无误的会计凭证将发生的经济业务序时、分类地记入有关账簿的方法。记账后,经济活动的原始数据转变为系统分类的会计信息,会计账簿资料是编制会计报表的重要依据。

5. 成本计算

成本计算是一种会计计量活动,是将经济业务的数据在各个成本计算对象之间进行归集和分配,从而确定各个成本计算对象的总成本和单位成本的一种专门方法。选择合理的成本计算方法,准确地核算成本,可以为企业管理者提供比较可靠的成本信息。通过成本计算可以考核单位各项耗费情况,促使其降低成本,提高经济效益。

6. 财产清查

财产清查是查明财产的实有数,并与账簿记录数进行比较,看其是否相符的一种专门方法。在财产清查中如果发现不符,还应该查明原因,调整账簿记录,做到账实相符。财产清查对于保护财产物资的安全完整,保证会计核算资料的正确性具有重要的作用。

7. 编制财务报告

财务报告是根据会计账簿资料,按照一定的格式和标准编制的,其核心部分是反映会计主体财务状况、经营成果和现金流量的财务报表。编制财务报告是会计目标实现的最后一个环节,编制完财务报告就意味着这一期间的会计核算工作的结束。

会计核算的各种方法是相互联系、密切配合的,它们共同构成会计核算方法体系。对于日常发生的经济业务,首先要取得合法的凭证,按照所设置的账户进行复式记账,根据账簿资料进行成本计算,在财产清查相符的基础上编制财务报告。在连续的会计期间,周而复始地按照一定的步骤、顺序运用上述会计核算方法进行会计处理的全过程称为会计循环。

会计核算方法及其关系如图 1.1 所示。

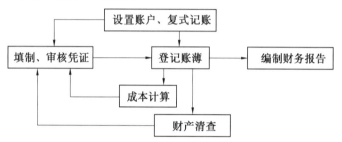

图 1.1 会计核算方法及其关系

会计分析方法是依据会计核算提供的各项资料及经济业务发生的过程,对企业的经营过程及其经营成果进行定性和定量分析所采用的方法。会计分析方法是对单位一定时期的经济活动的过程及其结果进行剖析与评价,及时发现经营管理中存在的问题及缺陷,总结经验教训,以便在以后的经营活动中进一步加强管理、提高经济效益所采用的专门方法。会计分析方法是会计预测、会计决策及会计检查的主要依据。

会计检查方法也称审计,是根据会计核算提供的数据资料及其他有关资料,对会计工作的正确性,会计资料的真实性、完整性,以及单位经济活动的合理、合法性进行检查的方法。

会计核算方法、会计分析方法和会计检查方法紧密联系、相互依存、相辅相成,形成了一个完整的会计方法体系,其中会计核算方法是最基本的、最主要的方法,是基础;会计分析方法是核算方法的继续和发展;会计检查方法是会计核算方法和会计分析方法的保证。

"会计学基础"是会计学的入门课程,因此,本书只介绍会计核算方法。

1.3.2 会计学科体系

会计学是研究会计理论和方法的一门经济管理学科。会计学来源于实践,反过来又指导会计实践。会计学具有完整的理论体系和方法体系。会计学按照不同的标准划分,存在不同的会计分类。

1. 会计学按照研究内容分类

(1) 初级会计学。

初级会计学即基础会计学、会计学基础、会计学原理,主要研究会计的基本理论、基本方法、基本技能。它研究的是会计各分支学科共同的问题,是研究其他分支学科的基础。

(2)财务会计学。

财务会计学即中级财务会计,主要研究如何根据已经发生或完成的经济业务,向会计信息使用者提供财务状况、经营成果和现金流量等方面的会计信息的基本知识、具体方法。

(3)高级会计学。

高级会计学即高级财务会计,专门研究特殊业务的基本知识、原则、方法、程序等。

(4)成本会计学。

成本会计学研究企业成本的预测、决策、计划、控制、核算、分析和考核的理论与方法。

(5)管理会计学。

管理会计学研究运用会计信息,对企业未来的经济活动进行预测、决策、控制和考核的理论与方法。

(6)财务管理学。

财务管理学研究资金的筹集、使用和分配等财务管理活动的基本理论与方法。

除上述学科外,还有会计制度设计、会计理论和会计史等。

2. 会计学按照会计主体分类

(1)企业会计。

企业会计是服务于营利组织的会计,是反映企业财务状况、经营成果、帮助企业提高经济效益的会计。企业有不同的类型,按照组织形式分为独资企业、合伙企业和公司制企业;按照规模分为小企业和大中型企业;按照行业分为工业、商业、农业及交通运输业等。

(2)政府与非营利组织会计。

政府与非营利组织会计是指核算和监督政府与非营利组织资金来源、运用及资金使用效果的会计。非营利组织包括学校、医院、科研机构等。

1.4 会计核算基础

1.4.1 会计核算的基本前提

会计主体进行经济活动的环境具有复杂性和不确定性,面对变化不定的经济环境,在组织会计核算前,必须明确会计为谁核算,给谁记账;会计核算的经济活动能否持续不断地进行下去;会计应该在什么时候提供会计信息;会计信息的主要数量特征是什么等问题,这些都是会计核算工作的前提条件。

会计核算的基本前提就是对会计核算所处经济环境在时间、空间范围上所做的合理设定。由于这些前提条件存在估计和人为设定的因素,因此又称为会计假设(Accounting Assumption)。我国《企业会计准则——基本准则》规定,会计核算的基本前提包括会计主体、持续经营、会计分期和货币计量。

1. 会计主体

在组织会计核算前,必须明确会计为谁核算,给谁记账。将会计所要反映的特定单位的经济活动与包括所有者在内的其他经济实体的经济活动相区分。

会计主体又称会计实体、会计个体，是指会计信息所反映的特定单位，它规定了会计核算的空间范围。

我国《企业会计准则——基本准则》规定：企业应当对其本身发生的交易或者事项进行会计确认、计量和报告。也就是说，企业仅对其本身发生的经济活动进行核算和监督，而不对其他会计主体的经济活动进行核算和监督。

【例1.1】 A公司是由甲和乙投资成立的，A公司作为一个会计主体，只有以A公司的名义发生的有关活动，如购买原材料、支付工资、销售产品等，才属于A公司会计核算的范围，而作为A公司投资者的甲和乙的有关经济活动则不属于A公司会计核算的内容。向A公司提供材料的供应商的经济活动，也不属于A公司的核算范围，借钱给A公司的银行的经济活动也不属于A公司的核算范围。这样，作为A公司的会计，核算的空间范围就界定为A公司，即只核算以A公司名义发生的各项经济活动，从而就严格地把A公司与A公司的投资者、借钱给A公司的银行以及与A公司发生或未发生经济往来的其他单位区别开来。

会计主体可以是一个独立法人（法律主体），也可以是一个非法人。会计主体不同于法律主体。法律主体往往是一个会计主体，但是会计主体不一定是法律主体。比如，具有法人资格的企业，能够独立核算，提供企业的财务状况、经营成果和现金流量，一定是会计主体；而该企业的内部核算单位，虽然实行独立核算，是一个会计主体，但却不具有法人资格，不是法律主体。

会计主体可以是一个企业，也可以是企业内部的一个责任单位（如生产车间、销售部门等）。比如，一个企业内部的生产车间需要进行独立核算，车间就是一个会计主体，但不是法律主体。

会计主体可以是单一企业，也可以是集团公司。比如，某公司是一个集团公司，有三个子公司，各子公司都有自己的会计人员，进行会计核算，都是会计主体；该集团公司要对外提供整个集团公司的会计信息，因此该集团也是一个会计主体。

【案例1.2】 小刘和小秦合伙开了一家打印社，20×8年3月打印社的会计对以下经济活动进行了会计处理：

(1) 从银行借入短期借款20 000元。
(2) 小刘拿了500元给自己买了一辆自行车。
(3) 打印社收入400元。

思考：会计对以上活动进行会计处理是否正确？为什么？

2. 持续经营

在组织会计核算前，必须明确企业的经济活动能否持续不断地进行下去。通常除了为完成临时任务而建立的会计主体外，人们期望所建立的会计主体能够长期地存在下去，但是，企业所处的经营环境具有复杂性和多变性，任何企业都存在破产、清算的风险。

持续经营是指在可以预见的将来，企业将会按照当前的规模和状态继续经营下去，不会停业，也不会大规模削减业务，它规定了会计核算的时间范围。

我国《企业会计准则——基本准则》规定：企业会计确认、计量和报告应当以持续经营为前提。也就是说，在进行会计核算时假定会计主体的经济活动是无限期地连续不断进行的。

企业是否持续经营,在会计原则、会计方法的选择上有很大区别。一般情况下,应当假设企业按照当前的规模和状态继续经营下去,不会停业,也不会大规模削减业务,这样企业就可以按照既定的用途使用资产,按照既定的合约条件清偿债务,会计人员就可以在此基础上选择会计原则和会计方法;但是企业不能持续经营的可能性总是存在的。因此,需要定期对其持续经营基本前提做出分析和判断。如果可以判断企业不会持续经营下去,就应当改变会计原则和会计方法。

【案例 1.3】 某公司因长期经营不善,宣布破产,清算组进驻该企业,公司共有四名会计人员,长期从事会计工作,经验丰富,但是清算组要求会计人员重新学习破产清算的会计方法。

思考:公司的会计人员为什么还要学习破产清算的会计方法呢?

3. 会计分期

在组织会计核算前,必须明确会计应该在什么时候提供会计信息。

会计分期又称会计期间,是指将一个企业持续经营的生产经营活动划分为一个个连续的、长短相同的期间,以便于分期提供会计信息。它规定了会计核算的时间范围。

我国《企业会计准则——基本准则》规定:企业应当划分会计期间,分期结算账目和编制财务会计报告,会计期间分为年度和中期。中期是指短于一个完整的会计年度的报告期间。

会计分期假设是以持续经营假设为前提的,要想最终确定企业的生产经营成果,只能等到这个企业若干年后停业的时候核算一次盈亏,但是,会计信息使用者要求及时得到有关信息,因此就需要对会计主体持续不断的经济活动人为地划分成一个个连续的、长短相同的时间段落,称为会计期间。

会计期间可以分为年度和中期,以一年确定的会计期间称为会计年度(Fiscal Year),会计年度可以采用日历年度,也可以采用自然年度。我国采用日历年度,自公历每年的 1 月 1 日起至 12 月 31 日止作为一个会计年度。每个会计年度再具体划分为半年度、季度和月份,即为中期。

会计分期假设对会计核算有重要意义,有了会计期间,才能产生当期与其他期间的差别,才能产生正确处理跨期经济活动的标准,一系列会计概念和相关会计原则就是在会计分期假设的基础上建立的。

【案例 1.4】 某公司会计在 20×8 年 8 月进行会计核算时,看到 8 月的费用太多,就将一张 8 月 28 日支付电话费的凭证拿出来,想记入 9 月的账。

思考:这种做法对吗?为什么?

4. 货币计量

在组织会计核算前,还必须明确会计信息的主要数量特征问题。

货币计量是指会计主体在会计核算过程中采用货币作为计量单位,计量、记录和报告会计主体的生产经营活动。

我国《企业会计准则——基本准则》规定:企业会计应当以货币计量。

会计主体的经济活动纷繁复杂,为了提供会计信息,就需要对这些经济活动进行记录、分类和汇总,形成综合的会计信息。当采用多种计量单位描述经济活动时,数据不能相互汇总,因此,必须采用统一的计量单位。在商品经济条件下,货币是商品的一般等价物,是衡量商品价值的共同尺度,因此,会计核算就选择了货币作为计量单位。采用货币计量并不排除会计核算采用其他计量尺度,如采用劳动计量、实物计量对经济活动进行辅助记录。

若企业的经济活动有两种以上的货币计量,应该选择一种作为会计核算基准,称为记账本位币。在我国,会计核算以人民币作为记账本位币。业务收支以人民币以外的货币为主的企业,可以选定其中一种货币作为记账本位币,但是编报的财务报告应当折算为人民币;在境外设立的中国企业向国内报送的财务报告,应当折算成人民币。

另外,货币计量假设是以币值稳定为前提的,因为只有在币值相对稳定、变化不大的情况下,不同时点和不同时期的财务报表所反映的企业的经营活动才能进行比较,会计核算才能比较客观真实地提供信息。当币值发生急剧变化,出现通货膨胀或通货紧缩的情况下,货币计量假设受到严重的挑战,会计的方法也必须做出调整。因此,币值相对稳定是货币计量假设的隐含含义。

【案例1.5】 某工厂20×8年3月完工产品200件,共耗费劳动工时200小时,产品生产中耗费了材料100千克,其他的货币性支出为3 000元。

思考:案例中使用了哪几种计量单位?

1.4.2 会计信息质量要求

会计工作的基本任务是向财务报告使用者提供与企业财务状况、经营成果和现金流量等有关的会计信息,会计信息质量的高低是评价会计工作成败的标准。会计信息质量要求是会计核算工作的基本规范,也是会计核算工作的基本要求。会计信息质量要求主要包括客观性、相关性、明晰性、可比性、实质重于形式、重要性、谨慎性和及时性等。

1. 客观性(真实性)

我国《企业会计准则——基本准则》规定:企业应当以实际发生的交易或者事项为依据进行会计确认、计量和报告,如实反映符合确认和计量要求的各项会计要素及其他相关信息,保证会计信息真实可靠、内容完整。

客观性是对会计信息质量的基本要求。会计工作提供的会计信息是有关财务报告使用者的决策依据,如果会计信息不能客观、真实地反映企业经济活动的实际情况,就不能满足各有关方面了解企业财务状况和经营成果以进行决策的需要,还可能导致财务报告使用者做出错误的决策。因此,会计核算时,必须力求真实客观,必须以表明经济业务发生的合法凭证为依据,准确反映企业的实际情况并且会计信息应当能够经受验证,以核实其是否真实。

2. 相关性

我国《企业会计准则——基本准则》规定:企业提供的会计信息应当与财务会计报告使用者的经济决策需要相关,有助于财务会计报告使用者对企业过去、现在或者未来的情况做出评价或者预测。

相关性是对会计信息质量的基本要求。坚持相关性原则,就要求在收集、加工、处理和提供会计信息过程中,充分考虑财务报告使用者的信息需求,使得会计信息与财务报告使用者的决策需要相关。

3. 明晰性

我国《企业会计准则——基本准则》规定:企业提供的会计信息应当清晰明了,便于财务会计报告使用者理解和使用。

明晰性是对会计信息质量的重要要求。坚持明晰性原则,会计记录应当准确、清晰,填制会计凭证、登记会计账簿必须做到依据合法、账户对应关系清楚、文字摘要完整;在编制会计报表时,项目钩稽关系清楚、项目完整、数字准确,便于会计信息使用者了解会计信息的内涵,明确会计信息的内容。

4. 可比性

我国《企业会计准则——基本准则》规定:企业提供的会计信息应当具有可比性。

可比性是对会计信息质量的重要要求,有以下两个方面的含义:

(1)同一企业不同会计期间的纵向可比。要求企业在各个会计期间应尽可能地采用相同的会计核算方法,即同一企业不同时期发生的相同或者相似的交易或者事项,应当采用一致的会计政策,不能随便变更。确实需要变更的,应当在附注中说明。

(2)不同企业同一会计期间的横向可比。不同的企业可能处于不同的行业、不同的地区,经济业务发生于不同地点,为了保证会计信息能够满足决策的需要,便于比较不同企业的财务状况、经营成果和现金流量,企业应当遵循可比性要求,要求不同企业发生相同或者相似的交易或者事项,应当采用规定的会计政策,确保会计信息口径一致、相互可比。

5. 实质重于形式

我国《企业会计准则——基本准则》规定:企业应当按照交易或者事项的经济实质进行会计确认、计量和报告,不应仅以交易或者事项的法律形式为依据。

在实际工作中,交易或事项的外在法律形式并不能真实反映其实质内容,为了真实地反映企业的财务状况和经营成果,就不能仅仅根据经济业务的外在法律形式来进行核算,而应该注重其经济实质。比如融资租赁设备,从法律形式上看,承租方不拥有设备的所有权,但是从经济实质看,企业能够控制融资租入资产所创造的未来经济利益,在会计确认、计量和报告上就应当将融资租赁方式租入的设备视为本单位的资产进行会计处理。

6. 重要性

我国《企业会计准则——基本准则》规定:企业提供的会计信息应当反映与企业财务状况、经营成果和现金流量等有关的所有重要交易或者事项。

重要性是指财务报表某项目的省略或错报会影响使用者据此做出经济决策的,该项目就具有重要性。评价某些项目的重要性时,在很大程度上取决于会计人员的职业判断。一般来说,应当根据企业所处环境,从项目的性质和金额大小两方面加以判断。从性质上说,当某一事项有可能对决策产生一定影响时,就属于重要项目;从金额上说,当某一项目的数量达到一定规模时,就可能对决策产生影响。

7. 谨慎性

我国《企业会计准则——基本准则》规定:企业对交易或者事项进行会计确认、计量和报告应当保持应有的谨慎,不应高估资产或者收益、低估负债或者费用。

企业的经营活动充满风险和不确定性,在会计核算工作中坚持谨慎性原则,要求企业在面临不确定因素的情况下做出职业判断时应保持必要的谨慎,充分估计到各种风险和损失,既不高估资产和收益,也不低估负债或费用。

谨慎性并不意味着企业可以以谨慎性为借口,任意设置各种秘密准备,使会计信息失真;否则,就属于滥用谨慎性,将按照对会计差错更正的要求进行相应的会计处理。

8.及时性

我国《企业会计准则——基本准则》规定:企业对于已经发生的交易或者事项,应当及时进行会计确认、计量和报告,不得提前或者延后。

会计信息具有时效性。在会计核算过程中坚持及时性原则,应及时收集会计信息,即在经济业务发生后,及时收集整理各种原始单据;及时处理会计信息,即在国家统一的会计制度规定的时限内,及时编制财务报告;及时传递会计信息,即在国家统一的会计制度规定的时限内,及时将编制出的财务报告传递给财务报告使用者。

会计信息质量要求是对会计核算和会计信息做出的总体要求和原则性规定,会计核算符合这些要求,就可以提高会计信息的质量,满足会计信息使用者的需要。但是,在会计实务工作中,由于会计受外部客观环境的不确定性和复杂性、会计人员的素质等多方面因素的影响,部分企业存在着会计核算不规范、会计信息质量不高的现象。

思考:如果企业会计信息质量达不到规定的要求,会出现什么情况?会引起什么样的经济后果?

1.4.3 会计确认、计量的基础

我国《企业会计准则——基本准则》规定:企业应当以权责发生制为基础进行会计确认、计量和报告。

1.权责发生制和收付实现制

权责发生制又称应收应付制、应计制,是以收入权利的形成期和费用义务的归属期作为确认收入和费用的依据。凡是当期已经实现的收入和已经发生或应当负担的费用,不论款项是否收付,都应当作为当期的收入和费用;凡是不属于当期的收入和费用,即使款项已在当期收付,也不应当作为当期的收入和费用。会计准则要求企业的会计核算以权责发生制为基础。

【例1.2】 某公司20×8年1月发生如下经济业务:

(1)1月销售产品4 000元,款项收到存入银行。
(2)1月负担银行短期借款利息2 000元,3月末支付。
(3)1月交当月的水电费500元。
(4)1月销售产品6 000元,款项2月收到。
(5)1月收到购货单位预付的货款3 000元,3月交货。

以权责发生制为基础确认的收入和费用见表1.1。

表1.1 以权责发生制为基础的收入与费用的确认

项 目	1月	2月	3月
收 入/元	4 000+6 000		3 000
费 用/元	2 000+500		

收付实现制又称现收现付制、现金制,是与权责发生制相对应的一种确认基础,是以实际收付现金作为确认收入和费用的依据。凡是本期实际收到款项的收入和付出款项的费用,不论其是否归属本期,都作为本期的收入和费用处理。

【例 1.3】 续【例 1.2】。以收付实现制为基础确认收入和费用见表 1.2。

表 1.2 以收付实现制为基础的收入与费用的确认

项 目	1 月	2 月	3 月
收 入/元	4 000+3 000	6 000	
费 用/元	500		2 000

目前,我国企业会计采用权责发生制;政府会计中的预算会计采用收付实现制。

> 思考:(1)某公司 20×8 年 1 月 1 日支付办公楼 20×6 年全年的房租 12 000 元,这项支出是否全部确认为 1 月的费用?为什么?
> (2)某公司 20×8 年 2 月 6 日收到客户偿还的 1 月所欠的货款,它属于哪个月的收入?为什么?

2. 配比原则

我国《企业会计准则——基本准则》规定:企业为生产产品、提供劳务等发生的可归属于产品成本、劳务成本等的费用,应当在确认产品销售收入、劳务收入等时,将已销售产品、已提供劳务的成本等计入当期损益。企业发生的支出不产生经济利益的,或者即使能够产生经济利益但不符合或者不再符合资产确认条件的,应当在发生时确认为费用,计入当期损益。企业发生的交易或者事项导致其承担了一项负债而又不确认为一项资产的,应当在发生时确认为费用,计入当期损益。

也就是说,费用的确认应遵循配比原则。配比原则是根据收入与费用的内在联系,要求企业将一定期间内的收入与为取得收入所发生的费用在同一期间进行确认和计量。在会计核算工作中坚持配比原则有两层含义:

(1)因果配比:将收入与其相对应的成本、费用相配比。
(2)期间配比:将一定时期的收入和同一时期与其相关的费用相配比。

本章小结

本章介绍了会计学的入门知识,是学习后面内容的基础。

会计是人类社会生产发展到一定阶段的产物,会计是适应管理生产活动发展需要而产生的,并随着生产的发展而发展,会计从产生至今经历了一个由低级到高级、由简单到复杂的发展过程。会计的发展大体经历了古代会计阶段、近代会计阶段和现代会计阶段。

会计是以货币为主要计量单位,采用一系列专门方法,对企业、事业、机关团体等单位的经济活动进行全面、连续、系统地核算和监督,向会计信息使用者提供会计信息,促使单位提高经济效益和社会效益的一种经济管理活动。

会计的职能是指会计在经济管理工作中所具有的功能或能够发挥的作用。会计职能是客观存在的,是会计的本质属性。会计的基本职能是核算和监督,二者是密切结合、相辅相成的。核算职能是基础,没有核算职能提供的信息,会计监督就没有了依据,也就不能进行会计监督。监督职能是核算职能的保证,没有监督职能进行控制,核算职能就不能保证提供真实可靠的会计信息。

会计的目标是指人们通过会计工作所预期达到的目的,又可以看作是财务报告的目标。

我国《企业会计准则——基本准则》明确规定:企业应当编制财务报告。财务报告的目标是向财务报告使用者提供与企业财务状况、经营成果和现金流量等有关的会计信息,反映企业管理层受托责任履行情况,有助于财务会计报告使用者做出经济决策。财务报告使用者包括投资者、债权人、政府及其有关部门和社会公众等。

会计方法是指用来核算和监督会计对象,完成会计任务的手段,包括会计核算方法、会计分析方法和会计检查方法。会计核算方法是指会计对企业、事业、机关团体等单位的经济活动进行连续、系统、全面地确认、计量、记录和报告所采用的方法。具体包括:设置账户、复式记账、填制和审核凭证、登记账簿、成本计算、财产清查和编制财务报告。各种会计核算方法是相互联系、密切配合的,它们共同构成会计核算方法体系。

在连续的会计期间,周而复始地按照一定的步骤、顺序运用会计核算方法进行会计处理的全过程称为会计循环。

会计学是研究会计理论和方法的一门经济管理科学,具有完整的理论体系和方法体系。会计学按照不同的标准划分,有不同的会计分类。

会计核算的基本前提是对会计核算所处经济环境在时间、空间范围上所做的合理设定,包括会计主体、持续经营、会计分期和货币计量。

会计信息质量要求是会计核算工作的基本规范,也是会计核算工作的基本要求,包括客观性、相关性、明晰性、可比性、实质重于形式、重要性、谨慎性、及时性等。

我国《企业会计准则——基本准则》规定:企业应当以权责发生制为基础进行会计确认、计量和报告。

思考题

1. 什么是会计?会计的定义反映了哪些问题?
2. 会计的基本职能是什么?它们之间有什么关系?
3. 会计(核算)的特点有哪些?
4. 会计核算方法有哪些?
5. 什么是会计核算基本前提?它包括哪些方面的内容?
6. 会计信息质量要求有哪些?
7. 什么是权责发生制?什么是收付实现制?二者有何不同?

第 2 章

会计要素和会计等式

学习目标

- 理解会计的对象
- 掌握会计要素的含义,理解会计要素的内容和特征
- 掌握经济业务的类型,熟练分析经济业务对会计等式的影响

关键术语

会计要素　accounting elements
资产　asset
负债　liability
所有者权益　owners' equity
收入　revenue
费用　expense
利润　profit
会计等式　accounting equation

2.1　会计对象

2.1.1　会计对象的定义及基本内容

会计的对象又称会计客体,是指会计核算和监督的内容。

根据马克思的论述,会计是对"过程的控制和观念总结",因此说会计核算和监督的是生产过程。生产过程一般表现为社会再生产过程,它以生产为中心,包括生产、交换、分配和消费四个环节的经济活动。这些经济活动有些是能够用货币计量的,有些是不能用货币计量的。会计核算和监督的内容是能用货币计量的那些经济活动。在会计实务中,将能用货币计量的经济活动称为经济业务,也称会计事项。

企业的经济活动一般包括筹资活动、投资活动和经营活动。

筹资活动是企业获取进行生产经营所需资金的过程,是企业的重要经济活动之一。

投资活动是企业使用所筹集的资金获取所需的各种经济资源的过程,是企业的重要经济活动之一。企业的投资活动可以分为对内投资和对外投资。对内投资是为维持和扩大企业的经营能力而进行的投资,如取得厂房、设备、专利技术及研究开发等活动。所投出的资金仍然在企业内部参与生产经营周转。外部投资是将企业资金投放到本企业之外的其他经济实体,成为其他经济实体的所有者或债权人,来赚取投资回报。(投资活动在"中级财务会计"课程中介绍)

经营活动是企业的重要经济活动之一。不同行业的企业,经营活动的内容也不尽相同。

2.1.2　会计的一般对象

由于每个会计主体所处的地位和作用不同,它们的经济活动内容也不一样,但是它们的所有财产物资都是以货币表现出来的,这些财产物资的货币表现以及货币本身称为资金,企业所拥有的资金不是闲置不动的,而是随着经济活动的发生而不断发生变化。因此,会计的对象又可以是社会再生产过程中的资金运动。

企业、事业、行政等单位的资金运动有较大差异,即使同样是企业,行业不同,资金运动的特点也不同。本书仅介绍制造业企业和商品流通企业的资金运动。

1. 制造业企业的资金运动

制造业企业的经营活动经过供应、生产、销售三个过程,企业拥有的资金依次经过供应过程、生产过程和销售过程来不断改变自己的存在形态。

制造业企业要想从事生产经营活动,必定要有一定数量的资金。企业的筹资活动主要是吸收投资和借款等,通过筹资活动使资金流入企业。

供应过程是为生产活动做准备的过程。企业用筹集来的资金购买生产所需的机器设备、建造厂房、购买材料,为生产做准备,在这个过程中,一部分货币资金转化成储备资金形态。

生产过程是生产企业经营活动的核心,是各种劳动资料的消耗过程,在生产活动中,车间从仓库领用原材料投入生产,生产工人利用机器设备等劳动资料对劳动对象(材料)进行加工,制造出满足社会需要的产品,在这个过程中,耗费的材料、机器设备的磨损、生产工人的工资及其他相关费用的发生,使得一部分储备资金和货币资金转化成生产资金形态,并随着产品的完工入库,生产资金又转化为成品资金形态。

销售活动是企业经营活动的重要环节,经过销售活动,企业将生产出的产品对外出售,赚取销售收入,回笼经营活动中投入的资金,重新开始新的经营活动循环。在这个过程中,为销售产品会发生包装、运输、广告等费用,使得一部分货币资金流出企业,随着产品销售收回货款,成品资金转化为货币资金形态。

除此之外,在企业的生产经营过程中,随着债务的清偿、借款的归还、税金的缴纳等业务的发生,一部分资金退出企业,其他资金重新注入企业的经营活动中。

制造业企业的资金运动状况如图2.1所示。

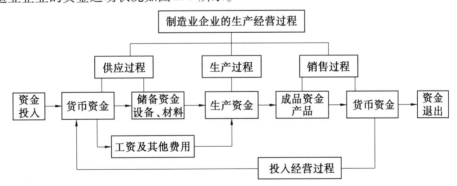

图2.1 制造业企业的资金运动状况图

2. 商品流通企业的资金运动

与制造业企业相比,商品流通企业没有生产过程,因此会计核算与监督的内容比较简单。

商品流通企业的经济活动分为商品购进和商品销售过程。在商品购进过程中,主要是利用筹集来的资金采购商品,使部分货币资金转化为商品资金形态。在商品销售过程中,主要是销售商品,随着货款的收回,商品资金又转化为货币资金形态。商品流通企业在经营过程中还会发生一些人力、物力和财力的消耗,这些称为商品流通费,商品流通费用的发生会使得部分货币资金流出企业。除此之外,随着清偿债务、归还借款、缴纳税金等业务的发生,一部分资金退出企业,其他资金重新注入企业的经营活动中。

商品流通企业的资金运动状况如图 2.2 所示。

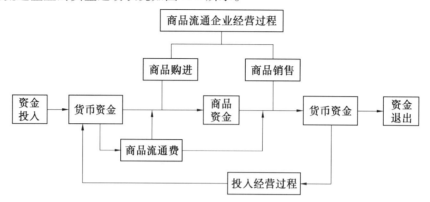

图 2.2　商品流通企业的资金运动状况图

2.1.3　会计对象的具体内容

由于社会再生产过程中的资金运动这一概念涉及面过于广泛,而且很抽象,为了进行分类核算,提供各种分门别类的会计信息,就必须对会计对象的具体内容进行科学的分类,这样就产生了会计要素。

会计要素是对会计对象所做的基本分类,是会计对象的具体化,是反映会计主体财务状况、确定经营成果的因素,是构成会计报表的基本项目,因此也称为财务报告要素。我国《企业会计准则——基本准则》将企业的会计要素划分为资产、负债、所有者权益、收入、费用及利润六大要素。

2.2　会计要素

会计要素按照内容可以划分为两大类:①反映会计主体财务状况的会计要素,包括资产、负债及所有者权益;②反映会计主体经营成果的会计要素,包括收入、费用及利润。

2.2.1　反映财务状况的要素

1. 资产

资产是企业过去的交易或者事项形成的、由企业拥有或者控制的、预期会给企业带来经济利益的资源。

(1) 资产的特征。

①资产是由于过去交易或事项所产生的现实权利。也就是说,资产是由于过去已经发生的购买、生产、建造或其他交易或者事项所产生的结果,资产是现实的资产,而不是预期的资产。预期在未来发生的交易或者事项不形成现实的资产。"过去发生"在资产的定义中占有举足轻重的地位,这一特征是资产确认的标准。

②资产是企业拥有或者控制的。拥有或者控制是指企业享有某项资源的所有权,或者虽然不享有某项资源的所有权,但该资源能被企业所控制。拥有泛指企业的各种财产、债权和其他权利;控制则指企业拥有使用权而没有所有权的各项经济资源,如融资租入的固定资产。

③资产预期能为企业带来未来的经济利益。即资产具有能够在未来直接或间接地导致现金和现金等价物流入企业的潜力,这是资产的本质所在。按照这一特征,判断一项资源是否属于资产,一定看其是否能给企业带来未来的经济利益,只有能给企业带来未来经济利益的资源才能确认为资产。

(2)资产的确认。

我国《企业会计准则——基本准则》规定了资产确认的条件。

符合资产定义的资源,在同时满足以下条件时,确认为资产:

①与该资源有关的经济利益很可能流入企业。流入的可能性大于不能流入的可能性,按照国际标准,如果按数学的概率来衡量,则可能性应在50%以上。

②该资源的成本或者价值能够可靠地计量。

符合资产定义和资产确认条件的项目,应当列入资产负债表;符合资产的定义、但不符合资产确认条件的项目,不应当列入资产负债表。

(3)资产的分类。

资产按照流动性可分为流动资产和非流动资产。

流动资产是指可以在一年或超过一年的一个正常营业周期内变现或耗用的资产。正常营业周期通常是指企业从购买用于加工的资产起到实现现金或现金等价物止的期间。具体来说,对于一个加工企业来说,它的一个营业周期是指从使用货币资金购买原材料到生产的产品销售出去,并转化为货币资金所需要的时间。对于大多数企业来说,正常营业周期通常短于一年,在一年中有几个营业周期。但是也存在正常营业周期长于一年的情况,如房地产开发企业开发用于出售的房地产开发产品,造船企业制造用于出售的大型船只等,它们的产品往往超过一年才能变现、出售或耗用,它们仍应划分为流动资产。

流动资产主要包括货币资金(如现金、银行存款等)、交易性金融资产、应收票据、应收账款、预付账款、应收利息、应收股利、其他应收款、存货(如原材料、在产品、产成品、库存商品、包装物、低值易耗品等)、一年内到期的非流动资产等。

非流动资产是指超过一年或一个营业周期变现或耗用的资产,主要包括可供出售的金融资产、持有至到期的投资、长期应收款、长期股权投资、投资性房地产、固定资产、在建工程、工程物资、无形资产与长期待摊费用等。

【案例2.1】 某公司召开大型会议,临时从租赁公司租入6辆汽车用于会议,租期为3天,租赁费用为24 000元,租期满后,将汽车归还。

思考:(1)该公司租入的汽车是不是公司的资产?请说明理由。

(2)如果该公司购入汽车,是否属于该公司的资产?为什么?

资产是企业从事生产经营活动的物质基础,企业生产经营的过程实际上就是资产的运用、耗费与新资产的获取过程,没有资产,生产经营活动就不能进行。

【案例2.2】 如果你是一家小型服装厂的厂长,请结合所学知识,解释"企业生产经营的过程实际上就是资产的运用、耗费与新资产的获取过程"。

2. 负债

负债是企业过去的交易或者事项形成的、预期会导致经济利益流出企业的现实义务。

（1）负债的特征。

①负债是由于过去交易或事项所形成的现时义务。"过去发生"这个条件在负债的定义中占有举足轻重的地位。也就是说，企业预期在将来要发生的交易或事项可能产生的债务，不能作为本期的债务处理。"现时义务"是指企业在现行条件下已承担的义务。换句话说，就是债务已经形成了，未来的某个时刻必须偿还。未来发生的交易或者事项形成的义务，就不属于现时义务，不应当确认为负债。

②负债需要企业在将来用资产或劳务加以清偿。这是负债的实质所在。也就是说，负债的实质是将来应以牺牲资产为代价的一种受法律保护的责任。负债在多数情况下要用现金进行清偿，也可用商品或其他资产或者通过提供劳务的方式进行清偿，还可以通过举借新债来抵偿。通过负债的清偿，将导致企业未来经济利益的流出。

（2）负债的确认。

我国《企业会计准则——基本准则》规定了负债确认的条件：

符合负债定义的义务，在同时满足以下条件时，确认为负债：

①与该义务有关的经济利益很可能流出企业。流出的可能性大于不能流出的可能性，按照国际标准，如果按数学的概率来衡量，则可能性应在50%以上。

②未来流出的经济利益的金额能够可靠地计量。

符合负债定义和负债确认条件的项目，应当列入资产负债表；符合负债定义、但不符合负债确认条件的项目，不应当列入资产负债表。

（3）负债的分类。

负债按照流动性（偿还期的长短）分为流动负债和非流动负债。

①流动负债是指在一年（含一年）或者超过一年的一个营业周期内需要偿还的债务，包括短期借款、应付票据、应付账款、预收账款、应付职工薪酬、应交税费、应付利息、应付股利及其他应付款等。

②非流动负债是指偿还期在一年或超过一年的一个营业周期以上的债务，包括长期借款、应付债券及长期应付款等。此外将于一年内到期的长期负债应当在流动负债项目下单独列示予以反映。与流动负债相比较，非流动负债具有偿还期长、每次发生数额大的特点。

3. 所有者权益

所有者权益是指企业资产扣除负债后由所有者享有的剩余权益。公司的所有者权益又称股东权益。所有者权益表明了企业的产权关系，即企业归谁所有。

（1）所有者权益的来源。

所有者权益的来源包括所有者投入的资本、直接计入所有者权益的利得和损失、留存收益等。

所有者投入的资本又称实收资本或股本，是指投资者按照企业章程或合同、协议的约定，实际投入企业的资本。它是企业注册成立的基本条件之一，也是企业承担民事责任的财力保证。

直接计入所有者权益的利得和损失，是指不应计入当期损益、会导致所有者权益发生增减变动的、与所有者投入资本或者向所有者分配利润无关的利得或者损失。

利得是指由企业非日常活动所形成的、会导致所有者权益增加的、与所有者投入资本无关的经济利益的流入。

损失是指由企业非日常活动所发生的、会导致所有者权益减少的、与向所有者分配利润无关的经济利益的流出。

留存收益包括盈余公积和未分配利润。盈余公积是按规定从净利润中提取的公积金，包括法定盈余公积金和任意盈余公积金。盈余公积可用来弥补亏损、转增资本以及分派现金股利。未分配利润是指企业留待以后年度分配的利润或本年度已经实现尚未分配的利润。

所有者权益的金额取决于资产和负债的计量。

所有者权益项目应当列入资产负债表。

（2）负债和所有者权益的区别。

负债和所有者权益同是权益，都是资产的来源，但却是不同的两个概念，具体表现为：

①负债是一种债务责任，反映的是企业作为债务人与债权人的关系，负债是要偿还的；而所有者权益则是企业对投资者所承担的经济责任，一般情况下不需要归还投资者的资本金。

②使用负债所形成的资金通常需要企业支付报酬，如借款利息支出等；而使用所有者权益所形成的资金则不需要支付费用。

③债权人只享有按期收回债务本金和利息的权利，而无权参与企业的利润分配和经营管理；投资者既可以参与企业的利润分配，又可以参与企业的经营管理。

④企业清算时，负债拥有优先清偿权；而所有者权益只有在清偿所有的负债后，才返还给投资者。

资产、负债、所有者权益三个要素构成资产负债表，通过对资产负债表的分析，能够了解企业的财务状况。

2.2.2 反映经营成果的要素

1. 收入

收入是指企业在日常活动中所形成的、会导致所有者权益增加的、与所有者投入资本无关的经济利益的总流入。

（1）收入的特征。

①收入从企业的日常活动中产生，而不是从偶发的交易或事项中产生。

"日常活动"，是指企业为完成其经营目标所从事的经常性活动以及与之相关的活动。如工业企业制造并销售产品、商品流通企业销售商品、保险公司签发保单、咨询公司提供咨询服务、软件企业为客户开发软件、安装公司提供安装服务、商业银行对外贷款、租赁公司出租资产等，均属于企业为完成其经营目标所从事的经常性活动，由此产生的经济利益的总流入构成收入。工业企业转让无形资产使用权、出售不需用原材料等，属于与经常性活动相关的活动，由此产生的经济利益的总流入也构成收入。企业处置固定资产、无形资产等活动，不是企业为完成其经营目标所从事的经常性活动，也不属于与经常性活动相关的活动，由此产生的经济利益的总流入不构成收入，应当确认为营业外收入。

②收入必然导致所有者权益增加。收入意味着资产增加,或者表现为负债减少,或者二者兼而有之,但是最终必然能导致企业所有者权益增加。不符合这一特征的经济利益流入不属于企业的收入。收入不包括企业代第三方收取的款项,如旅行社代客户购买景点门票、火车票等收取的票款等,属于代收款项,应当作为负债处理,不应当确认为收入。由于收入会引起资产增加或负债减少,因此收入最终会导致所有者权益增加。

③收入是与所有者投入资本无关的经济利益的总流入。收入只包括企业自身活动获得的经济利益的流入,不包括所有者向企业投入资本导致的经济利益的流入。所有者向企业投入资本属于所有者权益。

(2)收入的确认。

我国《企业会计准则——基本准则》规定了收入确认的条件。

符合收入的定义并同时满足以下条件时,确认为收入:

①收入的经济利益很可能流入,从而导致企业资产增加或者负债减少。

②经济利益的流入额能够可靠计量。

符合收入定义和收入确认条件的项目,应当列入利润表。

(3)收入的分类。

①按照交易的性质分类。收入按照交易的性质可以分为转让商品收入、提供服务收入和让渡资产使用权收入。

转让商品收入是指企业通过销售产品或商品实现的收入,如工业企业销售产成品和半成品、商品流通企业销售商品、房地产公司销售自行开发的房地产实现的收入,企业销售不需用原材料、包装物等存货实现的收入。

提供服务收入是指企业提供各种服务实现的收入,如工业企业提供工业性劳务、商品流通企业代购代销、交通运输业提供运输劳务实现的收入等。

②按照在经营业务中所占的比重分类。收入按照在经营业务中所占的比重可以分为主营业务收入和其他业务收入。

主营业务收入(或称基本业务收入)是指企业为完成经营目标所从事的主要经营活动而实现的收入。不同行业的企业主营业务有所不同,如工业企业销售产品及提供工业性劳务、商品流通企业销售商品、租赁公司租赁资产等,这些主营业务实现的收入均属于主营业务收入。由于主营业务活动是企业的经常性活动,因此主营业务收入也经常发生,且在收入中占的比重较大。

其他业务收入(或称附营业务收入)是指企业非主营业务活动实现的收入,如工业企业出售不需用的材料、出租固定资产、出租周转材料等的收入。由于其他业务活动不是经常性活动,是与经常性活动相关的活动,因此其他业务收入不经常发生,且在收入中占的比重较小。

2. 费用

费用是企业在日常活动中发生的、会导致所有者权益减少的、与向所有者分配利润无关的经济利益的总流出。

(1)费用的特征。

①费用是企业在日常活动中发生的,而不是在偶发的交易或事项中发生的经济利益的流出。如工业企业采购原材料、商品流通企业采购商品等发生的经济利益的流出,属于费

用;而有些交易或事项也能使企业的经济利益流出,但是由于不是企业的日常活动,因此经济利益的流出不属于费用而属于损失,如工业企业出售固定资产。

②费用最终导致所有者权益减少。费用的发生形式多种多样,既可能表现为资产的减少,如购买原材料支付现金、生产产品耗用材料;也可表现为负债的增加,如负担银行借款利息;或者是两者兼而有之,如购买原材料支付部分货款,余款尚欠。由于费用会引起资产减少或费用增加,因此费用最终会导致所有者权益减少。

③费用是与向所有者分配利润无关的经济利益的总流出。企业向投资者分配利润一方面减少企业的所有者权益,另一方面减少企业的资产或增加企业的负债,不属于费用。

(2)费用的确认。

我国《企业会计准则——基本准则》规定了费用确认的条件。

符合费用的定义并同时满足以下条件时,确认为费用:

①经济利益很可能流出,从而导致企业资产减少或者负债增加。

②经济利益的流出额能够可靠计量。

符合费用定义和费用确认条件的项目,应当列入利润表。

(3)费用的分类。

费用可以按照不同的标准进行分类。费用按照经济用途可以分为应计入产品成本、劳务成本的费用和不应计入产品成本、劳务成本的费用两大类。

①计入产品成本、劳务成本的费用,包括直接费用和间接费用。其中直接费用包括直接材料、直接人工;间接费用指的是制造费用。

②不计入产品成本、劳务成本的费用,又称期间费用,包括销售费用、管理费用和财务费用。

销售费用是指企业在销售商品发生的费用以及专设销售机构的各项经费,包括销售商品过程中的运输费、装卸费、包装费、保险费及广告宣传费等。管理费用是指企业为组织和管理生产经营活动而发生的各项费用,包括行政管理人员的工资、办公费、工会经费、劳动保险费、业务招待费、董事会费、房产税、车船使用税及职工教育经费等。财务费用是指企业为了筹集生产经营所需资金而发生的各项费用,包括利息支出、外币汇兑损失及相关的手续费等。

期间费用的效益只限于本期,应当全部计入本期损益,直接作为本期销售收入的抵减。

企业为生产产品、提供劳务等发生的可归属于产品成本、劳务成本等的费用,应当在确认产品销售收入、劳务收入等时,将已销售产品、已提供劳务的成本等计入当期损益。

企业发生的支出不产生经济利益的,或者即使能够产生经济利益但不符合或者不再符合资产确认条件的,应当在发生时确认为费用,计入当期损益。

3. 利润

利润是企业在一定会计期间的经营成果,包括收入减去费用后的净额、直接计入当期利润的利得和损失等。

直接计入当期利润的利得和损失是指应当记入当期损益、会导致所有者权益发生增减变动的、与所有者投入资本或者向所有者分配利润无关的利得或者损失。

利润金额取决于收入和费用、直接计入当期利润的利得及损失金额的计量。

利润具体包括营业利润、利润总额和净利润。

利润项目应当列入利润表。

收入、费用、利润三个会计要素构成企业的利润表,通过对利润表的分析,可以了解企业在一定期间的经营成果。

2.2.3 会计要素的计量

会计计量是根据一定的计量标准和计量方法,在资产负债表和利润表中确认、列示会计要素而确定其金额的全过程。会计计量包括计量单位和计量属性。

1. 计量单位

计量单位是对计量对象量化时采用的具体标准。前述的货币计量假设阐明了会计计量的主要计量单位是货币,明确了我国以人民币为记账本位币。会计计量虽然是以货币计量为主的,但是也不排除以实物度量、劳动度量作为辅助量度。

2. 计量属性

我国《企业会计准则——基本准则》规定:企业在将符合确认条件的会计要素登记入账并列报于会计报表及其附注(又称财务报表)时,应当按照规定的会计计量属性进行计量,确定其金额。会计计量属性主要包括:

(1)历史成本。在历史成本计量下,资产按照购置时支付的现金或者现金等价物的金额,或者按照购置资产时所付出的对价的公允价值计量。负债按照因承担现时义务而实际收到的款项或者资产的金额,或者承担现时义务的合同金额,或者按照日常活动中为偿还负债预期需要支付的现金或者现金等价物的金额计量。

(2)重置成本。在重置成本计量下,资产按照现在购买相同或者相似资产所需支付的现金或者现金等价物的金额计量。负债按照现在偿付该项债务所需支付的现金或者现金等价物的金额计量。

(3)可变现净值。在可变现净值计量下,资产按照其正常对外销售所能收到现金或者现金等价物的金额扣减该资产至完工时估计将要发生的成本、估计的销售费用以及相关税费后的金额计量。

(4)现值。在现值计量下,资产按照预计从其持续使用和最终处置中所产生的未来净现金流入量的折现金额计量。负债按照预计期限内需要偿还的未来净现金流出量的折现金额计量。

(5)公允价值。在公允价值计量下,资产和负债按照市场参与者在计量日发生的有序交易中,出售资产所能收到或者转移负债所需支付的价格计量。

企业在对会计要素进行计量时,一般应当采用历史成本,若采用重置成本、可变现净值、现值及公允价值计量,应当保证所确定的会计要素金额能够取得并可靠计量。

2.3 会计等式

2.3.1 会计等式

会计等式又称会计恒等式、会计平衡公式,是运用数学方程的原理描述会计要素之间基本关系的恒等式。会计对象可概括为资金运动,具体表现为会计要素,企业每发生一笔经济业务,都是资金运动的一个具体过程,每个资金运动过程都必然涉及相应的会计要素,从而使全部资金运动所涉及的会计要素之间存在一定的相互联系,会计要素之间的这种内在关系,通过会计等式表现出来,就是会计平衡公式。会计等式是设置账户、复式记账和编制财务报表的理论依据。

任何企业要从事生产经营活动,必定有一定数量的经济资源。一方面,经济资源的表现形式是资产,即任何资产都是经济资源的一种实际存在或表现形式,或为机器设备,或为现金、银行存款等;另一方面,这些经济资源都是按照一定的渠道进入企业的,或由投资者投入,或通过银行借入等,即资产必定有其提供者。但是,一般人们不会无偿地将经济资源让渡出去,作为企业的投资者和债权人,对企业资产拥有一定的要求权,这种要求权在会计上称为权益。资产和权益是同一事物的两个方面,二者之间存在相互依存和等量的关系,资产表明经济资源的表现形态,权益表明资产的取得渠道,资产不能离开权益而存在,权益也不能离开资产而存在,两者数量一定相等。这种关系用数学等式表示为

$$资产=权益$$

权益通常分为两种:一是以投资者的身份向企业投入资产而形成的权益,称为所有者权益;另一种是以债权人的身份向企业提供资产而形成的权益,是债权人权益,会计上称为负债。这样,上述等式又可表示为

$$资产=负债+所有者权益$$

这就是基本的会计等式,反映了资产、负债、所有者权益三个会计要素之间的关系,表明了某一会计主体特定时点所拥有的各种资产,同时也表明了这些资产的归属关系。该等式是静态等式。

由于任何时点,企业的所有资产无论其处于何种形态(如现金、银行存款、固定资产等),都必须有相应的来源。或者是借入的,或者是所有者投入的,或者是经营过程中所赚取的(这一部分也归所有者)。换言之,企业的所有资产都必定有相应的来源,所以,"资产=负债+所有者权益"这一等式,在任何情况下,其左右平衡的关系都不会被破坏。

但是该等式仍然存在不足,企业一旦进入正常的经营活动循环,其资产就会不断地变换形态。这时,再试图区分哪部分资产是投资者投入形成的,哪部分资产是通过借款等渠道形成的就相当困难。对规模较大的企业来说,几乎是不可能的。另外,从性质上看,债权人和投资者对企业的要求权(权益)也是不同的。债权人希望借款人到期能顺利偿还本金,并能支付预定的利息;投资者则希望通过有效的经营等活动,尽可能多地赚取利润。所以,企业赚得再多,债权人也只能得到约定的本息,多余的就归所有者,这样,上述等式也可以表示为

$$资产-负债=所有者权益$$

这一等式表明,负债的求偿能力高于所有者权益,所有者权益是企业全部资产抵减全部负债后的剩余部分,因此,所有者权益也被称为"剩余权益"。这一等式说明了企业所有者对企业所享有的权益和风险:当企业经营成功、不断实现利润时,剩余权益就越来越大;反之,如果企业经营失败,不断出现亏损,剩余权益就会越来越小;当企业资不抵债时,剩余权益就为零或负数。

"资产=负债+所有者权益"中含有三个基本的会计要素,其中资产与负债可以确定地进行计量,而所有者权益则会随着生产经营的进行,即随着利润的实现而变化。而利润是随

着费用的产生和收入的实现而实现的,在实际工作中,企业赚取的利润是收支相抵后的余额,它们的关系是

$$收入 - 费用 = 利润$$

收入的增加表现为资产的增加,同时由于负债是确定的,因此根据基本的会计等式,就必然表现为所有者权益的增加;同样,费用的增加必然表现为所有者权益的减少。可见,利润的增加必然表现为所有者权益的增加,意味着企业经营规模的扩大。因此,基本的会计等式可表示为

$$资产 = 负债 + (所有者权益 + 利润)$$

由于,收入-费用=利润,因此上述等式变为

$$资产 = 负债 + 所有者权益 + 收入 - 费用$$

这就是扩展的会计等式或称动态的会计等式。它反映了六个会计要素之间的关系。该等式也可表示为

$$资产 + 费用 = 负债 + 所有者权益 + 收入$$

到了会计期末,对利润进行分配或亏损进行弥补后,利润将并入所有者权益,仍存在

$$资产 = 负债 + 所有者权益$$

2.3.2 经济业务对会计等式的影响

经济业务也称为会计事项,企业在生产经营活动中,不断地发生各种经济业务,这些经济业务的发生会引起有关会计要素数额发生变化,也会影响会计等式。下面举例说明经济业务对会计等式的影响。

【例2.1】 某公司20×8年1月1日有关资产、负债、所有者权益资料见表2.1。

表2.1 某公司20×8年1月1日有关资产、负债、所有者权益资料   单位:元

资产	金额	负债及所有者权益	金额
库存现金	20 000	短期借款	550 000
银行存款	100 000	应付账款	40 000
应收账款	30 000	实收资本	470 000
原材料	300 000		
库存商品	260 000		
固定资产	350 000		
合计	1 060 000	合计	1 060 000

该公司1月发生如下经济业务:
(1)从银行取得为期6个月的贷款10 000元,已办妥手续,款项已存入银行。
(2)收到投资人甲的投资50 000元,存入银行。
(3)开出转账支票支付前欠的货款4 000元。
(4)开出现金支票10 000元,提取现金以备日常开支使用。
(5)应付给A公司的货款10 000元,经过双方协商同意转作A公司对本公司的投资。
(6)由于资金周转困难,公司向银行借入期限6个月的借款20 000元直接用于归还拖欠的货款。

(7) 因特殊情况,经批准,通过银行退回投资人甲投入的资本 10 000 元。

这些经济业务对会计等式的影响分析如下:

(1) 这项经济业务使资产要素中银行存款增加 10 000 元,同时使负债要素中的短期借款也增加 10 000 元。对会计等式的影响如下:

资产 = 负债 + 所有者权益

库存现金 + 银行存款 + 应收账款 + 原材料 + 库存商品 + 固定资产 = (短期借款 + 应付账款) + 实收资本

20 000 + 100 000 + 30 000 + 300 000 + 260 000 + 350 000 = (550 000 + 40 000) + 470 000
　　　　+10 000　　　　　　　　　　　　　　　　　　　　　+10 000
──
20 000 + 110 000 + 30 000 + 300 000 + 260 000 + 350 000 = (560 000 + 40 000) + 470 000

这项经济业务影响等式的两边,使会计等式两边都增加 10 000 元,等式关系未变。

(2) 这项经济业务使资产要素中银行存款增加 50 000 元,同时使所有者权益要素中的实收资本也增加 50 000 元。对会计等式的影响如下:

资产 = 负债 + 所有者权益

库存现金 + 银行存款 + 应收账款 + 原材料 + 库存商品 + 固定资产 = (短期借款 + 应付账款) + 实收资本

20 000 + 110 000 + 30 000 + 300 000 + 260 000 + 350 000 = (560 000 + 40 000) + 470 000
　　　　+50 000　　　　　　　　　　　　　　　　　　　　　　　　　　　+50 000
──
20 000 + 160 000 + 30 000 + 300 000 + 260 000 + 350 000 = (560 000 + 40 000) + 520 000

这项经济业务影响等式的两边,使会计等式两边都增加 50 000 元,等式关系未变。

(3) 这项经济业务使资产要素中银行存款减少 4 000 元,同时使负债要素中的应付账款也减少 4 000 元。对会计等式的影响如下:

资产 = 负债 + 所有者权益

库存现金 + 银行存款 + 应收账款 + 原材料 + 库存商品 + 固定资产 = (短期借款 + 应付账款) + 实收资本

20 000 + 160 000 + 30 000 + 300 000 + 260 000 + 350 000 = (560 000 + 40 000) + 520 000
　　　　−4 000　　　　　　　　　　　　　　　　　　　　　　　　−4 000
──
20 000 + 156 000 + 30 000 + 300 000 + 260 000 + 350 000 = (560 000 + 36 000) + 520 000

这项经济业务影响等式的两边,使会计等式两边都减少 4 000 元,等式关系未变。

(4) 这项经济业务只涉及资产要素,使资产要素中银行存款减少 10 000 元,同时使资产要素中库存现金增加 10 000 元,对会计等式的影响如下:

资产 = 负债 + 所有者权益

库存现金 + 银行存款 + 应收账款 + 原材料 + 库存商品 + 固定资产 = (短期借款 + 应付账款) + 实收资本

20 000 + 156 000 + 30 000 + 300 000 + 260 000 + 350 000 = (560 000 + 36 000) + 520 000
+10 000　−10 000
──
30 000 + 146 000 + 30 000 + 300 000 + 260 000 + 350 000 = (560 000 + 36 000) + 520 000

这项经济业务影响等式的一边,使等式左侧资产要素中一个项目增加10 000元,另一个项目减少10 000元,等式关系未变。

(5)这项经济业务使负债要素中应付账款减少100 000元,同时使所有者权益要素中的实收资本增加100 000元。对会计等式的影响如下:

资产 = 负债 + 所有者权益

库存现金 + 银行存款 + 应收账款 + 原材料 + 库存商品 + 固定资产 = (短期借款 + 应付账款) + 实收资本

30 000 + 146 000 + 30 000 + 300 000 + 260 000 + 350 000 = (560 000 + 36 000) + 520 000
                                                              −10 000   +10 000

30 000 + 146 000 + 30 000 + 300 000 + 260 000 + 350 000 = (560 000 + 26 000) + 530 000

这项经济业务影响等式的一边,使等式右侧一个项目减少10 000元,同时另一个项目增加10 000元,等式关系未变。

(6)这项经济业务只涉及负债要素,使负债要素中应付账款减少20 000元,同时使负债要素中短期借款增加20 000元,对会计等式的影响如下:

资产 = 负债 + 所有者权益

库存现金 + 银行存款 + 应收账款 + 原材料 + 库存商品 + 固定资产 = (短期借款 + 应付账款) + 实收资本

30 000 + 146 000 + 30 000 + 300 000 + 260 000 + 350 000 = (560 000 + 26 000) + 530 000
                                                         +20 000 −20 000

30 000 + 146 000 + 30 000 + 300 000 + 260 000 + 350 000 = (580 000 + 6 000) + 530 000

这项经济业务影响等式的一边,使等式右侧负债要素中一个项目增加20 000元,另一个项目减少20 000元,等式关系未变。

(7)这项经济业务使所有者权益要素中实收资本减少10 000元,同时使资产要素中银行存款减少10 000元,对会计等式的影响如下:

资产 = 负债 + 所有者权益

库存现金 + 银行存款 + 应收账款 + 原材料 + 库存商品 + 固定资产 = (短期借款 + 应付账款) + 实收资本

30 000 + 146 000 + 30 000 + 300 000 + 260 000 + 350 000 = (580 000 + 6 000) + 530 000
          −10 000   −10 000

30 000 + 136 000 + 30 000 + 300 000 + 260 000 + 350 000 = (580 000 + 6 000) + 520 000

这项经济业务影响等式的两边,使会计等式两边都减少10 000元,等式关系未变。

以上分析说明,经济业务的发生会引起有关会计要素的增减变化会影响会计等式,但是不会破坏会计等式的平衡关系。

2.3.3 经济业务类型

经济业务尽管错综复杂、千变万化,但就对会计要素的影响来说,可以归纳为两大类九小类,具体见表 2.2。

表 2.2 经济业务类型

经营业务类型		资　产	负　债	所有者权益
Ⅰ 大类	1	有增有减		
	2		有增有减	
	3			有增有减
	4		增　加	减　少
	5		减　少	增　加
Ⅱ 大类	6	增　加	增　加	
	7	减　少	减　少	
	8	增　加		增　加
	9	减　少		减　少

在第Ⅰ大类中,会计事项只涉及等式的一边,此时,等式的一边有关项目有增有减,增减金额相等,平衡关系仍然存在。

在第Ⅱ大类中,会计事项的发生会涉及会计等式的两边,导致等式两边有关项目同增同减,增减金额相等,平衡关系仍然存在。

本章小结

会计对象(会计客体)是会计核算和监督的内容,会计核算和监督的内容是能用货币计量的那些经济活动,在会计实务中,将能用货币计量的经济活动称为经济业务,也称会计事项。从资金运动的角度来看,会计的对象又可以说是社会再生产过程中的资金运动。

制造业企业的经营活动经过供应、生产、销售三个过程。企业拥有的资金依次经过供应过程、生产过程和销售过程不断改变自己的存在形态。企业通过筹资活动使资金流入企业。供应过程是为生产活动做准备的过程,一部分货币资金转化成储备资金形态。生产过程是生产企业经营活动的核心,在这个过程中一部分储备资金和货币资金转化成生产资金形态,并随着产品的完工入库,生产资金又转化为成品资金形态。在销售过程中一部分货币资金流出企业,随着产品销售收回货款,成品资金转化为货币资金形态。除此之外,在企业的生产经营过程中,随着债务的清偿、借款的归还、税金的缴纳等业务的发生,一部分资金退出企业,其他资金重新注入企业的经营活动中。

会计要素是对会计对象所做的基本分类,是会计对象的具体化,也称为财务报告要素。我国企业的会计要素分成两类,一类是反映财务状况的要素,包括资产、负债、所有者权益;另一类是反映经营成果的要素,包括收入、费用、利润。

资产是企业过去的交易或者事项形成的、由企业拥有或者控制的、预期会给企业带来经济利益的资源。资产按照流动性可分为流动资产和非流动资产,二者的界限是一年或超过一年的一个正常营业周期。

负债是企业过去的交易或者事项形成的、预期会导致经济利益流出企业的现实义务。负债按照流动性(偿还期的长短)分为流动负债和非流动负债,二者的界限是一年或者超过一年的一个营业周期。

所有者权益是企业资产扣除负债后由所有者享有的剩余权益。所有者权益表明了企业的产权关系,即企业是归谁所有,包括所有者投入的资本、直接计入所有者权益的利得和损失、留存收益等。

收入是指企业在日常活动中所形成的、会导致所有者权益增加的、与所有者投入资本无关的经济利益的总流入。收入按照交易的性质可以分为转让商品收入、提供服务收入和让渡资产使用权收入。

费用是企业在日常活动中发生的、会导致所有者权益减少的、与向所有者分配利润无关的经济利益的总流出。费用按照经济用途可以分为应计入产品成本、劳务成本的费用和不应计入产品成本、劳务成本的费用两大类。

利润是企业在一定会计期间的经营成果。利润包括收入减去费用后的净额、直接计入当期利润的利得和损失等。

各会计主体都应该按照有关规定对会计要素进行确认和计量。会计确认是将某一项目作为资产、负债、收入、费用等正式地记入或列入会计主体的财务报表的过程。判断一个项目能否作为会计要素记入有关财务报表,应当满足基本的确认条件。会计计量是根据一定的计量标准和计量方法,在资产负债表和利润表中确认和列示会计要素而确定其金额的全过程。会计计量包括计量单位和计量属性。会计以货币为主要计量单位。会计计量属性主要包括历史成本、重置成本、可变现净值、现值、公允价值。

会计等式又称会计平衡公式、会计恒等式,是表明各会计要素之间基本关系的恒等式。

会计等式包括:资产=权益,表明全部资产与全部权益的关系;资产=负债+所有者权益,表明某一会计主体特定时点所拥有的各种资产,同时也表明这些资产的归属关系;利润=收入-费用,表明利润的形成。

企业经济业务发生后,会引起会计等式中有关会计要素项目的增减变动,也会影响会计等式,但无论发生什么样的经济业务,都不会破坏会计等式的平衡关系。

思考题

1. 我国企业会计要素有哪些?
2. 什么是资产?资产有哪些特点?资产如何分类?
3. 什么是负债?负债有哪些特点?负债如何分类?
4. 什么是所有者权益?它包括哪些内容?
5. 什么是收入?收入有哪些特点?
6. 什么是费用?费用有哪些特点?
7. 利润的构成内容有哪些?
8. 什么是会计等式?经济业务的发生对会计等式有何影响?

第 3 章

账户与复式记账

学习目标

- 掌握会计科目及其分类
- 掌握账户的设置及其基本结构
- 掌握复式记账的原理以及借贷记账法下的账户结构与记账规则
- 掌握平行登记的方法
- 掌握借贷记账法的应用

关键术语

账户　account
会计科目　account title
复式记账法　double-entry bookkeeping system
账户结构　account structure
记账规则　accounting rules
平行登记　parallel registration
会计分录　accounting entry
期初余额　beginning balance
期末余额　ending balance

3.1 会计科目

3.1.1 设置会计科目的意义

由前述已知,会计对象是经济业务,会计为了进行分类核算,提供各种分门别类的会计信息,对会计对象的具体内容进行了科学的分类,形成会计要素,每个会计要素又都包含若干个具体内容。在会计实际工作中,企业的经济业务纷繁复杂,仅以会计要素反映经济业务,则所提供的会计信息过于简单和粗略,不能满足会计信息使用者的需要,为了系统、分类地核算和监督各项经济业务的发生情况,反映其引起会计要素增减变动情况,必须对各项会计要素的具体内容再进行分类,这就是设置会计科目。设置会计科目,就是对会计要素的具体内容进行分类,并为每个类别取一个名称。设置会计科目是会计核算方法之一,是完成会计核算任务的基础工作。

会计科目是对会计要素具体内容进行分类核算和监督的项目,通过设置会计科目,有助于将会计主体发生的纷繁复杂的经济业务进行分类核算,以便向会计信息使用者提供分门别类的会计信息,满足其对会计信息的需求;通过设置会计科目,为设置账户和登记账簿提供了依据,为编制财务报表提供了条件。

3.1.2 设置会计科目的原则

会计科目设置是否科学,直接影响会计工作的质量,因此在设置会计科目时必须遵循以下原则。

1. 要符合会计目标的要求

企业的会计目标是要满足国家做出宏观调控的决策、投资者做出投资决策、债权人做出信贷决策、企业管理者进行经营决策以及社会公众了解财务状况和资源管理情况的需要,作为完成会计核算任务的基础工作,设置会计科目必须符合会计目标的要求,必须充分考虑会计信息使用者了解会计信息的各种需求,例如,会计信息使用者非常关心企业的盈亏,因此,就应该设置和盈亏有关的"主营业务收入""主营业务成本""主营业务税金及附加""本年利润"等会计科目。

2. 要结合会计对象的具体内容和特点

不同的会计主体,特别是不同行业会计主体的经济活动不同,会计要素的具体内容各不相同,因此,必须从会计要素内容的实际状况出发,并且要充分反映会计对象的特点。例如,工业企业是制造产品的单位,其经济活动包括供应、生产及销售三个环节,既要设置反映生产业务的会计科目,又要设置反映供应业务、销售业务的会计科目。而商品流通企业是组织商品流通的单位,其经济活动包括购进、销售和储存三个环节,因此需要设置反映商品流通业务的会计科目。

3. 要统一性与灵活性相结合

为满足国家宏观经济管理的要求,我国会计科目由财政部统一制定和发布。《企业会计准则——应用指南》规定了企业的会计科目,涵盖了各类企业的会计科目。各会计主体使用国家统一规定的会计科目进行会计核算。但是,由于各会计主体的经济业务千差万别,因此,在不违反会计准则中确认、计量和报告规定的前提下,各会计主体可以根据本单位的规模、经济业务的特点以及经济管理的要求等具体情况,对统一的会计科目做必要的增设、分拆或合并。例如,生产规模较大的企业,可以设置"包装物""低值易耗品"会计科目;生产规模较小的企业,可以根据自身的特点将"包装物""低值易耗品"科目合并设置一个"周转材料"科目。若企业不存在的交易或事项,可以不设置相关会计科目。

4. 要保持相对稳定

为了保证会计信息的可比性,便于在不同时期、不同行业间的会计核算指标的比较和分析,会计科目一经确定,就应保持相对稳定,不能经常变动。保持相对稳定,就意味着会计科目不是绝对不变的,当社会经济环境发生较大变化,需要进行会计改革或者发生合并等情况时,会计科目就会更新或者调整。

5. 要简单明确,便于使用

会计科目的设置,名称要简明扼要,通俗易懂;核算内容及其使用方法要清晰明确,级次要讲求适用,以便于会计人员准确应用。

3.1.3 会计科目的分类

会计科目反映的经济内容名目繁多,为了便于掌握和使用会计科目,应将会计科目按照一定的标准进行分类,常见的分类有以下两种。

1. 按反映的经济内容分类

会计科目按照所反映的经济内容分类是一种基本的分类方式,是了解会计科目性质的最直接依据。

会计科目按所反映的经济内容的不同,可以划分为资产类、负债类、共同类、所有者权益类、成本类和损益类,其中损益类科目还可以划分为收入类和费用类两小类。各类科目下面包括若干个具体科目,会计科目见表3.1。

表 3.1 简化的会计科目表

编号	会计科目名称	编号	会计科目名称
一、资产类		二、负债类	
1001	库存现金	2001	短期借款
1002	银行存款	2201	应付票据
1012	其他货币资金	2202	应付账款
1101	交易性金融资产	2203	预收账款
1121	应收票据	2211	应付职工薪酬
1122	应收账款	2221	应交税费
1123	预付账款	2231	应付利息
1131	应收股利	2232	应付股利
1132	应收利息	2241	其他应付款
1221	其他应收款	2501	长期借款
1231	坏账准备	三、共同类(略)	
1401	材料采购	四、所有者权益类	
1402	在途物资	4001	实收资本
1403	原材料	4002	资本公积
1404	材料成本差异	4101	盈余公积
1405	库存商品	4103	本年利润
1408	委托加工物资	4104	利润分配
1411	周转材料	五、成本类	
1471	存货跌价准备	5001	生产成本
1511	长期股权投资	5101	制造费用
1512	长期股权投资减值准备	六、损益类	
1521	投资性房地产	6001	主营业务收入
1601	固定资产	6051	其他业务收入
1602	累计折旧	6101	公允价值变动损益
1603	固定资产减值准备	6111	投资收益
1604	在建工程	6301	营业外收入
1605	工程物资	6401	主营业务成本
1606	固定资产清理	6402	其他业务支出
1701	无形资产	6403	税金及附加
1702	累计摊销	6601	销售费用
1703	无形资产减值准备	6602	管理费用
1801	长期待摊费用	6603	财务费用
1901	待处理财产损溢	6701	资产减值损失
		6711	营业外支出
		6801	所得税费用
		6901	以前年度损益调整

2. 按提供会计信息的详细程度分类

会计科目按提供会计信息的详细程度不同,可以划分为总分类科目和明细分类科目。这种分类能够反映所设置的会计科目在整个会计科目体系中所处的层次,即会计科目的级次。

总分类科目又称一级科目或总账科目,是对会计要素的具体内容进行总括分类的项目,是进行总分类核算的依据,所提供的是总括的信息。要想获得有关企业经济活动更加详细的信息,就需要在总分类科目下设置明细科目。

明细分类科目又称明细科目或细目,是对总分类科目反映的经济内容进行详细分类的科目,是进行明细分类核算的依据,所提供的是详细的信息。当总分类科目下设置的明细科目太多时,可以在总分类科目和明细分类科目之间增设二级科目,提供信息的详细程度比总分类科目详细,比明细科目概括,二级科目也属于明细科目。例如,在"原材料"总分类科目下面,可以按照材料的类别设置"原料及主要材料""辅助材料""燃料"等二级科目,在二级科目下,根据材料品种、规格分设明细科目。各级会计科目之间的关系图如图3.1所示。

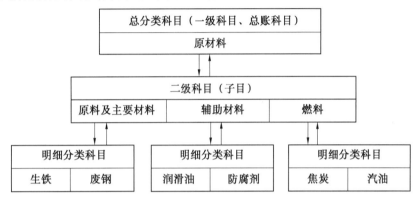

图3.1　各级会计科目之间的关系图

每个单位必须设置总分类科目和明细分类科目,但并不是所有的总分类科目都需要设置明细分类科目,总分类科目由国家财政部门统一制定,二级及明细科目根据需要设置。

本书根据企业会计准则和企业会计制度,结合本门课程学习的需要,将会计科目筛选、整理成简化的总分类科目的会计科目表(表3.1)。

为了便于填制会计凭证、登记会计账簿、查阅会计账目和采用电算化会计,加快会计核算速度,提高会计信息的质量,财政部统一规定了会计科目的编号,第1位数代表会计科目所在的大类,也就是会计科目的性质,"1"为资产类,"2"为负债类,"3"为共同类,"4"为所有者权益类,"5"为成本类,"6"为损益类;第二位数代表每大类会计科目下较为详细的类别;第三、四位数为会计科目的顺序号,为便于会计科目的增减,在顺序号中一般都要有间隔。

会计科目编号供企业填制会计凭证、登记会计账簿、查阅会计账目和采用会计软件系统参考,企业也可以根据会计准则的规定,结合本企业的实际情况自行确定会计科目编号。

> 思考:是否有了会计科目就可以对发生的经济业务进行记录了?

3.2 账　　户

3.2.1 设置账户的意义

前述已知,各单位为了分类核算和监督经济业务,必须设置会计科目,但会计科目只是对会计要素的具体内容进行分类核算和监督的项目,是一个名称,它本身并不能记录和反映经济业务,因此,还必须根据会计科目设置账户。

账户是根据会计科目设置的,具有一定的格式和结构,用于分类反映会计要素各项目增减变动情况及其结果的载体,是对会计要素具体内容进行分类核算和监督的工具。

通过设置账户为全面、连续、系统地记录和反映经济业务提供了工具,为加强企业内部管理提供了依据,为编制财务报告积累了资料。

会计科目与账户是既有区别又有联系的两个概念。其联系是:账户是根据会计科目开设的,会计科目的名称就是账户的名称;二者反映的经济内容相同。其区别是:会计科目是对会计要素具体内容进行分类核算和监督的项目,是进行分类核算的依据,没有结构,就不能记录经济业务;账户是对会计要素具体内容进行分类核算和监督的工具,账户有结构,可以记录经济业务。

在实际工作中,对账户和会计科目一般不做严格区分,往往互相通用。本书对二者也不加以严格区分。

3.2.2 账户的设置

账户是根据会计科目开设的,因此账户的设置与会计科目的设置相似。设置方法如下:

1. 按反映的经济内容设置

账户是根据会计科目开设的,因此,按照反映经济内容的不同,账户也可以划分为资产类、负债类、共同类、所有者权益类、成本类和损益类。每一大类下面又有若干个账户,每个账户都记录某一特定的经济内容,具有一定的结构和格式。企业需要的会计科目都有其相对应的同名的账户。

2. 按提供信息的详细程度设置

在实际工作中,为了满足会计核算的要求,应按照总分类科目开设总分类账户,按照明细分类科目开设明细分类账户。

总分类账户又称一级账户,简称总账,提供的是总括的信息,一般用货币计量。明细分类账户简称明细账,用来对总分类账户做进一步分类,提供的是更详细、更具体的会计信息,除用货币计量外,有的还用实物计量。根据需要还可以在总分类账户和明细分类账户之间设置二级账户,提供的信息比总分类账户详细,比明细分类账户概括,二级账户一般使用货币计量。例如,在"原材料"总分类账户下面,可以按照材料的类别设置"原料及主要材料""辅助材料""燃料"等二级账户,在二级账户下,根据材料品种、规格分设明细账户。

每个单位必须设置总分类账户,明细分类账户,但并不是所有总分类账户都需要设置明细分类账户,二级账户根据需要设置。企业需要设置的总分类账户见表3.1。

通过总分类账户进行的核算称为总分类核算,通过有关明细分类账户进行的核算称为明细分类核算。

> 思考:根据会计科目开设账户之后是否就可以直接在账上登记经济业务了?

3.2.3 账户的基本结构及其功能

1. 账户的结构

账户的结构是指账户的组成内容。在实际工作中,账户的结构各式各样,一般来说,任何一种账户的结构都应该包括以下内容:

(1)账户名称。账户名称即是会计科目。

(2)日期和凭证号数。日期是经济业务发生的日期;凭证号数是作为登记账户的来源和依据的记账凭证的编号。

(3)摘要。摘要用来概括地说明经济业务的内容。

(4)金额。金额即增加额、减少额和余额。

2. 账户的基本结构

设置账户的目的在于对经济业务引起的会计要素变化进行分类记录,经过加工整理后,提供会计信息,而这种变化,从数量上看不外乎增加、减少两种情况,因此,每个账户都应有反映增加额和减少额两个部分,同时,应当反映增减变动的结果(结余)。因此,账户的基本结构是指账户中登记增加额、减少额和余额的三部分。

账户的基本结构分为左方和右方,通常用"T"型账户(丁字账)来表示,在学习时经常使用"T"型账户,其格式如图3.2所示,在账户中一方登记增加,另一方登记减少,具体到左方、右方哪一方登记增加额,哪一方登记减少额,取决于账户所记录的经济内容(账户的性质)。

图3.2 "T"型账户的基本结构

3. 账户的功能

账户的功能在于连续、系统、完整地提供企业经济活动中各会计要素增减变动及其结果的具体信息。

会计要素在特定会计期间增加和减少的金额,称为账户的"本期发生额",包括本期增加的发生额和本期减少的发生额,简称本期增加额和本期减少额,本期发生额是账户在一定会计期间(月、季、年)登记金额的合计数,反映经济业务引起会计要素增减变动情况。

会计要素在会计期末的增减变动结果,称为账户的"余额",具体表现为期初余额和期末余额,余额是增减相抵之后的差额,反映的是会计要素增减变动的结果。账户中上期的期末余额转入本期,即为本期的期初余额;账户中本期的期末余额转入下期,即为下期的期初余额。

每个账户一般都有四个金额要素,即期初余额、本期增加额、本期减少额和期末余额。一般情况下四个金额要素的关系如下:

期末余额 = 期初余额 + 本期增加额 + 本期减少额

小张上大学以后每个月父母给他 400 元生活费,自己又找了一份家教工作,每月有 200 元的收入,但是,每个月小张的钱不仅不能够花到月末,甚至经常是在 25 日左右就没有钱了。于是他决定从第二学期开始记账,争取每个月做到收支平衡,略有结余。小张 3 月的收支流水账见表 3.2。

表 3.2 收支流水账   单位:元

日 期	项 目	收 入	支 出	余 额
3月1日	上月结余			20
3月3日	父母汇来	500		520
3月4日	买公交车乘车卡		100	420
3月6日	交手机费		50	370
3月7日	家教收入	200		570
3月10日	存饭卡		300	270
3月15日	买日用品		60	210
3月20日	买参考书		35	175
3月28日	买水果		55	120
合 计		700	600	120

通过记账,小张能够在账上及时看到自己还有多少钱,这样便于控制支出,到了月末,小张 3 月的钱不仅够花,而且还剩余了 120 元,小张觉得记账真的很简单,他决定坚持记下去。

思考:企业是不是也像小张这样记账就可以了呢?

3.3 复式记账

3.3.1 记账方法

前述已知,为了分类核算和监督经济业务,需要设置会计科目,然后根据会计科目设置账户,但账户只是一种工具,要想全面、连续、系统地记录和反映经济业务,还必须采用一定的方法将经济业务记入有关账户。

记账方法是根据一定的原理、记账符号、记账规则,采用一定的计量单位,利用文字和数字在账簿中登记经济业务的方法。

记账方法经历了从简单到复杂、从单式到复式、从不完善到科学的基本发展过程,记账方法的严谨在一定程度上代表了会计的发展历程。记账方法按其记录经济业务方式的不同,可分为单式记账法和复式记账法两种。

单式记账法是指对发生的每项经济业务,一般只在一个账户中进行登记的方法,是最早采用的记账方法。这种方法对于一般性现金、银行存款收付款业务和应收、应付款业务,只在一个账户中进行单方面登记。只有当经济业务既涉及现金、银行存款,又涉及应收、应付款业务时,才在两个相应的账户中进行登记。

例如,对于用银行存款购买材料的业务,只在银行存款账户中登记减少,而不登记材料的增加。对于销售产品,货款尚未收到的业务,只在应收账款账户中登记债权的增加,不登记主营业务收入的增加。

单式记账法比较简单,不能全面、系统地反映每项经济业务的来龙去脉,因而不利于经济管理,不利于会计监督,不便于检查账户记录的正确性,因此,仅适用于经济业务十分简单的个体企业,目前已很少使用。

复式记账法是由单式记账法发展而来的一种比较科学的方法。

对于上述用银行存款购买材料的业务,在复式记账法下,要以相等的金额在银行存款账户登记银行存款的减少,有关材料的账户登记材料的增加。对于销售产品,货款尚未收到的业务,要以相等的金额在应收账款账户中登记债权的增加,同时在主营业务收入账户登记收入的增加。

3.3.2 复式记账法

1. 复式记账法的含义

复式记账法是指对每项经济业务都以相等的金额,在两个或两个以上的账户中相互联系地进行登记的一种记账方法。对于复式记账的定义可以从以下几个方面理解:

(1) 经济业务的记录体现了会计要素内容的变动状况。会计的对象是资金运动,企业在经营过程中所发生的每项经济业务,都是资金运动的具体过程,每项经济业务的发生,会影响到有关会计要素的增减变化,经济业务发生后所记录的账户里反映的内容都是一定会计要素内容的组成部分。

(2) 发生的经济业务至少应在两个账户中进行记录。经济业务引起的会计要素的增减变化可能是一个会计要素中的两个项目发生增减变化,也可能是两个会计要素发生增减变化,这样,要想全面反映一项经济业务至少要运用相互联系的两个账户。因此,资金运动的内在规律是复式记账的理论依据。

(3) 经济业务必须在相互联系的账户中记录。相互联系的账户是指一笔经济业务所涉及的全部账户,这些账户之间存在着必然的联系,如果改变这种联系,就会出现账户记录错误的现象。

(4) 经济业务必须在相关账户中以相等的金额进行记录。即相互联系的账户中金额存在相等的平衡关系。

2. 复式记账法的特点

(1) 需要设置一套完整的账户体系。复式记账法要求必须建立能够涵盖所有会计要素具体内容的分门别类的账户系统,使得发生的每笔经济业务都能找到合适的账户进行记录。

(2) 记录企业发生的全部经济业务。复式记账法要求将发生的每一笔经济业务都记入有关账户,以保证账户能够全面地核算和监督经济活动的过程与结果。

(3)完整地记录每笔经济业务引起的资金变化。复式记账法要求将所有经济业务引起的资金变化相互联系地记入有关账户之中,以保证账户能够系统地核算和监督经济活动的过程与结果,可以根据账户之间的关系了解经济业务的内容,检查经济业务的合法性、合理性,能够如实地反映每项经济业务的来龙去脉。

(4)可以采用试算平衡的方法检查账户记录的正确性。在复式记账法下,通过全部账户记录结果的试算平衡,可以检查账户记录的正确性。

复式记账法具有单式记账法无法比拟的优势,是世界各国公认的一种科学的记账方法,得到了广泛运用。从复式记账法的发展历程看,它曾经有"增减记账法""收付记账法""借贷记账法"等。本书只介绍借贷记账法的有关内容。

3.4 借贷记账法

借贷记账法是以"借"和"贷"为记账符号,对发生的每笔经济业务都以相等的金额在两个或两个以上的账户中相互联系地进行登记的一种复式记账法。借贷记账法是国际上普遍采用的一种记账方法。我国现行的会计准则、会计制度规定企业、行政、事业等各类组织一律采用借贷记账法。

3.4.1 借贷记账法的基本内容

1. 记账符号

借贷记账法产生于意大利,它是为适应借贷资本和商业资本经营者管理的需要而产生的。最初,借贷资本家(银行业主)将吸收的存款(借入的款项),记在贷主名下(creditor),表示自己的债务;将放出的款项,记在借主名下(debtor),表示自己的债权,这时"借"和"贷"分别表示借贷资本家与债权人、债务人之间的债权债务关系。后来,随着经济的发展,所要记录的内容逐渐扩大,借贷记账法被工商企业所采用,这时"借""贷"两字逐渐失去了原来的含义,只是作为一对单纯的记账符号,成为会计上的专门术语。

"借"(英文简写 Dr)和"贷"(英文简写 Cr)作为记账符号,本身没有实际意义,只是表示记账的方向,"借"表示记入账户的借方,"贷"表示记入账户的贷方。如果将"借""贷"与不同性质的账户结合,就能够反映不同的经济内容,这主要通过账户结构反映出来。

2. 账户结构

前述已知,账户分为左方和右方,在借贷记账法下,账户的左方为"借方",右方为"贷方",一方登记增加额,一方登记减少额,至于哪一方登记增加额,哪一方登记减少额,取决于账户的性质(账户所反映的经济内容)。

在借贷记账法下,虽然不同性质的账户具有不同的结构,但是账户结构还是有一定规律的,可以结合"资产+费用=负债+所有者权益+收入"这一会计等式来判断各类账户的结构。账户结构的规律如下:

①一般情况下,账户登记增加额的方向与其在会计等式中的方向一致。

② 对于一个账户来说，一般情况下记入该账户的增加额都要大于或等于减少额。因此，正常情况下余额都在增加额所记的方向。

以上是一般情况下的规律，实际上，个别账户的结构可能与上述规律不同，而且并不是所有账户在会计期末一定有余额。

(1) 资产类账户。

资产类账户的借方登记资产的增加额，贷方登记资产的减少额，余额一般在借方，表示期末(期初)资产的实有数额。资产类账户的结构如图 3.3 所示。

借方	资产类账户		贷方
期初余额	×××		
增加额	×××	减少额	×××
	×××		×××
本期发生额	×××	本期发生额	×××
期末余额	×××		

图 3.3　资产类账户的结构

资产类账户的期末余额，可以用下列公式计算：

期末借方余额＝期初借方余额＋本期借方发生额－本期贷方发生额

(2) 负债、所有者权益类账户。

负债、所有者权益同资产反映的是同一资金的两个侧面，从会计等式上看分别位于等式的两侧，其性质是相反的，所以负债、所有者权益类账户结构与资产类账户结构相反。

负债与所有者权益类账户的贷方登记负债与所有者权益的增加额，借方登记负债与所有者权益的减少额，余额一般在贷方，表示期末(期初)负债与所有者权益的实有数额。负债与所有者权益类账户的结构如图 3.4 所示。

借方	负债与所有者权益类账户		贷方
		期初余额	×××
减少额	×××	增加额	×××
	×××		×××
本期发生额	×××	本期发生额	×××
		期末余额	×××

图 3.4　负债与所有者权益类账户的结构

负债与所有者权益类账户的期末余额，可以用下列公式计算：

期末贷方余额＝期初贷方余额＋本期贷方发生额－本期借方发生额

(3) 成本类账户。

企业在生产经营过程中所发生的成本，在没有作为商品出售并抵销收入之前，体现为企业的在产品和产成品形态，属于企业的资产，因此成本类账户结构与资产类账户结构基本相同。成本类账户的借方登记成本费用的增加额，贷方登记成本费用的减少额或结转额，该类账户中有的账户一般没有余额，如"制造费用"账户；有的有余额，如"生产成本"账户，其余额在借方，表示期末在产品的成本。成本类账户的结构如图 3.5 所示。

借方	成本类账户		贷方
期初余额	×××		
增加额	×××	减少额或结转额	×××
	×××		×××
本期发生额	×××	本期发生额	×××
期末余额	×××		

图3.5 成本类账户的结构

成本类账户的期末余额,可以用下列公式计算:

期末借方余额=期初借方余额+本期借方发生额-本期贷方发生额

(4)损益类账户。

损益类账户分为收入类账户和费用支出类账户,两类账户都是计算经营成果的账户,从会计等式看,收入是费用、支出的补偿来源,即收入减去费用支出的差额为利润。因此,收入和费用账户结构应该是相反的。

①收入类账户。收入的增加会导致所有者权益增加,因此,收入类账户结构与所有者权益账户结构基本相同。收入类账户的贷方登记收入的增加额,借方登记收入的减少额或转出额,由于本期实现的收入要在期末全部转出,与相配比的费用支出相抵,以便确定当期损益,因此,收入类账户期末没有余额。收入类账户的结构如图3.6所示。

借方	收入类账户		贷方
减少额或转出额	×××	增加额	×××
	×××		×××
本期发生额	×××	本期发生额	×××

图3.6 收入类账户的结构

②费用类账户。费用的增加会导致所有者权益减少,费用类账户结构与所有者权益类账户结构相反,与资产类账户结构基本相同。费用类账户的借方登记费用支出的增加额,贷方登记费用支出的减少额或转出额。由于与收入相配比的费用支出要在期末全部转出,因此,费用类账户期末没有余额。费用类账户的结构如图3.7所示。

借方	费用类账户		贷方
增加额	×××	减少额或转出额	×××
	×××		×××
本期发生额	×××	本期发生额	×××

图3.7 费用类账户的结构

由上述各类账户的具体结构可以看出,借贷记账法的"借"和"贷"本身没有实际意义,不能表示增加和减少,但是,当"借""贷"与不同性质的账户相结合后,可以表示增加和减少。借贷记账法下各类账户的结构见表3.3。

表 3.3　借贷记账法下各类账户的结构

账户类别	借方	贷方	余额
资产类	增加	减少	借方
负债类	减少	增加	贷方
所有者权益类	减少	增加	贷方
成本类	增加	减少或结转	借方或无
收入类	减少或转出	增加	无
费用类	增加	减少或转出	无

根据账户余额所在的方向,可以判断账户的性质。如果是借方余额,则为资产类账户或成本类账户;反之,则为负债及所有者权益类账户。因此,如果知道账户的性质,就可以知道该账户哪一方登记增加,哪一方登记减少。

有时为了简化会计核算手续,会设置双重性质的账户。双重性质的账户是把两个有关的账户合并在一起,这样的账户具有合并前两个账户的功能,账户余额既可能在借方,又可能在贷方。例如,"应收账款""预收账款""应付账款""预付账款"等。

思考:知道了账户结构,发生经济业务后,就能直接记账吗?

3. 记账规则

记账规则是运用记账方法记录经济业务时遵循的规律,是记账方法本质特征的具体表现。

借贷记账法的记账规则是"有借必有贷,借贷必相等",即每项经济业务都有记入借方的账户,也必然有记入贷方的账户,记入借、贷双方的金额必然相等。

现以某工厂 20×8 年 1 月发生的经济业务为例,说明借贷记账法的记账规则。

【例 3.1】 为解决资金紧张,从银行取得期限为 6 个月的短期借款 7 000 元,存入银行。

这项经济业务的发生,使企业的资产(银行存款)增加 7 000 元,记入"银行存款"账户的借方,同时使企业的负债(短期借款)增加 7 000 元,记入"短期借款"账户的贷方。其登记结果如下:

借方	银行存款	贷方		借方	短期借款	贷方
(1)	7 000					(1) 7 000

【例 3.2】 收到某投资人投入资本 50 000 元,存入银行。

这项经济业务的发生,使企业的资产(银行存款)增加 50 000 元,记入"银行存款"账户的借方,同时使企业的所有者权益(实收资本)增加 50 000 元,记入"实收资本"账户的贷方。其登记结果如下:

借方	银行存款	贷方		借方	实收资本	贷方
(2)	50 000					(2) 50 000

【例3.3】 用银行存款5 000元归还已到期的银行短期借款。

这项经济业务的发生,使企业的资产(银行存款)减少5 000元,记入"银行存款"账户的贷方,同时使企业的负债(短期借款)减少5 000元,记入"短期借款"账户的借方。其登记结果如下:

借方	短期借款	贷方	借方	银行存款	贷方
(3)	5 000			(3)	5 000

【例3.4】 用银行存款9 000元购进一台不需安装的新设备。(暂不考虑增值税)

这项经济业务的发生,使企业的资产(固定资产)增加9 000元,记入"固定资产"账户的借方,同时使企业的资产(银行存款)减少9 000元,记入"银行存款"账户的贷方。其登记结果如下:

借方	银行存款	贷方	借方	固定资产	贷方
	(4)	9 000	(4)	9 000	

【例3.5】 从银行取得期限为6个月的短期借款4 000元,直接偿还之前欠某单位的货款。

这项经济业务的发生,使企业负债(短期借款)增加4 000元,记入"短期借款"账户的贷方,同时使企业的负债(应付账款)减少4 000元,记入"应付账款"账户的借方。其登记结果如下:

借方	短期借款	贷方	借方	应付账款	贷方
	(5)	4 000	(5)	4 000	

【例3.6】 经双方商定,把应付给某工厂的货款18 500元转作该厂对本厂的投资。

这项经济业务的发生,使企业所有者权益(实收资本)增加18 500元,记入"实收资本"账户的贷方,同时使企业的负债(应付账款)减少18 500元,记入"应付账款"账户的借方。其登记结果如下:

借方	应付账款	贷方	借方	实收资本	贷方
(6)	18 500			(6)	18 500

【例3.7】 车间生产A产品,领用1 000元丙材料。

这项经济业务的发生,使企业的成本(生产成本)增加1 000元,记入"生产成本"账户的借方,同时使企业的资产(原材料)减少1 000元,记入"原材料"账户的贷方。其登记结果如下:

借方	原材料	贷方	借方	生产成本	贷方
	(7)	1 000	(7)	1 000	

【例3.8】 销售11 300元A产品,货款已收存入银行。(暂不考虑增值税)

这项经济业务的发生,使企业资产(银行存款)增加11 300元,记入"银行存款"账户的

借方,同时使企业的收入(主营业务收入)增加 11 300 元,记入"主营业务收入"账户的贷方。其登记结果如下:

借方	银行存款	贷方		借方	主营业务收入	贷方
(8)	11 300				(8)	11 300

【例 3.9】 购入乙材料一批,价款为 7 000 元,用银行存款支付了 5 000 元,余款暂欠。(暂不考虑增值税)

这项经济业务的发生,使企业资产(原材料)增加 7 000 元,记入"原材料"账户的借方,同时使企业的资产(银行存款)减少 5 000 元,记入"银行存款"账户的贷方,企业的负债(应付账款)增加 2 000 元,记入"应付账款"账户的贷方。其登记结果如下:

借方	原材料	贷方		借方	银行存款	贷方
(9)	7 000				(9)	5 000

				借方	应付账款	贷方
					(9)	2 000

【例 3.10】 用银行存款偿还银行短期借款 5 000 元,归还前欠货款 2 000 元。

这项经济业务的发生,使企业的负债(短期借款)减少 5 000 元,记入"短期借款"账户的借方,负债(应付账款)减少 2 000 元,记入"应付账款"账户的借方,同时使企业的资产(银行存款)减少 7 000 元,记入"银行存款"账户的贷方。其登记结果如下:

借方	短期借款	贷方		借方	银行存款	贷方
(10)	5 000				(10)	7 000

借方	应付账款	贷方
(10)	2 000	

通过以上经济业务可以看出,采用借贷记账法记录任何一种类型的经济业务,都要在两个(或两个以上)账户中进行登记,而且要按照相等的金额登记一个(或几个)账户的借方和另一个(或几个)账户的贷方。即任何一项经济业务都应遵循"有借必有贷,借贷必相等"的记账规则。

思考:掌握了借贷记账法的记账规则是否可以将发生的经济业务直接记账呢?

4. 会计分录

有了记账规则就可以对经济业务进行记录,通常是通过编制会计分录进行记录。

(1)对应关系和对应账户。

在借贷记账法下,要求对每笔经济业务都在两个或两个以上的账户中相互联系地进行登记,这样一笔经济业务所涉及的几个账户之间就形成了相互依存的应借、应贷的关系,账户之间这种相互依存的应借、应贷的关系,称为账户的对应关系。存在对应关系的账户,称为对应账户。

为了保证账户对应关系的正确性,便于正确地记账,在将经济业务记入账户之前,应先根据经济业务所涉及的账户及其借贷方向和金额编制会计分录,然后根据会计分录登记有关账户。编制会计分录是会计工作的初始阶段,会计分录是记账的基础,其准确与否直接影响账户记录的正确性,因此,应该把好编制会计分录这一关。

(2)会计分录的定义。

会计分录简称分录,是指预先确定每项经济业务所涉及的账户名称、记账方向和金额的一种记录。因此,账户名称、借贷方向和记账金额构成了每个会计分录的三要素。

(3)会计分录的编制方法。

编制会计分录是处理经济业务的首要环节,也是一项技术性较强的工作,主要包括以下步骤:

①分析经济业务引起的会计要素的增减变动。
②确定所涉及的账户名称。
③根据账户结构确定账户的对应关系(记账方向)。
④确定每个账户所登记的金额。
⑤写出会计分录。
⑥检查会计分录中账户名称及记账方向是否正确,借贷双方金额是否相等。

(4)会计分录的书写要求。

编制会计分录时,应按照规范的格式要求书写。

①先借后贷,借贷分行,借方在上,贷方在下。
②贷方的记账符号、账户、金额都要比借方退后一格,表明借方在左,贷方在右。

在实际工作中,编制会计分录一般是通过编制记账凭证来完成的。

根据例3.1~例3.10的经济业务编制会计分录如下:

①借:银行存款　　　　　　　　　　　　　　7 000
　　贷:短期借款　　　　　　　　　　　　　　　　　7 000
②借:银行存款　　　　　　　　　　　　　　50 000
　　贷:实收资本　　　　　　　　　　　　　　　　　50 000
③借:短期借款　　　　　　　　　　　　　　5 000
　　贷:银行存款　　　　　　　　　　　　　　　　　5 000
④借:固定资产　　　　　　　　　　　　　　9 000
　　贷:银行存款　　　　　　　　　　　　　　　　　9 000
⑤借:应付账款　　　　　　　　　　　　　　4 000
　　贷:短期借款　　　　　　　　　　　　　　　　　4 000
⑥借:应付账款　　　　　　　　　　　　　　18 500
　　贷:实收资本　　　　　　　　　　　　　　　　　18 500
⑦借:生产成本　　　　　　　　　　　　　　1 000
　　贷:原材料　　　　　　　　　　　　　　　　　　1 000

⑧借:银行存款　　　　　　　　　　　　　　　　　　　　11 300
　　贷:主营业务收入　　　　　　　　　　　　　　　　　　　　11 300
⑨借:原材料　　　　　　　　　　　　　　　　　　　　　7 000
　　贷:银行存款　　　　　　　　　　　　　　　　　　　　　5 000
　　　　应付账款　　　　　　　　　　　　　　　　　　　　　2 000
⑩借:短期借款　　　　　　　　　　　　　　　　　　　　5 000
　　　应付账款　　　　　　　　　　　　　　　　　　　　　2 000
　　贷:银行存款　　　　　　　　　　　　　　　　　　　　　7 000

(5)会计分录的种类。

会计分录有简单分录和复合分录两种。以上所编制的会计分录中(1)~(8)为简单分录,简单分录是指由两个账户组成的会计分录,即"一借一贷"的分录。(9)~(10)为复合分录,复合分录是指由两个以上账户组成的会计分录,即"一借多贷""多借一贷"或"多借多贷"的会计分录。

复合分录实际上是由若干个简单会计分录组成的,因此,符合会计分录可以分解成若干个简单分录。

例3.9 的复合分录可以分解为以下两个简单分录:
借:原材料　　　　　　　　　　　　　　　　　　　　　5 000
　　贷:银行存款　　　　　　　　　　　　　　　　　　　　　5 000
借:原材料　　　　　　　　　　　　　　　　　　　　　2 000
　　贷:应付账款　　　　　　　　　　　　　　　　　　　　　2 000

例3.10 的复合分录可以分解为以下两个简单分录:
借:短期借款　　　　　　　　　　　　　　　　　　　　5 000
　　贷:银行存款　　　　　　　　　　　　　　　　　　　　　5 000
借:应付账款　　　　　　　　　　　　　　　　　　　　2 000
　　贷:银行存款　　　　　　　　　　　　　　　　　　　　　2 000

复合会计分录能够清楚地反映账户之间的对应关系,既能简化编制会计分录的过程,又能集中反映某项经济业务的全面情况。

在借贷记账法下,为了能够清晰地反映账户之间的对应关系,编制一借一贷、一借多贷和多借一贷的会计分录,一般不编制多借多贷的会计分录,但在某些特殊情况下为了反映经济业务的全貌,也可以编制多借多贷的会计分录。

会计分录编制完成后,应根据所编制的会计分录分门别类地登记有关账户。

【例3.11】 根据所编制的会计分录登记总分类账户。假设某工厂20×8年1月1日总分类账户期初余额见表3.4。

表3.4 账户期初余额　　　　　　　　　　　　　　　　　　单位:元

资产	金额	负债及所有者权益	金额
银行存款	23 000	短期借款	5 000
原材料	17 000	应付账款	25 000
固定资产	30 000	实收资本	40 000
合计	70 000	合计	70 000

将期初余额以及1月经济业务的会计分录记账并结出每个账户的本期发生额和余额（本例使用"T"型账户），如图3.8所示。

借方	银行存款		贷方
期初余额	23 000		
(1)	7 000	(3)	5 000
(2)	50 000	(4)	9 000
(8)	11 300	(9)	5 000
		(10)	7 000
本期发生额	68 300	本期发生额	26 000
期末余额	65 300		

借方	原材料		贷方
期初余额	17 000		
(9)	7 000	(7)	1 000
本期发生额	7 000	本期发生额	1 000
期末余额	23 000		

借方	固定资产		贷方
期初余额	30 000		
(4)	9 000		
本期发生额	9 000	本期发生额	—
期末余额	39 000		

借方	生产成本		贷方
(7)	1 000		
本期发生额	1 000	本期发生额	—
期末余额	1 000		

借方	短期借款		贷方
		期初余额	5 000
(3)	5 000	(1)	7 000
(10)	5 000	(5)	4 000
本期发生额	10 000	本期发生额	11 000
		期末余额	6 000

借方	应付账款		贷方
		期初余额	25 000
(5)	4 000	(9)	2 000
(6)	18 500		
(10)	2 000		
本期发生额	24 500	本期发生额	2 000
		期末余额	2 500

借方	实收资本		贷方
		期初余额	40 000
		(2)	50 000
		(6)	18 500
本期发生额	—	本期发生额	68 500
		期末余额	108 500

借方	主营业务收入		贷方
		(8)	11 300
本期发生额	—	本期发生额	11 300
		期末余额	11 300

图3.8 账户记录

> 思考:将经济业务登记入账后,是否可以据以编制会计报表了?

5.试算平衡

在会计分录记账过程中,由于种种原因会造成账户记录的错误,因此,为了保证账户记录的正确性,为编制财务报表提供真实、准确的数据,还需要进行试算平衡。

试算平衡是以会计等式的平衡原理,按照记账规则的要求,通过对所有账户的发生额和余额的汇总计算和比较,检查账户记录正确性、完整性的一种方法。

试算平衡包括发生额试算平衡和余额试算平衡。

(1)发生额试算平衡。

发生额试算平衡是用来检查账户中本期记录的借、贷方金额是否正确的方法。其理论依据是借贷记账法的记账规则。在借贷记账法下,对于任何经济业务都是按照"有借必有贷,借贷必相等"的记账规则记入各有关账户,因此,不仅每笔会计分录的借贷发生额相等,而且当一定会计期间的全部经济业务都记入相关账户之后,所有账户的借方发生额合计数必然等于贷方发生额合计数。发生额试算平衡公式如下:

全部账户本期借方发生额合计=全部账户本期贷方发生额合计

(2)余额试算平衡。

余额试算平衡是检查记入账户后结出的余额是否正确的方法。其理论依据是会计等式和账户余额所反映的经济内容。前述已知,资产类、成本类账户有借方余额,借方余额反映的是企业的资产总额;负债类、所有者权益类账户有贷方余额,贷方余额反映的是企业的负债所有者权益合计数,由于资产=负债+所有者权益,因此,余额试算平衡公式如下:

全部账户的期初借方余额合计=全部账户的期初贷方余额合计

全部账户的期末借方余额合计=全部账户的期末贷方余额合计

在实际工作中,试算平衡工作是在月末结算出各账户的本期发生额和期末余额之后,通过编制试算平衡表来进行的。

常见的试算平衡表有三种格式,即发生额试算平衡表、余额试算平衡表、发生额及余额试算平衡表。

【例3.12】 承前例。月末根据账户的发生额和余额编制试算平衡表见表3.5。

表3.5 总分类账户本期发生额及余额试算平衡表

20×8 年 1 月　　　　　　　　　　　　　　　　　　　　　　单位:元

账户名称	期初余额		本期发生额		期末余额	
	借方	贷方	借方	贷方	借方	贷方
银行存款	23 000		68 300	26 000	65 300	
原材料	17 000		7 000	1 000	23 000	
固定资产	30 000		9 000	—	39 000	
生产成本			1 000	—	1 000	
短期借款		5 000	10 000	11 000		6 000
应付账款		25 000	24 500	2 000		2 500
实收资本		40 000	—	68 500		108 500
主营业务收入			—	11 300		11 300
合计	70 000	70 000	119 800	119 800	128 300	128 300

通过编制试算平衡表可以看到,该工厂全部账户的期初借方余额合计与全部账户的期

初贷方余额合计相等;全部账户的本期借方发生额合计与全部账户的本期贷方发生额合计相等;全部账户的期末借方余额合计与全部账户的期末贷方余额合计相等,说明试算平衡,该工厂账簿记录基本正确。

试算平衡表只是通过借贷金额是否平衡来检查账户记录是否正确,如果试算不平衡,可以肯定账户记录或计算有错误,应该进一步查明原因。

运用错账查找的方法查找出错账,并按照规定的方法更正,错证查找及更正方法将在本书第7章介绍。

如果试算平衡,也不能完全肯定账簿记录没有错误,这是因为试算平衡只是验证了记账规则是否得到遵循、是否过账、发生额和余额的计算是否有技术上的差错,却不能查出记账过程中的全部错误,有些错误就不能通过试算平衡去发现,这样的错误主要包括以下几个方面:

①一笔经济业务在有关账户中全部重记、漏记。
②一笔经济业务记录的账户借贷方颠倒。
③一笔经济业务记错账户,但方向无误。
④一笔经济业务在有关账户中借贷金额同时多记或少记等。

上述错误不会破坏账户间的平衡关系,不能通过试算平衡来发现,因此,试算平衡具有一定的局限性。对于上述错误需要在日常或定期的复核中发现并更正,以保证账户记录的准确性。

3.4.2 总分类账户与明细分类账户的平行登记

前述已知,为了分门别类地核算和监督经济业务,提供会计信息,对于一切经济业务都要在有关账户中进行登记,既要提供总括的核算资料,又要提供详细的核算资料。因此需要设置总分类账户和明细分类账户。

1. 设置总分类账户和明细分类账户的意义

总分类账户是按照总分类科目开设的,提供总括的信息,前述例题都是登记总分类账户。通过总分类账户的核算资料,可以概括地了解各种经济业务的发生情况和结果,例如,通过"原材料"总分类账户的本期发生额和期末余额可以概括地了解本月采购入库的原材料有多少,本月发出的原材料有多少,期末库存原材料有多少。

明细分类账户是按照明细分类科目开设的,提供详细的会计信息。通过明细分类账户的核算资料,可以详细地了解各种经济业务的发生情况和结果,例如,通过"原材料"各明细分类账户的本期发生额和期末余额可以详细地了解每种原材料本月采购入库、本月发出及其期末库存情况。

根据需要还可以在总分类账户和明细分类账户之间设置二级账户,提供的信息比总分类账户详细,比明细分类账户概括。例如,通过在"原材料"总分类账户下设置"原料及主要材料""辅助材料""燃料"等二级科目,可以了解原材料中原料及主要材料、辅助材料、燃料等分别增加了多少,减少了多少,结余多少。

2. 总分类账户与明细分类账的关系

总分类账户是所属明细分类账户的统驭账户,是对明细分类账户的综合,对所属明细分类账户起控制作用;明细分类账户是总分类账户的从属账户,是对总分类账户的具体化,对总分类账户起补充说明作用。它们的核算对象相同,提供的核算资料相互补充,只有将二者结合起来,才能既总括又详细地反映同一项经济内容,因此总分类账户和明细分类账户必须平行登记。

3. 平行登记

（1）平行登记的含义。

平行登记是指对于需要明细核算的经济业务,在有关总分类账户与所属明细分类账户中进行的双重登记。

在会计实务中,绝大多数总分类账户下都需要设置明细分类账户,因此需要在总分类账户与明细分类账户中进行平行登记,如果总分类账户不需要设立明细账,就不需要进行平行登记。

（2）平行登记的要点。

①登记内容相同。对于在总分类账户下设置明细分类账户的,发生经济业务后,一方面要记入总分类账户,另一方面要记入总分类账户所属的各明细分类账户。

②登记方向一致。一项经济业务记入总分类账户和明细分类账户的方向应该一致。即在总分类账户中记入借方,在所属明细分类账户中也应记入借方;在总分类账户中记入贷方,在所属明细分类账户中也应记入贷方。

③登记金额相等。一项经济业务记入总分类账户的金额必须与其所属的一个或几个明细分类账户的金额合计数相等。

（3）平行登记的步骤。

①开设账户。该步骤要做的工作是根据会计科目开设账户,要在账簿上填写账户名称（会计科目）,有期初余额的,要判断期初余额的方向,将其填写在账户的相应位置上。

②编制会计分录。即根据发生的经济业务编制会计分录。

> 注意:对于需要进行平行登记的经济业务,在编制会计分录时要写出总分类账户和明细分类账的名称及金额,以便据以进行平行登记。

③记账（过账、登账）。根据会计分录将发生的经济业务登记在相应的账户上。此项工作完成后,能将分散的经济业务全面、连续、系统地记录和反映在账户上。记账应按会计分录的编号顺序进行。

④结账。计算每个账户的本期发生额和期末余额。

⑤试算平衡。为检查平行登记结果是否相符,需要根据明细分类账户的本期发生额及余额编制"明细分类账户本期发生额和余额明细表"（明细账试算平衡表）。将表中有关数据与"总分类账户试算平衡表"进行核对,做到平行登记结果相等。这里存在以下四个平衡关系:

总分类账户期初余额＝所属明细分类账户期初余额之和

总分类账户本期借方发生额＝所属明细分类账户本期借方发生额之和

总分类账户本期贷方发生额＝所属明细分类账户本期贷方发生额之和

总分类账户期末余额＝所属明细分类账户期末余额之和

(4)平行登记方法举例。

现以"原材料""应付账款"账户为例,说明总分类账户和明细分类账户平行登记的方法。

【例3.13】 某工厂20×8年5月,"原材料"总账及所属明细账的期初余额见表3.6。

表3.6 原材料总账及所属明细账期初余额

名称	数量	单价	金额
甲材料	500 千克	10 元	5 000 元
乙材料	250 件	4 元	1 000 元
合计			6 000 元

"应付账款"总分类账户余额8 000元,其中:光明工厂5 600元,彩虹工厂2 400元。

该厂5月发生的材料采购业务如下:

(1)4日,向光明工厂购入甲材料100千克,单价10元,货款1 000元,尚未支付。(不考虑增值税)

(2)12日,仓库发出甲材料150千克,单价10元,金额1 500元;乙材料200件,单价4元,金额800元,合计2 300元,用于生产A产品。

(3)15日,用银行存款8 000元偿还前欠货款,其中:光明工厂5 600元,彩虹工厂2 400元。

(4)27日,向光明工厂购进乙材料350件,单价4元,货款1 400元,尚未支付。(不考虑增值税)

根据上述资料练习"原材料""应付账款"总分类账户和明细分类账户的平行登记,其他账户略。

第一步:开设"原材料"和"应付账款"两个总分类账户及其所属的明细分类账户(仿真账户),见表3.7~3.12。

第二步:根据该厂5月发生的材料采购业务编制会计分录如下:

(1)借:原材料——甲材料　　　　　　　　　　　　　　　　1 000
　　　贷:应付账款——光明工厂　　　　　　　　　　　　　　1 000
(2)借:生产成本——A产品　　　　　　　　　　　　　　　 2 300
　　　贷:原材料——甲材料　　　　　　　　　　　　　　　　1 500
　　　　　　　——乙材料　　　　　　　　　　　　　　　　　 800
(3)借:应付账款——光明工厂　　　　　　　　　　　　　　 5 600
　　　　　　　　——彩虹工厂　　　　　　　　　　　　　　 2 400
　　　贷:银行存款　　　　　　　　　　　　　　　　　　　　8 000
(4)借:原材料——乙材料　　　　　　　　　　　　　　　　1 400
　　　贷:应付账款——光明工厂　　　　　　　　　　　　　　1 400

第三步:根据以上会计分录登记"原材料""应付账款"总账和所属明细账,见表3.7~3.12。

第四步:月末,结出所有账户的借方、贷方本期发生额和期末余额,见表3.7~3.12。

第五步:编制明细分类账户试算平衡表(平行登记结果的试算平衡),见表3.13、表

3.14。

表 3.7　总分类账户

会计科目：原材料　　　　　　　　　　　　　　　　　　　　　　　　　金额单位：元

20×8 年		凭证号	摘　要	借　方	贷　方	借或贷	余　额
月	日						
5	1		期初余额			借	6 000
	4	1	购进	1 000		借	7 000
	12	2	生产领用		2 300	借	4 700
	27	4	购进	1 400		借	6 100
5	31		本期发生额及余额	2 400	2 300	借	6 100

表 3.8　原材料明细分类账户

明细科目：甲材料　　　　　　　　　　　　　　　　　　　计量单位：千克；金额单位：元

20×8 年		凭证号	摘　要	单价	收　入		发　出		结　存	
月	日				数量	金额	数量	金额	数量	金额
5	1		期初余额	10					500	5 000
	4	1	购进	10	100	1 000			600	6 000
	12	2	生产领用	10			150	1 500	450	4 500
5	31		本期发生额及余额	10	100	1 000	150	1 500	450	4 500

表 3.9　原材料明细分类账户

明细科目：乙材料　　　　　　　　　　　　　　　　　　　计量单位：件；金额单位：元

20×8 年		凭证号	摘　要	单价	收　入		发　出		结　存	
月	日				数量	金额	数量	金额	数量	金额
5	1		期初余额	4					250	1 000
	12	2	生产领用	4			200	800	50	200
	27	4	购进	4	350	1 400			400	1 600
5	31		本期发生额及余额	4	350	1 400	200	800	400	1 600

表 3.10　总分类账户

会计科目：应付账款　　　　　　　　　　　　　　　　　　　　　　　　金额单位：元

20×8 年		凭证号	摘　要	借　方	贷　方	借或贷	余　额
月	日						
5	1		期初余额			贷	8 000
	4	1	欠货款		1 000	贷	9 000
	15	3	偿还货款	8 000		贷	1 000
	27	4	欠货款		1 400	贷	2 400
5	31		本期发生额及余额	8 000	2 400	贷	2 400

表 3.11　应付账款明细分类账户

明细科目:光明工厂　　　　　　　　　　　　　　　　　　　金额单位:元

20×8 年		凭证号	摘　要	借　方	贷　方	借或贷	余　额
月	日						
5	1		期初余额			贷	5 600
	4	1	欠货款		1 000	贷	6 600
	15	3	偿还货款	5 600		贷	1 000
	27	4	欠货款		1 400	贷	2 400
5	31		本期发生额及余额	5 600	2 400	贷	2 400

表 3.12　应付账款明细分类账户

明细科目:彩虹工厂　　　　　　　　　　　　　　　　　　　金额单位:元

20×8 年		凭证号	摘　要	借　方	贷　方	借或贷	余　额
月	日						
5	1		期初余额			贷	2 400
	15	3	偿还货款	2 400		平	-0-
5	31		本期发生额及余额	2 400		平	-0-

表 3.13　原材料明细分类账户本期发生额和余额明细表

20×8 年 5 月　　　　　　　　　　　　　　　　　　　　　金额单位:元

明细科目	计量单位	单价	月初余额		本期发生额				月末余额	
					收　入		发　出			
			数量	金额	数量	金额	数量	金额	数量	金额
甲材料	千克	10	500	5 000	100	1 000	150	1 500	450	4 500
乙材料	件	4	250	1 000	350	1 400	200	800	400	1 600
合　计	×	×	×	6 000	×	2 400	×	2 300	×	6 100

表 3.14　应付账款明细分类账户本期发生额和余额明细表

20×8 年 5 月　　　　　　　　　　　　　　　　　　　　　金额单位:元

明细科目	月初余额		本期发生额		月末余额	
	借　方	贷　方	借　方	贷　方	借　方	贷　方
光明工厂		5 600	5 600	2 400		2 400
彩虹工厂		2 400	2 400	—		—
合　计		8 000	8 000	2 400		2 400

　　将表中有关数据与"总账试算平衡表"(总账)中"原材料"和"应付账款"数据进行核对。

从表 3.7 和表 3.13 可以看出,该单位 20×8 年 5 月"原材料"总账期初余额 6 000 元,借方发生额 2 400 元,贷方发生额 2 300 元,期末余额 6 100 元,与所属两个原材料明细分类账户的期初余额之和 6 000 元(5 000+1 000),借方本期发生额之和 2 400 元(1 000+1 400),贷方本期发生额 2 300 元(1 500+800),期末余额 6 100 元(4 500+1 600)全部相等。

从表 3.10 和表 3.14 可以看出,该单位 20×8 年 5 月"应付账款"总账期初余额 8 000 元,借方发生额 8 000 元,贷方发生额 2 400 元,期末余额 2 400 元,与所属两个明细账期初余额之和 8 000 元(5 600+2 400),借方本期发生额之和 8 000 元(5 600+2 400),贷方本期发生额之和 2 400 元(2 400+0)全部相等。

通过试算平衡可以看出该单位账簿记录基本正确。

本章小结

会计科目是对会计要素具体内容进行分类核算和监督的项目,会计科目按照反映的经济内容的不同,可以分为资产类、负债类共同类、所有者权益类、成本类和损益类;按提供信息的详细程度不同,可以分为总分类科目和明细分类科目。总分类科目原则上由国家财政部门统一制定。

账户是根据会计科目设置的,具有一定的格式和结构,用于分类反映会计要素各项目增减变动情况及其结果的载体。账户的设置与会计科目分类一致。账户有其组成内容,其中登记增加额、减少额、余额三部分是账户的基本结构。每个账户一般都有四个金额要素,其关系如下:期末余额=期初余额+本期增加额-本期减少额。会计科目与账户是既有区别又有联系的两个概念。在实际工作中,对二者一般不做严格区分,往往互相通用。

记账方法按其记录经济业务方式的不同,可分单式记账法和复式记账法。目前世界上通用的是复式记账法中的借贷记账法。借贷记账法以"借"和"贷"为记账符号,以"有借必有贷,借贷必相等"为记账规则。

在借贷记账法下,账户性质不同,其结构也不同,可以结合"资产+费用=负债+所有者权益+收入"这一会计等式来判断各类账户的结构。

会计分录是指预先确定每项经济业务所涉及的账户名称,记账方向和金额的一种记录。记账前应编制会计分录。根据会计分录记账后,为了保证记账工作的正确性,为编制财务报表提供真实、准确的数据,还需要进行试算平衡。在实际工作中,试算平衡工作是在月末结算出各账户的本期发生额和期末余额之后,通过编制账户本期发生额和余额试算平衡表来进行的。

对于需要进行明细核算的经济业务,要在有关总分类账户与所属明细分类账户中进行的双重登记,即平行登记。其要点包括登记内容相同,登记金额相等,登记方向一致。为了保证平行登记结果的准确性,需要编制"明细分类账户本期发生额和余额明细表",将表中有关数据与"总分类账户试算平衡表"进行核对。

思考题

1. 什么是会计科目？什么是会计账户？两者有哪些区别与联系？
2. 账户的基本结构是什么？账户中各项金额要素之间的关系如何？
3. 什么是借贷记账法？怎样理解借贷记账法的记账规则？
4. 什么是会计分录？借贷记账法下应怎样编制会计分录？
5. 什么是试算平衡？借贷记账法的试算平衡方法有哪几种？其理论依据分别是什么？
6. 总分类账户与明细分类账户有什么关系？
7. 什么是平行登记？平行登记有哪些要点？如何进行平行登记？

案例分析1

小张在学习《会计学基础》时遇到了困难，感觉前几章的内容比较抽象，难以理解，于是他决定边学习边实践。月末他来到朋友开的公司，会计科长根据小张所学内容，决定让他试着编制试算平衡表，科长把公司的总账拿给他，小张非常兴奋地开始了工作。不久，一张"总分类账户本期发生额及余额试算平衡表"就编制好了，表中三组数据金额存在平衡关系，小张非常有成就感，他把表交给科长，这时，会计小李急匆匆走来，他说"有一张昨天交电费的票据没有记账，这也是这个月的业务"，会计小王也来到科长办公室，说"6日有笔销售业务应该记入应收账款，但是却记到了应付账款，必须更正账簿"。

小张感到很困惑，"试算平衡表已经平衡了，怎么还有错账呢？"

结合本案例思考以下问题：

1. 为什么要进行试算平衡？
2. 试算平衡是什么时候做的工作？
3. 如何进行试算平衡？
4. 运用试算平衡的知识，结合案例谈谈你的感受。

案例分析2

利用3.3节前的案例资料进行分析：

1. 从小张所记的账中你能得到什么信息？
2. 这种记账方法是单式记账还是复式记账？
3. 企业用小张这种账是否可以？为什么？

第4章

制造业企业主要经济业务的核算

学习目标

- 了解制造业企业生产经营过程所包括的主要经济业务
- 掌握制造业企业主要生产经营过程中常用的账户及其应用
- 掌握制造业企业主要经济业务的核算方法
- 熟悉制造业企业主要经济业务的会计核算流程

关键术语

采购成本	purchase cost
生产成本	production cost
生产费用	production expense
制造费用	overhead
库存商品	finished goods

小张、小王、小赵和小陈为了锻炼自己的能力,决定联手创业。经过调研后,他们选择在校园内开一家甜点店。他们确定了方案:首先需要租一个店铺,还要进行简单的装修;其次需要购买电冰箱、烤箱、打蛋器等必要的电器设备以及模具、刮刀、厨房秤等其他用具、桌椅板凳等家具;再次,需要雇用一个甜点师。初步估算下来,他们大约需要8万元的资金。钱从哪里来呢?经过商量,四人各自请父母给每人凑了1万元,其余部分由四个人将各自家庭的房产作为抵押向银行申请了三年期的贷款。钱到位后,他们开始租店面,装修,购置必备的设备、用具,雇甜点师和服务员。

经过一个月的忙碌,他们的甜点店终于开张了。四个人的业余时间全都在购买材料、收钱、给甜点师打下手、打扫店面卫生、交纳水电煤气费用等事情上。对于店铺每天发生的各项开销,谁经手就由谁记在一个小本子上。学生们很喜欢小店的甜点,几个人每天除了上课,其余时间都用在了小店里。不知不觉一个月过去了,四个人最关心的是到底赚没赚钱,赚了多少。月末算账的时候,四个人却遇到了麻烦,原来他们的各项开支都只是在小本子上随手记录的,就像小张自己记的收支流水账一样,这一个月来他们支付了店面的房租、日常的水电费用、买东西时的车费,用了许多面粉、糖等材料、支付了包括甜点师在内的六个人的工资,还有筹建时花费的各项费用、银行贷款的利息等。

按照他们的流水账算下来,只有支出总数和收入总数,每天只是根据销售量来决定每种甜点生产多少,至于哪种甜点赚钱、赚多少,哪种不赚钱,却无法确定。要计算利润,必须确定成本费用和收入各自是多少,这些支出中哪些该计入成本?利润又怎么算呢?由于小张刚开始学习会计学基础,相关知识还没学,还不会处理这些,小张只好临时请了一个大四会计专业的刘同学利用业余时间过来帮忙,几天的工夫,该同学就把账目理清楚了,于是四个人决定聘请刘同学做甜点店的会计。

由案例可知,要想得到有关会计信息,必须运用借贷记账法对企业的经营过程进行会计处理。

4.1 制造业企业生产经营过程概述

本章以制造业企业为例,阐述如何运用账户和借贷记账等会计方法来记录和传递企业生产经营过程中的各项会计信息。

制造业企业是产品的生产单位,其生产经营活动以生产为中心,由供应、生产和销售过程构成。企业要从事生产经营活动,首先必须要有一定数量的经营资金。资金从哪里来呢?一般来说,企业要通过两个渠道来筹集资金,一个渠道是投资人自有资金(这个资金可以是现金,也可以是房屋、机器设备或者专利技术等)的投入,这种投入可以是直接投入,如将资产直接投入企业,也可以是间接投入,如通过购买企业股票的方式投入;另一个渠道是借入,如向银行或其他金融机构申请贷款。有了资金,企业就可以开始生产经营活动了,制造业企业为生产产品,就要购置生产用的原材料和生产设备,生产过程中要投入材料、人力和其他支出,生产完工的产品要通过质量检查验收送入成品库房等待销售,接下来产品被投入市场销售以赚取利润,最后企业计算赚取的利润额并进行分配。除此之外,制造业企业在有闲置资金,并且保证主要业务不受影响的情况下,还可能有投资行为。

制造业企业生产经营过程中会发生筹资业务、供应业务、生产业务、销售业务、利润形成及分配业务、投资业务。

上述制造业企业的生产经营过程中所发生的经济业务如图 4.1 所示。

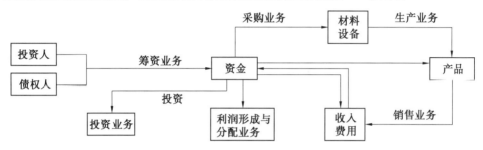

图 4.1　制造业企业的生产经营过程

(1)筹资过程是使资金进入企业的筹资过程。这一过程主要是企业通过吸收投资和举借债务的方式获得从事生产经营所必需的资金。所发生的经济业务就是筹资业务。由于投资人投资的方式多种多样,可以用现金投入,也可以用房屋、建筑物、机器设备或者专利技术等其他资产投入,因此企业所获得的资金具体表现为各种资产,该资产可能是货币形态的,也可能是非货币形态的。会计核算内容就是对企业从不同渠道筹集的不同形态的资金进行确认、计量和记录。

(2)购置生产设备和生产资料的供应过程(如购置厂房、机器设备和原材料等)。这一过程所发生的主要经济业务是采购业务,包括材料采购业务、材料采购成本计算、固定资产购置业务等。会计核算内容就是对上述经济业务对会计要素产生的影响进行确认、计量和记录。

(3)产品的生产过程。这一过程所发生的经济业务是生产业务,包括材料的投入、人工成本及其他费用的发生等。会计核算的内容主要是核算生产过程中发生的各项生产费用,计算确定产品生产成本。

(4)产品的销售过程。这一过程所发生的经济业务是销售业务。会计核算的内容主要是确认销售收入、核算销售成本、反映发生的各项销售费用以及应当负担的销售税金等。

(5)利润计算和分配过程。这一过程所发生的经济业务是利润形成与分配业务。会计核算的内容主要是计算确定利润额,并对实现的利润进行分配。

(6)投资业务。广义的投资包括对内投资和对外投资。对内投资是指投资于设备、厂房等用于企业内部生产经营的资产,所投出的资金仍然在企业内部参与生产经营周转。对外投资则是将资金投向企业外部。会计上所说的投资是指对外投资。

本章将分别介绍制造业企业从筹集资金到利润形成与分配过程的有关经济业务。投资业务将在"中级财务会计"课程中学习,本书不做介绍。

4.2 资金筹集业务的核算

企业筹集生产经营所需资金的渠道有两条：一是吸收投资；二是借款。因此，筹资业务有两类：一类是吸收投资的业务；另一类是借款业务。

投资人投入的资金是企业赖以生存的基本条件。设立企业必须拥有一定的资金，即企业在工商行政管理部门登记注册的资金。吸收投资使企业产生了所有者或者股东，他们是企业的主人，对企业资产享有要求权，即形成了所有者权益。投资形式多种多样，可以是货币资金、材料物资，也可以是固定资产、无形资产等。

吸收投资业务的核算内容主要包括投入资金的入账价值以及投资人在企业所享有的权益的确认和计量。

借入资金是企业为满足生产经营过程中资金周转的需要或为扩大经营规模等而借入的款项。借款使企业产生了债务，即负债。广义地说，借入的款项、赊购的材料物资都属于借入资金。但会计上对于资金筹集过程中的借入资金通常仅指借款和发行债券所形成的资金。发行债券业务在"中级财务会计"课程中学习，本书不做介绍。因此，借入资金业务的核算内容包括本金的借入、借入资金使用费，即利息的确认和支付。

4.2.1 吸收投资业务的核算

1. 账户设置

吸收投资业务应设置"实收资本"（或"股本"）、"银行存款""固定资产""无形资产"等账户。

（1）"实收资本"（或"股本"）账户。

"实收资本"（或"股本"）账户用来核算企业接受投资者投入的资本（股份制公司为股本）。"实收资本"账户属于所有者权益类的账户。其贷方登记企业实际收到的投资人投入的资本中，按照规定应当记入本科目的金额，即投资人在注册资本或股本中所占份额；借方登记企业按法定程序报经批准减少的注册资本金额，期末贷方余额，反映企业实有的资本或股本总额。

注册资本是企业设立时向工商行政管理部门登记的资本总额，是企业的法定资本，是企业承担民事责任的财力保证。

我国目前实行的是注册资本制度，要求企业的实收资本应与注册资本相一致。企业接受各方投资者投入的资本金应遵守资本保全制度的要求，除法律法规有规定者外，不得随意抽回。并且企业减资必须符合国家有关法律法规的规定，因此，本账户一般很少有借方发生额。本账户可按投资者进行明细核算。

"实收资本"账户的结构如下：

实收资本

按法定程序报经批准减少的注册资本金额	实收资本的增加额（投资人在注册资本或股本中所占份额）
	期末余额：实收资本或股本总额

(2)"银行存款"账户。

"银行存款"账户用来核算企业存入银行及其他金融机构的各种存款。"银行存款"账户是资产类的账户,其借方登记企业存入银行或其他金融机构的各种存款;贷方登记企业支付的银行存款,期末借方余额,表示企业期末实际存在银行或其他金融机构的各种款项。本账户可按开户银行和其他金融机构、存款种类等设置"银行存款日记账"。

"银行存款"账户的结构如下:

银行存款

银行存款的增加额	银行存款的减少额
期末余额:银行存款的实际余额	

(3)"固定资产"账户。

"固定资产"账户用来核算企业持有的固定资产原价。这里的原价通常指取得成本。固定资产的原价根据取得方式的不同而不同。"固定资产"账户是资产类账户,其借方登记各种不同渠道所获得的固定资产的原价;贷方登记减少的固定资产的原价,期末借方余额,反映企业固定资产的原价。本账户可按固定资产类别和项目进行明细核算。

"固定资产"账户的结构如下:

固定资产

增加固定资产的原价	减少固定资产的原价
期末余额:固定资产的原价	

(4)"无形资产"账户。

"无形资产"账户用来核算企业持有的无形资产成本,包括专利权、非专利技术、商标权、著作权及土地使用权等。"无形资产"账户是资产类的账户,借方登记企业从不同渠道获得的无形资产的成本;贷方登记企业减少的无形资产的成本,期末借方余额,反映企业无形资产的成本。本账户可按无形资产项目进行明细核算。

"无形资产"账户的结构如下:

无形资产

增加的无形资产的成本	减少的无形资产的成本
期末余额:无形资产的成本	

2.吸收投资业务的核算原则

实收资本指企业的投资者按照企业章程或合同、协议的约定实际投入企业的资本金。

实收资本按照会计主体的不同,分为国家资本金、法人资本金、个人资本金及外商资本金等;按照投入资本的物质形态不同,分为货币资金和非货币资金(实物、有价证券和无形资产等)。

总体来说,投资者投入资本是根据投资者投入方式的不同分别进行处理。按照实际收到货币资金的金额或者投资合同或协议约定的价值记入有关资产账户,按照投资者在注册资本或股本中所占份额记入"实收资本"账户,按照二者的差记入"资本公积"账户。

3. 吸收投资业务核算举例

W 公司是生产 A、B 两种节能环保产品的企业,为增值税一般纳税人,增值税税率为 13%。20×8 年 12 月公司发生如下吸收投资业务:

【例 4.1】 接到开户银行通知,S 公司投入的资金 300 000 元已转入银行。

这项经济业务的发生,一方面使 W 公司的银行存款增加了 300 000 元,另一方面使实收资本增加了 300 000 元,因此,该项业务涉及"银行存款"和"实收资本"两个账户,根据账户结构,银行存款增加应记入"银行存款"账户的借方,实收资本增加应记入"实收资本"账户的贷方。应编制的会计分录如下:

借:银行存款　　　　　　　　　　　　　　　　　　　　300 000
　　贷:实收资本——S 公司　　　　　　　　　　　　　　　　300 000

【例 4.2】 收到 R 公司投入的厂房和办公楼的房照等相关所有权凭证,投资各方对房产进行了移交,经过有关专家的评估,各方确认其公允价值为 350 000 元。(本例不考虑相关税费)

这项经济业务的发生,一方面使 W 公司的固定资产增加了 350 000 元,另一方面使实收资本增加了 350 000 元。因此,该项业务涉及"固定资产"和"实收资本"两个账户,根据账户的结构,固定资产增加应记入"固定资产"账户的借方,实收资本的增加应记入"实收资本"账户的贷方。应编制的会计分录如下:

借:固定资产　　　　　　　　　　　　　　　　　　　　350 000
　　贷:实收资本——R 公司　　　　　　　　　　　　　　　　350 000

【例 4.3】 收到 T 公司按投资协议约定投入的专利权所有权凭证及配套设备两台。各方确认该专利权价值 300 000 元,两台设备价值 50 000 元。(本例不考虑相关税费)

这项经济业务的发生,一方面使公司的无形资产增加了 300 000 元,固定资产增加了 50 000元,另一方面使实收资本增加了 350 000 元。因此,该项业务涉及"固定资产""无形资产"和"实收资本"三个账户,根据账户的结构,固定资产、无形资产的增加应分别记入"无形资产""固定资产"账户的借方,实收资本增加应记入"实收资本"账户的贷方。应编制的会计分录如下:

借:无形资产　　　　　　　　　　　　　　　　　　　　300 000
　　固定资产　　　　　　　　　　　　　　　　　　　　 50 000
　　贷:实收资本——T 公司　　　　　　　　　　　　　　　　350 000

以上吸收投资的业务编制会计分录后,应根据会计分录登记有关账户。

4.2.2　借入款项业务的核算

1. 账户设置

借入款项业务应设置"短期借款""长期借款""财务费用""应付利息"等账户。这里仅介绍其中一些常用的账户。

(1)"短期借款"账户。

"短期借款"账户用来核算企业向银行或其他金融机构借入的期限在一年(含一年)以内的各种借款。"短期借款"账户是负债类的账户,其贷方登记企业借入的各种短期借款的本金;借方登记企业归还的各种借款的本金,期末贷方余额,表示尚未归还的短期借款的本金。本账户可按借款种类、贷款人和币种进行明细核算。

"短期借款"账户的结构如下:

短期借款

归还的短期借款本金	借入的短期借款本金
	期末余额:尚未归还的短期借款本金

(2)"长期借款"账户。

"长期借款"账户用来核算企业向银行或其他金融机构借入的期限在一年以上(不含一年)的各项借款。"长期借款"账户是负债类的账户,其贷方登记企业借入的各种长期借款的本金,以及按合同利率计算确定的应付未付利息与按实际利率计算确定的利息之间的差额;借方登记企业归还的长期借款的本金以及借入长期借款时实际收到的金额与借款本金之间的差额,期末贷方余额,表示企业尚未偿还的长期借款。本账户可按贷款单位和贷款种类,分别按"本金""利息调整"等进行明细核算。

"长期借款"账户的结构如下:

长期借款

①归还的长期借款本金 ②借入长期借款时,实际收到的金额与借款本金之间的差额	①借入的长期借款本金 ②按合同利率计算确定的应付未付利息与按实际利率计算确定的利息之间的差额
	期末余额:尚未偿还的长期借款

长期借款计息及归还业务的会计处理较为复杂,将在"中级财务会计"课程里学习。

(3)"财务费用"账户。

"财务费用"账户用来核算企业为筹集生产经营所需资金等而发生的筹资费用,包括利息支出(减利息收入)、汇兑损益以及相关的手续费、发生的现金折扣等。"财务费用"账户是损益类的账户,其借方登记企业各种财务费用的发生额;贷方登记企业发生的应冲减财务费用的利息收入、汇兑损益、现金折扣等,以及期末转入"本年利润"账户的财务费用净额,结转后本账户应无余额。本账户应按费用项目进行明细核算。

"财务费用"账户的结构如下(双横线表示该账户期末没有余额,下同):

财务费用

财务费用的发生额	应冲减财务费用的利息收入等 期末转入"本年利润"账户的财务费用

(4)"应付利息"账户。

"应付利息"账户用来核算企业按照合同约定应支付的利息(包括分期付息到期还本的长期借款、企业债券的利息)。"应付利息"账户是负债类的账户,其贷方登记按合同利率计算确定的应付未付利息;借方登记企业实际支付的利息,期末贷方余额,反映企业应付未付的利息。本账户可按债权人或存款人进行明细核算。

"应付利息"账户的结构如下:

应付利息

实际支付的利息	应付未付的利息
	期末余额:应付未付的利息

2.借入款项业务的核算原则

借款根据其用途可分为专门借款和一般借款。专门借款是指为购建或者生产符合资本化条件的资产而专门借入的款项。一般借款则是指专门借款以外的借款。对于专门借款的利息费用,应按照《企业会计准则第17号——借款费用》的规定处理,这部分借款费用的计算与核算将在以后的课程中系统学习,本书只介绍一般借款利息费用的确认与计量。

> **知识链接:**
> 符合资本化条件的资产,是指需要经过相当长时间的购建或者生产过程才能达到预定可使用或者可销售状态的固定资产、投资性房地产和存货等资产。

一般借款利息属于筹资费用,应记入"财务费用"账户。

①按月支付的利息,应当在支付时根据有关付款凭证直接借记"财务费用"账户,贷记"银行存款"账户。

②按季度或半年、一年等期间支付的利息,根据权责发生制原则,应当每月末计提借款利息,即计算本月应当负担的借款利息金额,借记"财务费用"账户,贷记"应付利息"账户。实际支付时,已经记入"应付利息"账户的金额,即以前期间计提的金额借记"应付利息"账户,尚未记入"应付利息"账户的金额,即本期应负担的利息额,借记"财务费用"账户,贷记"银行存款"账户。

③如果按季度或半年、一年等期间支付的利息金额较小,根据重要性原则,也可以不在每个月月末做上述处理,只在实际支付时借记"财务费用"账户,贷记"银行存款"账户。

借款利息的计算公式如下:

$$利息 = 借款本金 \times 利率 \times 计息时间$$

其中,利率在理论上一般按年利率计算,具体计算时,通常要根据计息时间(年或月或天数)对利率进行折算。为简化计算,一般一年按360天计算。在以年利率计算利息时,若计息时间为整年的,直接按年数计算;若计息时间为整月的,则将年利率除以12,折算为月利率,再按月数计算;若计息时间为天数的,则将年利率除以360,折算为日利率,再按天数计算。

例如：一笔本金为100 000元的借款,年利率为7.2%,则每年、每月、每天的利息计算公式如下：

$$年利息 = 100\,000 \times 7.2\% \times 1 = 7\,200(元)$$
$$月利息 = 100\,000 \times 7.2\% \times 1/12 = 600(元)$$
$$日利息 = 100\,000 \times 7.2\% \times 1/360 = 20(元)$$

3. 借入款项业务核算举例

20×8年12月W公司发生如下借款业务：

【例4.4】 1日,接到银行通知,向建设银行申请的一般借款600 000元已获得银行批准,款项已存入公司银行账户。贷款期限为6个月,年利率为6%,到期一次还本付息。

这项经济业务的发生,一方面使W公司的银行存款增加了600 000元,另一方面使短期借款增加了600 000元。因此,该项业务涉及"银行存款"和"短期借款"两个账户,根据账户的结构,银行存款增加应记入"银行存款"账户的借方,短期借款增加应记入"短期借款"账户的贷方。应编制的会计分录如下：

借:银行存款　　　　　　　　　　　　　　　　　　　　　　600 000
　贷:短期借款　　　　　　　　　　　　　　　　　　　　　　600 000

【例4.5】 月末,计算本月应负担的1日借入的短期借款利息。

根据权责发生制原则,每月应当计提借款利息,计算利息金额如下：

$$短期借款月利息 = 600\,000 \times 6\% \times 1/12 = 3\,000(元)$$

这项经济业务的发生,一方面使W公司财务费用增加了3 000元,另一方面使应付利息增加了3 000元。因此,该项业务涉及"财务费用"和"应付利息"两个账户,根据账户的结构,财务费用增加应记入"财务费用"账户的借方,应付利息增加应记入"应付利息"账户的贷方。应编制的会计分录如下：

借:财务费用　　　　　　　　　　　　　　　　　　　　　　3 000
　贷:应付利息　　　　　　　　　　　　　　　　　　　　　　3 000

第二年1月至4月,各月末的利息计算和账务处理均与本年12月相同。

【例4.6】 31日,收到银行通知,向建设银行申请的一般借款400 000元已存入企业账户,期限为3年,年利率为7.2%,每年12月31日支付利息。

这项经济业务的发生,一方面使W公司的银行存款增加了400 000元,另一方面使长期借款增加了400 000元。因此,该项业务涉及"银行存款"和"长期借款"两个账户,根据账户的结构,银行存款增加应记入"银行存款"账户的借方,长期借款增加应记入"长期借款"账户的贷方。应编制的会计分录如下：

借:银行存款　　　　　　　　　　　　　　　　　　　　　　400 000
　贷:长期借款　　　　　　　　　　　　　　　　　　　　　　400 000

【例4.7】 承接例4.6。20×9年开始连续三年的1~11月月末,计算各月应负担的长期借款利息。

$$长期借款月利息额 = 400\,000 \times 7.2\% \times 1/12 = 2\,400(元)$$

这项经济业务的发生,一方面使W公司财务费用增加了2 400元,另一方面使应付利息增加了2 400元。因此,该项业务涉及"财务费用"和"应付利息"两个账户,根据账户的结构,财务费用增加应记入"财务费用"账户的借方,应付利息增加应记入"应付利息"账户的贷方。应编制的会计分录如下：

借：财务费用　　　　　　　　　　　　　　　　　　　　　　　　　　2 400
　　贷：应付利息　　　　　　　　　　　　　　　　　　　　　　　　　　　2 400

【例 4.8】 承接例 4.7。20×8 年开始连续三年每年 12 月 31 日，支付各年度长期借款利息。

各年应支付的利息为 2 400×12 = 28 800（元）。其中 1~11 月的利息为 2 400×11 = 26 400（元），已经记入"应付利息"账户。12 月的利息可于支付时直接记入"财务费用"账户。

这项经济业务的发生，一方面使 W 公司的银行存款减少 28 800 元、应付利息减少 26 400 元，另一方面使财务费用增加 2 400 元。因此，该项业务涉及"应付利息""财务费用"和"银行存款"三个账户，根据账户的结构，应付利息减少应记入"应付利息"账户的借方，财务费用增加应记入"财务费用"账户的借方，银行存款减少应记入"银行存款"账户的贷方。应编制的会计分录如下：

借：应付利息　　　　　　　　　　　　　　　　　　　　　　　　　　26 400
　　财务费用　　　　　　　　　　　　　　　　　　　　　　　　　　　2 400
　　贷：银行存款　　　　　　　　　　　　　　　　　　　　　　　　　　28 800

【例 4.9】 20×9 年 6 月 1 日，收到银行的付款通知，归还前述短期借款本金 600 000 元及 6 个月利息 18 000 元，共付款 618 000 元。

支付的利息中有 3 000×5 = 15 000（元）已经记入"应付利息"账户，5 月的利息于支付时直接记入"财务费用"账户，不必再另行计提。

这项经济业务的发生，一方面使 W 公司的短期借款减少 600 000 元（本金），应付利息减少 15 000 元，财务费用增加 3 000 元，另一方面使银行存款减少 618 000 元。因此，该项业务涉及"短期借款""应付利息""财务费用"和"银行存款"四个账户，根据账户的结构，短期借款、应付利息减少应分别记入"短期借款""应付利息"账户的借方，财务费用增加应记入"财务费用"账户的借方，银行存款减少应记入"银行存款"账户的贷方。应编制的会计分录如下：

借：短期借款　　　　　　　　　　　　　　　　　　　　　　　　　　600 000
　　应付利息　　　　　　　　　　　　　　　　　　　　　　　　　　15 000
　　财务费用　　　　　　　　　　　　　　　　　　　　　　　　　　　3 000
　　贷：银行存款　　　　　　　　　　　　　　　　　　　　　　　　　　618 000

若公司根据重要性原则对上述短期借款利息不采取每月计提的方式处理，而是于还本时直接计入当期财务费用，则 20×9 年 6 月 1 日还本付息时的会计分录为：

借：短期借款　　　　　　　　　　　　　　　　　　　　　　　　　　600 000
　　财务费用　　　　　　　　　　　　　　　　　　　　　　　　　　18 000
　　贷：银行存款　　　　　　　　　　　　　　　　　　　　　　　　　　618 000

以上借入款项业务编制会计分录后，应根据会计分录登记有关账户。

W 公司 20×8 年 12 月筹资业务核算流程如图 4.2 所示（图中带圈数字代表例题序号，下同）。

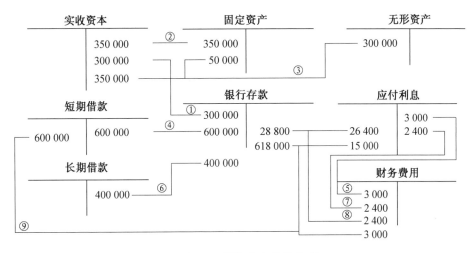

图4.2 筹资业务核算流程

知识链接:

会计核算流程图是使用"T"型账户来反映企业经济业务的图形,通过这一流程图,能够清晰地看到经济业务所涉及的各账户间的对应关系以及资金循环的过程,看到资金怎样进入企业,怎样从货币资金转化为储备资金,从储备资金转化为生产资金,再转化为成品资金,通过销售使成品资金又转化为货币资金,以及通过税金的缴纳、利润的分配使资金退出企业的全过程。在这一流程图中还可以看到价值是怎样随着实物的转移而转移的。企业的生产经营过程既可以按照筹资、供应、生产、销售等环节单独绘制流程图,也可以将整个经营过程绘制成一张流程图,从而反映企业资金运动的全貌。

4.3 供应业务的核算

供应过程是制造业企业生产经营过程的第一个阶段,在这个阶段,企业用货币资金采购生产经营所需的各种材料、设备等物资,为生产做准备。在这个阶段,一部分货币资金转化成储备资金形态。供应过程的经济业务主要包括设备等的采购、材料的购进与入库、材料采购成本的计算以及与供应单位往来款项的结算等。

4.3.1 固定资产购置业务的核算

1. 固定资产的含义

固定资产是指同时具有下列特征的有形资产:

(1)为生产商品、提供劳务、出租或经营管理而持有的。

(2)使用寿命超过一个会计年度。

固定资产一般包括房屋、建筑物、机器、机械、运输工具以及其他与生产经营活动有关的设备、器具、工具等。

2. 固定资产的确认与计量

固定资产的确认与计量是指固定资产入账时间和入账价值的确定。

一项资源能够被确认为固定资产，首先需要符合固定资产的定义，其次还要同时满足固定资产的两个确认条件：①与该固定资产有关的经济利益很可能流入企业；②该固定资产的成本能够可靠地计量。

企业取得任何一项资产，首先确定其入账价值，即进行初始计量，才能登记入账。固定资产应当按照取得时的成本进行初始计量，固定资产的来源渠道不同，取得时的成本构成也不同。固定资产的来源包括外购、自行建造、投资者投入等多种方式。本书仅介绍外购固定资产，其他内容在"中级财务会计"课程中介绍。

外购固定资产的成本包括购买价款、相关税费、使固定资产达到预定可使用状态前所发生的可归属于该项资产的运输费、装卸费、安装费和专业人员服务费等。如果该固定资产不需要安装即可使用，则不包括安装费。外购固定资产的成本反映的是截止到固定资产达到预计可使用状态时所发生的全部成本，也就是说"达到预计可使用状态"是固定资产的入账时间。即当固定资产达到预计可使用状态时，就应当根据此前所发生的成本，确定固定资产的入账价值，登记固定资产账户，反映固定资产的增加。

外购固定资产分为购入不需要安装的固定资产和购入需要安装的固定资产两类。

3. 账户设置

固定资产购置业务涉及的账户主要有"固定资产""在建工程""银行存款""应交税费"等账户。

（1）"在建工程"账户。

"在建工程"账户用来核算企业安装、更新改造等在建工程发生的支出。"在建工程"账户是资产类的账户，借方登记在建工程发生的各项费用；贷方登记达到预定可使用状态时转入固定资产账户的成本，期末借方余额，反映企业尚未达到预定可使用状态的在建工程的成本。本账户可按"建筑工程""安装工程""在安装设备"等进行明细核算。

"在建工程"账户的结构如下：

在建工程

在建工程发生的各项费用	达到预定可使用状态时转入固定资产账户的在建工程成本
期末余额：尚未达到预定可使用状态的在建工程的成本	

（2）"应交税费"账户。

"应交税费"账户用来核算企业按照税法等规定计算应交纳的各种税费，包括增值税、消费税、所得税、资源税、土地增值税、城市维护建设税、房产税、土地使用税、车船使用税、教育费附加、矿产资源补偿费以及企业代扣代交的个人所得税等。"应交税费"账户是负债类的账户，其贷方登记企业按规定应当交纳的税费；借方登记企业已经交纳的税费以及购入的材料等货物按规定可以抵扣的增值税进项税额，期末贷方余额，反映企业尚未交纳的税费；期末借方余额，反映企业多交或尚未抵扣的税费。本账户可按应交的税费项目进行明细核算。

"应交税费"账户的结构如下：

应交税费	
①已经缴纳的税费 ②可以抵扣的增值税进项税额	应交未交的税费
期末余额：多交或尚未抵扣的税费	期末余额：尚未交纳的税费

增值税一般纳税人应当在"应交税费"账户下设置"应交增值税""未交增值税""预交增值税""待抵扣进项税额""待认证进项税额""简易计税"等明细账户。并且在应交增值税明细账中设置"进项税额""销项税额""已交税金""转出未交增值税""进项税额转出""转出多交增值税"等专栏进行明细核算。

"应交税费——应交增值税"明细账户格式见表4.1。

表4.1 应交税费——应交增值税明细账

年		凭证号数	摘要	借　方				贷　方				借或贷	余额
月	日			进项税额	已交税金	……	合计	销项税额	进项税额转出	……	合计		

知识链接：

增值税是对商品生产、流通、劳务服务中多个环节的新增价值或商品的附加值征收的一种流转税，属于价外税，由消费者负担。由于在实际中，商品新增价值或附加值在生产和流通过程中是很难准确计算的，因此，我国采用税款抵扣的办法。

《中华人民共和国增值税暂行条例》将纳税人按其经营规模大小以及会计核算是否健全划分为一般纳税人和小规模纳税人。

一般纳税人销售货物或者应税劳务，按照销售额和规定的增值税税率计算并向购买方收取的增值税额，为销项税额。

$$销项税额 = 销售额 \times 税率$$

一般纳税人购进货物或者接受应税劳务支付或者负担的增值税额，为进项税额。

$$进项税额 = 买价 \times 扣除率$$

一般纳税人购进货物或者应税劳务，取得的增值税扣税凭证符合规定的，其进项税额可以从销项税额中抵扣。

$$应纳税额 = 当期销项税额 - 当期进项税额$$

增值税发票分为增值税普通发票和增值税专用发票。

4. 固定资产购置业务核算举例

20×8年12月，W公司发生如下固定资产购置业务：

【例 4.10】 W 公司购入一台不需安装的设备,发票上注明买价 78 000 元,增值税为 10 140 元,发生装卸费等费用 2 000 元,设备运到即投入使用,全部款项均以银行存款支付。

因为不需要安装即可达到预计的可使用状态,所以,这项经济业务的发生,一方面使 W 公司的固定资产增加了 80 000 元(78 000+2 000),应交税费减少了 10 140 元,同时使银行存款减少了 90 140 元。因此,该业务涉及"固定资产""应交税费"和"银行存款"三个账户,根据账户结构,固定资产增加记入"固定资产"账户的借方,应交税费减少记入"应交税费"账户的借方,银行存款减少记入"银行存款"账户的贷方。应编制的会计分录如下:

借:固定资产　　　　　　　　　　　　　　　　　　　　　　80 000
　　应交税费——应交增值税(进项税额)　　　　　　　　　　10 140
　　贷:银行存款　　　　　　　　　　　　　　　　　　　　　　90 140

【例 4.11】 W 公司购入一台设备,购买价为 57 000 元,增值税为 7 410 元,发生装卸费等 1 000 元,款项已通过银行支付。按照购货合同,该设备由销售设备的厂家负责安装,设备已运到,投入安装。

这项设备需要安装,否则就无法达到可使用状态。需要通过"在建工程"账户归集购置固定资产所支付的价款、运输费、安装费等为使其达到使用状态所发生的各项费用,待固定资产安装完毕并达到预定可使用状态后,再将其成本转入"固定资产"账户。

这项经济业务的发生,一方面使 W 公司在建工程成本增加了 58 000 元(57 000+1 000),应交税费减少了 7 410 元,另一方面使银行存款减少了 65 410 元,因此,该业务涉及"在建工程""应交税费"和"银行存款"三个账户,根据账户结构,在建工程成本增加应记入"在建工程"账户的借方,应交税费减少记入"应交税费"账户的借方,银行存款减少应记入"银行存款"账户的贷方。应编制的会计分录如下:

借:在建工程　　　　　　　　　　　　　　　　　　　　　　58 000
　　应交税费——应交增值税(进项税额)　　　　　　　　　　 7 410
　　贷:银行存款　　　　　　　　　　　　　　　　　　　　　　65 410

【例 4.12】 承接例 4.11。W 公司通过银行向销售设备的厂家支付安装费 2 000 元。(不考虑相关税费)

设备的安装费构成固定资产成本,这项经济业务的发生,一方面使在建工程成本增加 2 000 元,另一方面使银行存款减少 2 000 元,因此,该业务涉及"在建工程"和"银行存款"两个账户,根据账户结构,在建工程成本增加应记入"在建工程"账户的借方,银行存款的减少应记入"银行存款"账户的贷方。应编制的会计分录如下:

借:在建工程　　　　　　　　　　　　　　　　　　　　　　 2 000
　　贷:银行存款　　　　　　　　　　　　　　　　　　　　　　 2 000

【例 4.13】 承接例 4.12。该设备安装完毕,达到预计可使用状态,办理了完工验收手续,投入使用。

设备已达到预计可使用状态,意味着该工程的"在建"状态已经结束,正式成为固定资产,根据"在建工程"账户计算工程成本为 60 000 元(58 000+2 000),将其全部转入"固定资产"账户。

这项经济业务的发生,一方面使 W 公司的在建工程减少 60 000 元,另一方面使固定资产增加 60 000 元。因此,该业务涉及"固定资产"和"在建工程"两个账户,根据账户结构,分别记入"固定资产"账户的借方和"在建工程"账户的贷方。应编制的会计分录如下：

借：固定资产　　　　　　　　　　　　　　　　　　　　60 000
　贷：在建工程　　　　　　　　　　　　　　　　　　　　　　60 000

以上固定资产购置业务编制会计分录后，应根据会计分录登记有关账户。

W 公司 20×8 年 12 月固定资产购置业务核算流程如图 4.3 所示。

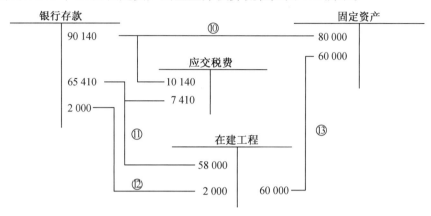

图 4.3　固定资产购置业务核算流程

4.3.2　材料采购业务的核算

材料是制造业企业生产产品过程中必不可少的劳动对象，材料在使用过程中通常会改变其原有实物形态，构成产品实体的一部分，或不构成产品实体但是有助于产品形成，材料的价值一次性转入产品成本。因此，材料成本的高低，直接影响产品成本的高低，关系到企业的竞争能力。

企业生产经营所需的原材料包括原料及主要材料、辅助材料、外购半成品（外购件）、修理用备件（备品备件）、包装材料、燃料等。原材料通常都是外购的，因此，制造业企业应当做好材料的采购计划，科学安排采购批量，以降低采购和仓储成本，保证既能及时满足生产经营的需要，又不会造成库存积压，导致不必要的资金占用。

1. 材料采购成本的确定

在供应阶段会计核算中，重要的内容就是确定材料的采购成本，按照成本进行初始计量。

材料的采购成本包括购买价款、相关税费、运输费、装卸费、保险费以及其他可归属于存货采购成本的费用。

（1）购买价款。购买价款俗称买价，即企业与供应单位的成交价格，是指供应单位的发票价格。但不包括按照规定可以抵扣的增值税。

（2）相关税费。相关税费包括进口关税、购买货物发生的消费税以及不能从增值税销项税额中抵扣的进项税额等。

进口材料所缴纳的关税一律计入材料的采购成本。消费税的相关内容在后续课程中学习。

增值税是否应当计入材料的采购成本，取决于企业是增值税的哪一种纳税人、是否取得

增值税专用发票以及购进材料是否用于应纳增值税的项目等,具体应根据以下情况确定:

①经税务机关确定为小规模纳税人的企业,其采购材料所支付的增值税,无论是否取得增值税专用发票,一律计入材料的采购成本。

②经税务机关确定为一般纳税人的企业,其采购材料所支付的增值税(增值税进项税额),凡取得增值税专用发票,并且所购进的材料用于应纳增值税项目(例如用该材料生产的产品销售时,该产品按税法规定应当缴纳增值税)的,则随同购买价款一同支付的增值税进项税额不计入材料的采购成本,而是记入"应交税费——应交增值税"账户的借方,作为增值税进项税额单独反映;如果企业未能取得增值税专用发票,或虽然取得了增值税专用发票,但所购进的材料用于非应纳增值税项目或用于免征增值税项目(例如用该材料生产出来的产品在销售时免交增值税)的,则增值税进项税额应当计入材料的采购成本。

(3)其他可归属于材料采购成本的费用。其他可归属于材料采购成本的费用是指材料在采购过程中发生的除上述各项费用之外的应当计入材料采购成本的费用。它主要包括以下几项:

①运杂费,包括运输费、包装费、装卸费、运输途中的仓储费和保险费等。(一般纳税人的运杂费中符合抵扣条件的部分作为进项税额予以抵扣,其余记入材料采购成本,具体涉及增值税的详细内容在以后课程讲解,本书不做介绍。)

②运输途中的合理损耗,指材料在运输途中可能发生的合理损耗或必要的自然损耗。例如,生产水果罐头的企业所采购的新鲜水果可能在运输途中发生的损耗。

③入库前的挑选整理费,指材料在入库前进行挑选整理而发生的工资等有关费用以及必要的损耗扣除下脚废料价值后的余额。

> 注意:
> 　　企业供应部门或材料仓库的机构经费、采购人员的差旅费、市内零星运杂费、材料入库后的仓储费用等不计入材料的采购成本,而直接计入管理费用。

计算确定采购成本时,属于某一种材料发生的采购费用,直接计入该材料的采购成本;属于几种材料共同发生的采购费用,应按照一定的标准在几种材料之间进行分配。分配标准包括质量、体积、买价等。对于分配标准的选择,一般来说,应当选择几种参考标准中与所分配的费用最相关的。计算采购费用方法如下:

(1)计算分配率。

$$分配率 = \frac{采购费用}{各种材料分配标准之和}$$

(2)计算每种材料应分配的采购费用。

$$每种材料的分配额 = 该材料的分配标准 \times 分配率$$

2. 材料采购业务的账户设置

企业的材料可以按实际成本进行日常核算,也可以按计划成本进行日常核算。企业可以根据自身情况选择使用。一般来说,对于规模较小、原材料种类较少并且原材料的收发业务不是很频繁的企业,通常比较适合采用实际成本对材料进行日常核算。而对于规模较大、材料品种繁多、收发业务频繁的企业,采用实际成本进行材料的日常核算,工作量较大,不便于分析、考核材料采购业务的工作成绩和监督材料采购成本的开支情况。因此,这类企业往往使用计划成本进行材料的日常核算。

采用不同的成本进行材料的日常核算时,所使用的账户有所不同。本书只介绍材料按照实际成本进行日常核算。

采用实际成本进行材料日常核算时,应设置"在途物资""原材料""应交税费""应付账款""银行存款""预付账款"等账户。

(1)"在途物资"账户。

"在途物资"账户用来核算企业采用实际成本进行材料等物资的日常核算、货款已付尚未验收入库的在途物资的采购成本。"在途物资"账户是资产类的账户,其借方登记货款已经支付但尚未验收入库的材料,按规定应计入采购成本的金额;贷方登记验收入库材料的成本,期末借方余额,反映企业在途的材料物资的采购成本。本账户可按供应单位和物资品种进行明细核算。

"在途物资"账户的结构如下:

在途物资

材料物资的采购成本	入库材料物资的成本
期末余额:在途材料物资的采购成本	

若采用验货付款方式采购材料,则可在材料已验收入库时,按规定应计入采购成本的金额直接计入"原材料"账户的借方,而不通过"在途物资"账户。

(2)"原材料"账户。

"原材料"账户用来核算企业库存的各种材料,包括原料及主要材料、辅助材料、外购半成品(外购件)、修理用备件(备品备件)、包装材料和燃料等的实际成本(或计划成本)。"原材料"是资产类的账户,其借方登记企业验收入库的各种材料的实际成本(或计划成本);贷方登记企业出库的各种材料的实际成本(或计划成本),期末借方余额,表示企业期末库存材料的实际成本(或计划成本)。

无论采用实际成本还是计划成本,对材料进行日常核算的企业,都要设置"原材料"账户,但是在不同的成本计价方式下,本账户的内涵是不同的。采用实际成本进行材料日常核算时,"原材料"账户的借方、贷方、期末余额反映的都是材料的实际成本;而采用计划成本进行材料日常核算时,"原材料"账户的借方、贷方、期末余额反映的都是计划成本。

本账户可按材料的保管地点(仓库)、材料的类别、品种和规格等进行明细核算。

"原材料"账户的结构如下:

原材料

入库材料的实际(或计划)成本	出库材料的实际(或计划)成本
期末余额:库存材料的实际(或计划)成本	

(3)"应付账款"账户。

"应付账款"账户用来核算企业因购买材料、商品和接受劳务等经营活动应支付的款项。"应付账款"账户是负债类的账户,其贷方登记企业购入材料、商品和接受劳务而发生的应付未付款项;借方登记企业支付的应付账款,期末贷方余额,反映企业尚未支付的应付账款余额。本账户可按债权人进行明细核算。

"应付账款"账户的结构如下:

应付账款

支付的款项	采购材料或接受劳务等应付未付的款项
	期末余额:尚未支付的应付款项

(4)"预付账款"账户。

"预付账款"账户用来核算企业按照合同规定预付的款项。"预付账款"账户是资产类的账户,其借方登记企业因购货而预付的款项和应付款项大于预付款项而补付的款项;贷方登记收到所购物资应支付的金额和应付款项小于预付款项而收到的供货单位退回的款项。期末余额可能在借方,也可能在贷方。借方余额,反映企业预付的款项;贷方余额,反映企业尚未补付的款项。本账户可按供货单位进行明细核算。预付款项情况不多的,也可以不设置本账户,将预付的款项直接记入"应付账款"账户的借方。

"预付账款"账户的结构如下:

预付账款

①预付的款项 ②补付预付款项的不足金额	①收到所购物资应支付的金额 ②收到因应付金额小于预付金额而退回的款项
期末余额:预付的款项	期末余额:尚未补付的款项

3. 材料采购业务按实际成本核算举例

采用实际成本进行材料的日常核算时,材料的收入与发出均采用实际成本计算,填制有关材料的收、发凭证,并据以登记材料的总账和明细账。

W公司20×8年12月发生如下材料采购业务:

【例4.14】 从C公司购入生产用甲材料5 000千克,每千克10元,增值税专用发票注明买价50 000元,增值税6 500元,运费发票注明运输费1 090元(其中90元可以作为进项税额抵扣),包装费、装卸费等杂费100元,全部款项合计57 690元以银行存款支付,材料尚未到达企业。

由于W公司为增值税的一般纳税人,所购材料用于应纳增值税项目(除非特别指明,本教材所述外购材料均用于应纳增值税项目),而且公司取得了增值税专用发票。因此,增值税不计入材料的采购成本,而应为进项税额抵扣,记入"应交税费"账户。该批材料的进项税额由两部分组成:一是所购材料的进项税额,即购入材料取得的增值税专用发票上注明的进项税额;二是运费中可以抵扣的进项税额。

甲材料全部进项税额=6 500+90=6 590(元)

应计入甲材料采购成本的运杂费=1 090-90+100=1 100(元)

材料采购成本＝50 000+1 100＝51 100(元)

这项经济业务的发生，一方面使W公司的在途物资增加了51 100元，应交税费减少了6 590元，另一方面使公司的银行存款减少了57 690元。因此，该业务涉及"在途物资""应交税费"和"银行存款"三个账户，根据账户结构，在途物资增加记入"在途物资"账户的借方，应交税费减少记入"应交税费"账户的借方，银行存款减少记入"银行存款"账户的贷方。应编制的会计分录如下：

借：在途物资——C公司(甲材料)   51 100
    应交税费——应交增值税(进项税额)   6 590
  贷：银行存款   57 690

【例4.15】 从K公司购入材料一批，其中：乙材料5 000千克，每千克10元；丙材料1 500千克，每千克20元。增值税专用发票注明：乙材料买价50 000元，增值税6 500元；丙材料买价30 000元，增值税3 900元。运费发票注明运费636元(其中可以作为进项税额抵扣的为36元)，杂费50元。合计价款91 086元。材料已到，并验收入库，财务部门已收到收料单，货款尚未支付。

进项税额＝6 500+3 900+36＝10 436(元)

应计入采购成本的运杂费＝636−36+50＝650(元)

由于这项业务的运杂费是为采购乙、丙两种材料共同发生的，应当在两种材料之间按照一定标准进行分配，以分别确定每种材料的采购成本。对于运杂费，通常以质量作为分配标准。分配方法如下：

$$分配率=\frac{650}{5\,000+1\,500}=0.10(元/千克)$$

乙材料分配额＝5 000×0.10＝500(元)

丙材料分配额＝1 500×0.10＝150(元)

乙材料采购成本＝50 000+500＝50 500(元)

丙材料采购成本＝30 000+150＝30 150(元)

这项经济业务的发生，一方面使W公司的库存材料增加了80 650元，使公司的应交税费减少了10 436元，同时使公司的应付账款增加了94 316元。因此，该业务涉及"原材料""应交税费"和"应付账款"三个账户，根据账户结构，原材料增加应记入"原材料"账户借方，应交税费减少应记入"应交税费"账户的借方，应付账款增加应记入"应付账款"账户的贷方。应编制的会计分录如下：

借：原材料——乙材料   50 500
        ——丙材料   30 150
    应交税费——应交增值税(进项税额)   10 436
  贷：应付账款——K公司   91 086

同时，为明确每种材料的采购成本，公司应编制材料采购成本计算表，并据以登记原材料明细账户。材料采购成本计算表格式见表4.2。

表 4.2　材料采购成本计算表　　　　　　　　　　单位:元

项目	乙材料		丙材料	
	总成本 （5 000 千克）	单位成本	总成本 （1 500 千克）	单位成本
买价	50 000	10.00	30 000	20.00
采购费用	500	0.10	150	0.10
材料采购成本合计	50 500	10.10	30 150	20.10

【例 4.16】 材料仓库转来收料单,本月从 C 公司购入的甲材料已到,验收入库。

这项经济业务的发生,一方面使 W 公司的库存材料增加了 51 100 元,另一方面使在途物资减少了 51 100 元。因此,该业务涉及"原材料"和"在途材料"两个账户,根据账户结构,原材料增加应记入"原材料"账户的借方,在途物资减少应记入"在途物资"账户的贷方。应编制的会计分录如下：

　　借：原材料——甲材料　　　　　　　　　　　　　　　　　　51 100
　　　　贷：在途物资——C 公司(甲材料)　　　　　　　　　　　　　51 100

【例 4.17】 收到 D 公司发来的丁材料 1 000 千克,增值税专用发票注明买价为 80 000 元,增值税为 10 400 元,合计 90 400 元。材料已验收入库。上个月已经向 D 公司预付货款 80 000 元,余款尚欠。

这项经济业务的发生,一方面使 W 公司的库存材料增加了 80 000 元,使应交税费减少了 10 400 元,另一方面使预付账款减少了 90 400 元。因此,该业务涉及"原材料""应交税费"和"预付账款"三个账户,根据账户结构,材料增加应记入"原材料"账户的借方,应交税费减少应记入"应交税费"账户的借方,预付账款减少应记入"预付账款"账户的贷方。应编制的会计分录如下：

　　借：原材料——丁材料　　　　　　　　　　　　　　　　　　80 000
　　　　应交税费——应交增值税(进项税额)　　　　　　　　　　10 400
　　　　贷：预付账款——D 公司　　　　　　　　　　　　　　　　　90 400

【例 4.18】 开出转账支票预付 E 公司丁材料款,金额为 50 000 元。

这项经济业务的发生,一方面使 W 公司的银行存款减少了 50 000 元,另一方面使预付账款增加了 50 000 元。因此,该业务涉及"预付账款"和"银行存款"两个账户,根据账户结构,预付账款增加应记入"预付账款"账户的借方,银行存款减少应记入"银行存款"账户的贷方。应编制的会计分录如下：

　　借：预付账款——E 公司　　　　　　　　　　　　　　　　　50 000
　　　　贷：银行存款　　　　　　　　　　　　　　　　　　　　　　50 000

【例 4.19】 从本市 Y 公司购入戊材料 500 千克,增值税专用发票注明买价为 1 000 元,增值税为 130 元,合计 1 130 元,已开出转账支票支付。材料已到,并验收入库。

这项经济业务的发生,一方面使 W 公司的库存材料增加了 1 000 元,使应交税费减少了 130 元,另一方面使银行存款减少了 1 130 元。因此,该业务涉及"原材料""应交税费"和"银行存款"三个账户,根据账户结构,材料增加应记入"原材料"账户的借方,应交税费减少应记入"应交税费"账户的借方,银行存款减少应记入"银行存款"账户的贷方。应编制的会

计分录如下:

借:原材料——戊材料　　　　　　　　　　　　　　　　　1 000
　　应交税费——应交增值税(进项税额)　　　　　　　　　 130
　　贷:银行存款　　　　　　　　　　　　　　　　　　　　　　　　1 130

【例4.20】 开出转账支票支付前欠K公司材料款,金额为91 086元。

这项经济业务的发生,一方面使W公司的应付账款减少了91 086元,另一方面使公司的银行存款减少了91 086元。因此,该业务涉及"应付账款"和"银行存款"两个账户,根据账户结构,应付账款减少应记入"应付账款"账户的借方,银行存款减少应记入"银行存款"账户的贷方。应编制的会计分录如下:

借:应付账款——K公司　　　　　　　　　　　　　　　　91 086
　　贷:银行存款　　　　　　　　　　　　　　　　　　　　　　　91 086

【例4.21】 以现金600元支付采购人员差旅费。

根据材料采购成本组成项目的有关规定,采购人员的差旅费不计入材料的采购成本,而应当计入管理费用。

这项经济业务的发生,一方面使W公司的库存现金减少了600元,另一方面使管理费用增加了600元,因此,该业务涉及"管理费用"和"库存现金"两个账户,根据账户结构,管理费用增加应记入"管理费用"账户的借方,库存现金减少应记入"库存现金"账户的贷方。应编制的会计分录如下:

借:管理费用　　　　　　　　　　　　　　　　　　　　　　600
　　贷:库存现金　　　　　　　　　　　　　　　　　　　　　　　　600

上述业务在编制完会计分录后,还应当在有关账户中进行登记。

20×8年12月W公司材料采购业务核算流程如图4.4所示(管理费用和库存现金账户略)。

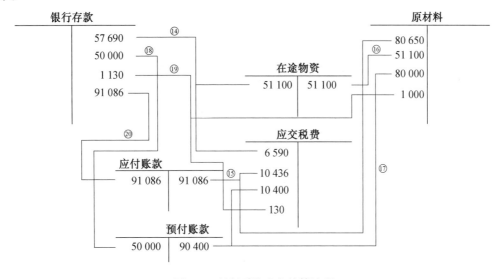

图4.4　材料采购业务核算流程

《中华人民共和国增值税暂行条例》规定:小规模纳税人销售货物或者应税劳务,实行按照销售额和征收率计算应纳税额的简易办法,并不得抵扣进项税额。

因此,小规模纳税人采购材料所支付的全部货款中的增值税不得作为进项税额予以抵扣,即不得记入"应交税费"账户的借方,也就是说,不论是否取得增值税专用发票,一律记入材料的采购成本。其他有关材料采购成本的构成项目,则与一般纳税人相同。

应纳税额计算公式为

$$应纳税额=销售额×征收率$$

【例4.22】 假设上述W公司经税务机关确定为小规模纳税人,征收率为3%,其余条件不变,上述经济业务的会计处理如下:

(1)甲材料采购成本=50 000+6 500+1 090+100=57 690(元)

这项经济业务的发生,一方面使W公司的在途物资增加了57 690元,另一方面使银行存款减少了57 690元。根据账户结构,应分别记入"在途物资"账户的借方和"银行存款"账户的贷方。应编制的会计分录如下:

借:在途物资——C公司(甲材料)   57 690
  贷:银行存款   57 690

(2)应计入采购成本的运杂费=636+50=686(元)

分配如下:

①分配率=$\dfrac{686}{5\ 000+1\ 500}$=0.105 5(元/千克)

②丙材料分配额=1 500×0.105 5=158.25(元)

乙材料分配额=686-158.25=527.75(元)

> 注意:由于该分配率是一个除不开的小数,因此计算最后一种材料应分配的金额时,应当用被分配的费用总额减去分配给其他材料的费用,从而将误差计入最后一个分配费用的材料。一般可将误差计入分配标准较大的材料。
> 本例中的乙材料质量为5 000千克,质量较大,因此,误差应由乙材料负担。

经过分配,两种材料的采购成本分别为:

乙材料采购成本=50 000+6 500+527.75=57 027.75(元)

丙材料采购成本=30 000+3 900+158.25=34 058.25(元)

这项经济业务的发生,一方面使W公司的库存材料增加了91 086元,另一方面使应付账款增加了91 086元。根据账户结构,应分别记入"原材料"账户的借方和"应付账款"账户的贷方。应编制的会计分录如下:

借:原材料——乙材料   57 027.75
    ——丙材料   34 058.25
  贷:应付账款——K公司   91 086

材料采购成本计算表略。

(3)这项经济业务的会计科目与例4.16相同,金额为57 690。

(4)丁材料采购成本=80 000+10 400=90 400(元)

这项经济业务的发生,一方面使W公司的库存材料增加了90 400元,另一方面使预付账款减少了90 400元。根据账户结构,应分别记入"原材料"账户的借方和"预付账款"账户的贷方。应编制的会计分录如下：

  借:原材料——丁材料   90 400
   贷:预付账款——D公司   90 400

  (5)这项经济业务的会计分录与例4.18相同。
  (6)戊材料采购成本=1 000+130=1 130(元)

  这项经济业务的发生,一方面使W公司的库存材料增加了1 130元,另一方面使银行存款减少了1 130元。根据账户结构,应当分别记入"原材料"账户的借方和"银行存款"账户的贷方。应编制的会计分录如下：

  借:原材料——戊材料   1 130
   贷:银行存款   1 130

  (7)这项经济业务的处理与例4.20相同。
  (8)这项经济业务的处理与例4.21相同。

4.4 生产业务的核算

  生产过程是制造业企业生产经营过程的第二阶段,在这个阶段,企业投入人力、物力,投入各种费用,对材料进行加工,生产出半成品和产成品。因此,这一过程既是产品的制造过程,又是物化劳动和活劳动的消耗过程,是制造业最重要的生产经营过程,也是企业会计核算中最复杂的过程。在这一阶段,一部分储备资金、货币资金形态转化为生产资金形态,产品完成验收入库后,资金形态又转化为成品资金形态。

  这一阶段会计核算的主要内容是计算确定产品的生产成本。其主要经济业务包括材料等各种生产费用的归集与分配、全部生产费用在完工产品与在产品之间的分配、完工产品的入库等。

4.4.1 产品生产成本的构成

  产品生产成本是生产耗费的补偿尺度,是综合反映企业工作质量的重要经济指标,也是企业制订产品价格的重要依据,甚至可以说企业产品生产成本的高低直接关系到企业的生死存亡。因此,正确计算产品的生产成本,对企业具有十分重要的意义。

  产品生产成本是指企业在一定的生产期间为生产一定种类和数量的产品而发生的各种耗费。

  企业在生产经营过程中,为生产产品会发生各种各样的耗费,如原材料等劳动对象的耗费,厂房、机器设备等作为劳动资料的固定资产的磨损,员工的薪酬等人力的耗费,以及生产部门为组织和管理生产而发生的各种其他费用等。在一定时期为生产产品而发生的这些耗费称为生产费用,这些生产费用都是围绕着产品的生产而发生的,必须按一定的成本计算对象(如产品品种、生产批次等)进行归集,以确定各成本计算对象的生产成本。

  生产费用按照计入产品生产成本的方式,可以分为直接费用和间接费用两大类。
  直接费用是指能分清是为生产哪种产品所耗用的,并且能直接按有关产品进行归集的生产费用。直接费用一般包括直接材料费用和直接人工费用。间接费用是指不能分清为生产哪种产品所耗用,不能直接计入某种产品成本的费用,企业为生产产品和提供劳务而发生的各项间接费用通常称为制造费用,企业应当根据制造费用的性质,合理地选择分配方法将其分配计入各种产品成本。

为了具体反映计入产品成本的生产费用的用途,提供产品成本构成情况的资料,还需将其进一步划分为若干个成本项目。成本项目是生产费用按其经济用途分类核算的项目,制造业企业成本项目包括直接材料、直接人工、制造费用等。

1. 直接材料

直接材料是指构成产品实体的各种原料及主要材料(如生产饼干用的面粉),或虽不构成产品实体,但有助于产品形成的各种辅助材料(如生产饼干用的糖和牛奶等)。包括企业生产经营过程中实际消耗的原料及主要材料、辅助材料、备品配件、外购半成品、燃料、动力、包装物、低值易耗品以及其他直接材料等。其中多种产品共同耗用的材料也属于直接材料,但需要采用一定的方法在几种产品之间进行分配。

2. 直接人工

直接人工是指直接参与产品生产的工人的工资以及按照国家有关法律法规应当由企业负担的生产工人的职工福利费、社会保险费、住房公积金等。生产工人同时生产多种产品的,其薪酬仍属于直接人工,但需要采用一定的方法在几种产品之间进行分配。

3. 制造费用

制造费用是指企业各个生产部门(车间、分厂)为组织和管理生产所发生的不能直接归集到某种产品生产成本中的生产费用。包括生产部门发生的以下费用:机物料消耗、生产部门管理人员的工资等职工薪酬、固定资产的折旧费、修理费、办公费、水电费、保险费、差旅费、季节性停工损失以及其他有关费用等。制造费用一般不能直接确认用于哪一种产品,所以通常采取先归集汇总,再按一定的分配标准在有关的几种产品之间进行分配的会计处理方法。

因此,产品生产成本应当包括直接材料、直接人工、制造费用等内容,即

$$生产成本 = 直接材料 + 直接人工 + 制造费用$$

归集生产费用时,对于直接材料、直接人工等直接费用应直接计入产品成本,对于间接费用(制造费用)应分配计入产品成本,制造费用的分配标准包括生产工时、机器工时、生产工人工资、原料及主要材料成本、直接费用等。分配方法如下:

(1)计算分配率。

$$分配率 = \frac{制造费用}{各种产品分配标准之和}$$

(2)计算每种产品应分配的制造费用。

$$每种产品应分配的制造费用 = 该产品的分配标准 \times 分配率$$

4.4.2 生产业务的核算

1. 账户设置

生产业务核算需要设置的账户主要有"生产成本""制造费用""库存商品""应付职工薪酬""累计折旧""累计摊销""管理费用"等。

(1)"生产成本"账户。

"生产成本"账户用来核算企业进行工业性生产发生的各项生产成本,包括生产各种产品(产成品、自制半成品等)、自制材料、自制工具、自制设备等。"生产成本"账户是成本类的账户。其借方登记企业发生的各项直接生产成本以及期末分配转入的各成本计算对象应负担的制造费用;贷方登记企业已经生产完成并已验收入库的产成品以及入库的自制半成品应转出的生产成本,期末借方余额,反映企业尚未加工完成的在产品成本。本账户可按基本生产成本和辅助生产成本进行明细核算。基本生产成本应当分别按照成本核算对象(产品的品种、类别、订单、批别、生产阶段等)设置明细账(或成本计算单),并按照规定的成本项目设置专栏,进行明细核算。

"生产成本"账户的结构如下:

生产成本

发生的生产费用: ①直接材料 ②直接人工 ③分配转入的制造费用	完工入库产品的成本
期末余额:在产品的成本	

(2)"制造费用"账户。

"制造费用"账户用来核算企业生产车间(部门)为生产产品和提供劳务而发生的各项间接费用。包括生产车间管理人员的工资等职工薪酬、机物料消耗、生产车间计提的固定资产折旧费、修理费、办公费、水电费、保险费、差旅费、季节性停工损失等。"制造费用"账户是成本类的账户。其借方登记企业发生的各项制造费用;贷方登记分配计入有关的成本核算对象而转入"生产成本"账户的制造费用,本账户期末一般无余额。本账户可按不同的生产车间、部门和费用项目进行明细核算。

"制造费用"账户的结构如下:

制造费用

发生的各项制造费用	期末分配转入"生产成本"账户的制造费用

注意:企业行政管理部门为组织和管理生产经营活动而发生的管理费用,在"管理费用"账户核算,而不在本账户核算。

(3)"库存商品"账户。

"库存商品"账户用来核算企业库存的各种商品的实际成本(或计划成本),包括库存的产成品、自制半成品、外购商品、存放在门市部准备出售的商品、发出展览的商品及寄存在外的商品等。"库存商品"账户是资产类的账户。其借方登记验收入库的产成品(商品)的实际成本(或计划成本);贷方登记发出产成品(商品)的实际成本(或计划成本),期末余额在借方,表示企业库存商品的实际成本(或计划成本)。本账户应按商品种类、品种和规格等进行明细核算。

"库存商品"账户的结构如下:

库存商品

入库产品(商品)的实际(或计划)成本	出库产品(商品)的实际(或计划)成本
期末余额:库存产品(商品)的实际(或计划)成本	

企业生产的产成品一般应按实际成本核算,产成品的入库和出库,平时只记数量不记金额,期末(通常指月末)计算入库产成品的实际成本。产成品品种较多的,也可按计划成本进行日常核算。

(4)"应付职工薪酬"账户。

"应付职工薪酬"账户用来核算企业根据有关规定应付给职工的各种薪酬。"应付职工薪酬"账户是负债类的账户。其贷方登记企业应当支付给职工的薪酬;借方登记企业实际支付给职工的薪酬和应从职工薪酬中扣还的各种款项(如个人所得税等),期末贷方余额,反映企业应付未付的职工薪酬。本账户可按工资、职工福利、社会保险费、住房公积金、工会经费、职工教育经费等内容进行明细分类核算。

"应付职工薪酬"账户的结构如下:

应付职工薪酬

实际支付给职工的薪酬	应付未付给职工的薪酬
	期末余额:应付未付的职工薪酬

> **知识链接:**
> 职工薪酬是指企业为获得职工提供的服务或解除劳动关系而给予的各种形式的报酬或补偿。职工薪酬包括短期薪酬、离职后福利、辞退福利和其他长期职工福利。企业提供给职工配偶、子女、受赡养人、已故员工遗属及其他受益人等的福利,也属于职工薪酬。
> 短期薪酬是指企业在职工提供相关服务的年度报告期间结束后12个月内需要全部予以支付的职工薪酬,因解除与职工的劳动关系给予的补偿除外。短期薪酬具体包括:职工工资、奖金、津贴和补贴,职工福利费、医疗保险费、工伤保险费和生育保险费等社会保险费,住房公积金、工会经费和职工教育经费,短期带薪缺勤、短期利润分享计划、非货币性福利以及其他短期薪酬。企业应当在职工为其提供服务的会计期间,将实际发生的短期薪酬确认为负债,并计入当期损益,其他会计准则要求或允许计入资产成本的除外。

(5)"累计折旧"账户。

"累计折旧"账户用来核算企业固定资产的累计折旧。"累计折旧"账户是资产类的账户。其贷方登记企业按月计提的固定资产折旧额;借方登记企业处置固定资产时同时结转的累计折旧额,期末贷方余额反映企业固定资产的累计折旧额。本账户可按固定资产的类别或项目进行明细核算。

"累计折旧"账户的结构如下:

累计折旧	
处置固定资产时结转的累计折旧额	每月计提的固定资产折旧额
	期末余额:固定资产的累计折旧额

(6)"累计摊销"账户。

"累计摊销"账户用来核算企业对使用寿命有限的无形资产计提的累计摊销。"累计摊销"账户是资产类的账户。贷方登记企业按月计提的无形资产摊销额;借方登记处置无形资产时同时结转的累计摊销额,期末贷方余额反映企业无形资产的累计摊销额。本账户可按无形资产项目进行明细核算。

"累计摊销"账户的结构如下:

累计摊销	
处置无形资产时同时结转的累计摊销额	每月计提的无形资产摊销额
	期末余额:无形资产的累计摊销额

(7)"管理费用"账户。

"管理费用"账户用来核算企业为组织和管理企业生产经营所发生的管理费用,包括企业在筹建期间内发生的开办费、董事会和行政管理部门在企业的经营管理中发生的或者应由企业统一负担的公司经费(包括行政管理部门职工工资及福利等薪酬、物料消耗、办公费和差旅费等)、工会经费、董事会费(包括董事会成员津贴、会议费和差旅费等)、聘请中介机构费、咨询费(含顾问费)、诉讼费、业务招待费、技术转让费、研究费用、排污费等。企业生产车间(部门)和行政管理部门等发生的固定资产修理费用等后续支出,也在本账户核算。"管理费用"账户是损益类的账户,借方登记企业发生的各项费用;贷方登记期末为结算损益而转入"本年利润"账户的本账户余额,结转后本账户无余额。本账户可按费用项目进行明细核算。

"管理费用"账户的结构如下:

管理费用	
发生的各项费用	期末转入"本年利润"账户的管理费用

2. 生产业务核算举例

W 公司 20×8 年 12 月发生如下生产业务：

【例 4.23】 根据有关部门转来的领料单，汇总编制发料凭证汇总表，见表 4.3。

表 4.3 发料凭证汇总表　　数量单位：千克；金额单位：元

用　途	甲材料		乙材料		丙材料		丁材料		戊材料		合计
	数量	金额	数量	金额	数量	金额	数量	金额	数量	金额	
生产产品领用											
A 产品	4 000	40 800	2 000	20 000	1 600	32 000					92 800
B 产品	1 300	13 260	3 500	35 000	0	0	1 080	86 400			134 660
小计	5 300	54 060	5 500	55 000	1 600	32 000	1 080	86 400			227 460
生产部门领用									520	1 040	1 040
合　计	5 300	54 060	5 500	55 000	1 600	32 000	1 080	86 400	520	1 040	228 500

企业各有关部门在领用材料物资时，必须办理领料手续，填制领料单，凭领料单到仓储部门领用材料，以记录领料业务的发生情况，并将其传递到会计部门，会计部门据此编制会计分录和登记有关账簿，进行会计核算，记录经济业务的发生。在会计实务中，会计人员通常根据领料业务的多少决定是逐笔记录还是汇总反映。在领料业务发生较频繁的情况下，通常将若干张领料单的内容汇总，编制发料凭证汇总表，汇总反映材料的发出耗用情况，以简化账务处理，减少会计人员的工作量。

这项经济业务的发生，一方面使 W 公司的库存材料减少 228 500 元，另一方面使成本费用增加。其中，生产产品领用的材料 227 460 元属于直接材料，应直接计入有关产品的生产成本；生产部门领用的材料 1 040 元属于间接费用，应计入制造费用。因此，该业务涉及"生产成本""制造费用"和"原材料"三个账户，根据账户结构，成本费用增加应分别记入"生产成本""制造费用"账户的借方，原材料的减少应记入"原材料"账户的贷方。应编制的会计分录如下：

借：生产成本——A 产品　　　　　　　　　　　　　　　　92 800
　　生产成本——B 产品　　　　　　　　　　　　　　　　134 660
　　制造费用　　　　　　　　　　　　　　　　　　　　　1 040
　贷：原材料——甲材料　　　　　　　　　　　　　　　　54 060
　　　原材料——乙材料　　　　　　　　　　　　　　　　55 000
　　　原材料——丙材料　　　　　　　　　　　　　　　　32 000
　　　原材料——丁材料　　　　　　　　　　　　　　　　86 400
　　　原材料——戊材料　　　　　　　　　　　　　　　　1 040

【例 4.24】 根据当月考勤记录和产量记录等，计算本月应付职工工资如下：

生产 A 产品工人工资　　　　　　　　25 000 元
生产 B 产品工人工资　　　　　　　　30 000 元
生产部门管理人员工资　　　　　　　　5 000 元
行政管理部门人员工资　　　　　　　15 000 元
共计　　　　　　　　　　　　　　　75 000 元

这项经济业务的发生,一方面使 W 公司的成本费用增加了 75 000 元。其中,生产 A、B 产品的工人的工资 55 000 元属于直接工资,应直接计入有关产品的生产成本;生产部门管理人员的工资 5 000 元属于间接费用,应计入制造费用;行政管理部门人员的工资 15 000 元属于期间费用,应计入管理费用。另一方面使负债(由于工资尚未支付,属于应当支付给职工的工资)增加 75 000 元。因此,该业务涉及"生产成本""制造费用""管理费用"和"应付职工薪酬"四个账户,根据账户结构,成本费用增加分别记入"生产成本""制造费用""管理费用"账户的借方,负债增加记入"应付职工薪酬"账户的贷方。应编制会计分录如下:

```
借:生产成本——A 产品                          25 000
   生产成本——B 产品                          30 000
   制造费用                                    5 000
   管理费用                                   15 000
   贷:应付职工薪酬——工资                     75 000
```

【例 4.25】 开出现金支票,从银行提取现金 75 000 元,准备发放工资。

这项经济业务的发生,一方面使 W 公司的库存现金增加 75 000 元;另一方面使银行存款减少 75 000 元。因此,该业务涉及"库存现金"和"银行存款"两个账户,根据账户结构,现金增加记入"库存现金"账户的借方,银行存款减少记入"银行存款"账户的贷方,应编制的会计分录如下:

```
借:库存现金                                   75 000
   贷:银行存款                                75 000
```

【例 4.26】 用现金 75 000 元发放工资。

这项经济业务的发生,一方面使 W 公司的应付职工薪酬减少 75 000 元;另一方面使公司的现金减少 75 000 元。因此,该业务涉及"库存现金"和"应付职工薪酬"两个账户,根据账户结构,应付职工薪酬减少记入"应付职工薪酬"账户的借方,现金减少记入"库存现金"账户的贷方。应编制的会计分录如下:

```
借:应付职工薪酬                               75 000
   贷:库存现金                                75 000
```

若通过银行发放工资,则不用提取现金,在发放时直接根据有关凭证编制如下分录:

```
借:应付职工薪酬                               75 000
   贷:银行存款                                75 000
```

【例 4.27】 按本月职工工资总额的 20% 计提本月职工社会保险费。

为生产 A 产品的生产工人计提社会保险费 5 000 元(25 000×20%)。

为生产 B 产品的生产工人计提社会保险费 6 000 元(30 000×20%)。

为生产部门管理人员计提社会保险费 1 000 元(5 000×20%)。

为行政管理部门人员计提社会保险费 3 000 元(15 000×20%)。

共计 15 000 元。

社会保险费是按照国家有关法律、法规、制度的规定,由企业负担的统一向社保部门缴纳的存入职工个人社会保险账户的社保资金。其具体比例由各地方根据国家有关规定和当地经济发展状况等因素确定。按照企业会计准则的规定,生产工人的工资总额提取的社会保险费 11 000 元属于直接人工费用,应当直接计入产品的生产成本;生产部门管理人员的工资总额提取的社会保险费 1 000 元属于间接费用,应当计入制造费用;行政管理部门人员的工资总额提取的社会保险费 3 000 元属于期间费用,应当计入管理费用。

这项经济业务的发生,一方面使 W 公司的成本费用增加;另一方面使应当支付的职工薪酬增加。因此,该业务涉及"生产成本""制造费用""管理费用"和"应付职工薪酬"四个账户,根据账户结构,成本费用增加记入"生产成本""制造费用""管理费用"账户的借方,应付职工薪酬的增加记入"应付职工薪酬"账户的贷方。应编制的会计分录如下:

借:生产成本——A 产品　　　　　　　　　　　　　　　　　5 000
　　生产成本——B 产品　　　　　　　　　　　　　　　　　6 000
　　制造费用　　　　　　　　　　　　　　　　　　　　　　1 000
　　管理费用　　　　　　　　　　　　　　　　　　　　　　3 000
　　贷:应付职工薪酬——社会保险费　　　　　　　　　　　15 000

企业应编制工资和社会保险费等各项应付职工薪酬分配表,反映这一分配过程,并据以编制会计分录,登记账簿。应付职工薪酬分配表见表 4.4。

表 4.4　应付职工薪酬分配表　　　　　　　　　单位:元

分配对象		成本项目	直接计入工资费用	职工福利费用（计提比例:14%）	社会保险费用（计提比例:20%）
生产成本	A	直接人工	25 000	3 500	5 000
生产成本	B	直接人工	30 000	4 200	6 000
	小计		55 000	7 700	11 000
制造费用	车间	工资	5 000	700	1 000
管理费用		工资	15 000	2 100	3 000
合　计			75 000	10 500	15 000

【例 4.28】　开户银行转来代扣本月电费通知,本月电费共计 4 000 元。附电业部门结算清单一张。其中,生产部门电费 3 000 元,行政管理部门电费 1 000 元。(不考虑相关税费)

这项经济业务的发生,一方面使 W 公司的银行存款减少 4 000 元;另一方面使成本费用增加 4 000 元。其中,生产部门的电费属于间接费用,应当计入制造费用;行政管理部门的电费属于期间费用,应当计入管理费用。因此,该业务涉及"制造费用""管理费用"和"银行存款"三个账户,根据账户结构,成本费用增加应记入"制造费用"和"管理费用"账户的借方,银行存款减少应记入"银行存款"账户的贷方。应编制的会计分录如下:

借:制造费用　　　　　　　　　　　　　　　　　　　　　3 000
　　管理费用　　　　　　　　　　　　　　　　　　　　　1 000
　　贷:银行存款　　　　　　　　　　　　　　　　　　　4 000

【例 4.29】　生产部门用现金 360 元购买办公用品。

按规定,生产部门发生的办公费用属于间接费用,应计入制造费用,这项经济业务的发生,一方面使 W 公司的现金减少 360 元;另一方面使制造费用增加 360 元。因此,该业务涉及"制造费用"和"库存现金"两个账户,根据账户结构,制造费用增加应记入"制造费用"账户的借方,现金减少应记入"库存现金"账户的贷方。应编制的会计分录如下:

借:制造费用   360
　　贷:库存现金   360

【例 4.30】 计提本月固定资产折旧 5 500 元。其中:生产部门固定资产应计提折旧 3 880 元,行政管理部门固定资产应计提折旧 1 620 元。

固定资产是使用寿命较长(超过一个会计年度),并且在使用过程中保持原有物质形态的资产。尽管固定资产在使用过程中保持其原有实物形态不变,但是在固定资产的使用过程中必然会发生损耗,并最终导致固定资产的报废。固定资产因使用而发生的这种损耗通常称为折旧。从会计的角度讲,折旧是指在固定资产使用寿命内,按照确定的方法对应计提折旧额进行系统分摊。计提折旧就是企业采用合理而系统的分配方法将固定资产的取得成本在固定资产的使用年限内进行合理分配,使之与各期的收入相配比,以正确确认企业的损益。

固定资产应当按月计提折旧,并根据用途计入相关资产的成本或者当期损益。生产部门固定资产的折旧费用是为生产产品而发生的,属于产品生产成本中的间接费用,记入"制造费用"账户;行政管理部门固定资产的折旧费用是为组织和管理生产而发生的,属于期间费用,记入"管理费用"账户。

这项经济业务的发生,一方面使 W 公司的成本费用增加;另一方面使固定资产的折旧增加。因此,该业务涉及"制造费用""管理费用"和"累计折旧"三个账户,根据账户结构,成本费用的增加分别记入"制造费用""管理费用"账户的借方,折旧的增加应记入"累计折旧"账户的贷方。应编制的会计分录如下:

借:制造费用   3 880
　　管理费用   1 620
　　贷:累计折旧   5 500

【例 4.31】 以银行存款支付本月固定资产日常维修费 1 000 元。

在固定资产的使用期间,为了维护其正常运转和使用,以使其能充分发挥使用效能,需要对固定资产进行必要的维护和修理,如进行局部检修、更换零部件等。在维修过程中,必然会发生一些修理费用,修理费用属于固定资产的后续支出,按照企业会计准则的规定,固定资产的后续支出符合规定的确认条件的,如一些更新改造支出,应当计入固定资产成本;不符合规定的确认条件的,如一些日常的维修费用,应当在发生时计入当期损益,通过"管理费用"科目核算。

这项经济业务的发生,一方面使 W 公司的管理费用增加 1 000 元;另一方面使银行存款减少 1 000 元。因此,该业务涉及"管理费用"和"银行存款"两个账户,根据账户结构,管理费用增加记入"管理费用"账户的借方,银行存款减少应记入"银行存款"账户的贷方。应编制的会计分录如下:

借:管理费用   1 000
　　贷:银行存款   1 000

【例 4.32】 月末计算本月应负担的无形资产摊销额 5 000 元。

如果无形资产的使用寿命是有限的,也要在使用寿命之内进行价值摊销。根据企业会计准则的规定,无形资产的摊销金额一般应当计入当期损益。但是如果某项无形资产包含的经济利益是通过所生产的产品或其他资产实现的,其摊销金额应当计入相关资产的成本。

从前述例题中可知,W公司接受投资人投入的专利是用于生产节能产品的,所以该无形资产的摊销额应当作为一项间接费用,计入所生产的产品成本。

这项经济业务的发生,一方面使W公司的制造费用增加5 000元;另一方面使无形资产的累计摊销增加5 000元。因此,该业务涉及"制造费用"和"累计摊销"两个账户,根据账户结构,制造费用增加应记入"制造费用"账户的借方,累计摊销增加应记入"累计摊销"账户的贷方。应编制的会计分录如下:

借:制造费用　　　　　　　　　　　　　　　　　　　　　　　　　　　5 000
　　贷:累计摊销　　　　　　　　　　　　　　　　　　　　　　　　　　5 000

【例4.33】　月末,将本月发生的制造费用19 280元按A产品、B产品两种产品的生产工时比例进行分配,计入两种产品的生产成本。A产品生产工时为4 840工时,B产品生产工时为4 800工时。

制造费用是为生产几种产品共同耗用,或生产部门为组织和管理生产而发生的间接费用,发生时首先在"制造费用"账户中归集,会计期末按照一定方法和标准在该部门生产的几种产品之间进行分配,以计入各该产品的生产成本。制造费用的分配方法如下:

$$制造费用分配率=\frac{制造费用总额}{分配标准之和}=\frac{19\ 280}{4\ 840+4\ 800}=2(元/工时)$$

A产品应分配制造费用额=4 840×2=9 680(元)
B产品应分配制造费用额=4 800×2=9 600(元)

企业应编制制造费用分配表以反映这一分配过程,并据以编制会计分录,登记账簿。制造费用分配表见表4.5。

表4.5　制造费用分配表

部门名称　　　　　　　　20×6年12月

产品名称	生产工时	分配率	分配金额
A产品	4 840		9 680
B产品	4 800		9 600
合　计	9 640	2	19 280

这项经济业务的发生,一方面使W公司A、B两种产品的生产成本增加,另一方面使制造费用转出。因此,该业务涉及"生产成本"和"制造费用"两个账户,根据账户结构,产品生产成本增加应记入"生产成本"账户的借方,制造费用转出应记入"制造费用"账户的贷方。应编制的会计分录如下:

借:生产成本——A产品　　　　　　　　　　　　　　　　　　　　　9 680
　　生产成本——B产品　　　　　　　　　　　　　　　　　　　　　9 600
　　贷:制造费用　　　　　　　　　　　　　　　　　　　　　　　　19 280

【例4.34】　本月投产的A产品200件全部完工,总成本为132 480元;B产品完工500件,总成本为160 000元。产品已验收入库,入库单已传递至会计部门。结转完工入库A产品、B产品的生产成本。

根据前述例题可知,企业应按产品的品种、类别、订单、批别、生产阶段等成本计算对象设置明细账或成本计算单,并按照规定的成本项目设置专栏,以归集生产费用,并进行产品成本的明细核算。对于直接费用,直接计入各该产品的生产成本明细账,对于间接费用则先在制造费用账户中归集,月末再在各该成本计算对象之间进行分配,计入各该产品的生产成本明细账。因此,制造费用分配后,企业为生产产品所发生的所有成本(直接材料、直接人工、制造费用)已经全部汇集到相关产品的"生产成本"账户中,接下来就可以计算产品的成本了。

产品成本计算是会计核算中一项十分重要、也比较复杂的内容。通过前面各项费用的归集和分配,为生产产品发生的生产费用已经集中在"生产成本"各明细账中,产品生产成本账户所汇集的全部生产费用,由两部分构成,即期初在产品的成本和本期发生的生产费用。要根据产品的完工情况,采用一定方法计算完工产品的成本。

①如果所生产的某种产品到月末全部完工,则完工产品的总成本,就是该产品生产成本明细账中汇集的全部生产费用。用完工产品的总成本除以该完工产品的总产量,得出的就是该产品的单位成本。(本例中 A 产品)

②如果所生产的某种产品到月末全部未完工,则该产品生产成本明细账中汇集的全部生产费用就是该产品月末在产品的总成本。

③如果所生产的某种产品到月末一部分完工,一部分未完工,就需要采取一定的方法将该产品生产成本账户所汇集的全部生产费用在完工产品和月末在产品之间进行分配,以计算出完成产品的总成本和单位成本。(本例中 B 产品)

完工产品成本的计算是一项十分复杂的内容,其详细内容将在"成本会计"课程中介绍。

产品完工验收入库,应填制入库单。会计人员根据入库单编制生产成本计算表,据以编制会计分录,并登记账簿。产品生产成本计算表见表 4.6。

表 4.6 生产成本计算表

20×8 年 12 月　　　　　　　　　　　　　　　　　　　　　　　单位:元

成本项目	A 产品		B 产品	
	总成本(200 件)	单位成本	总成本(500 件)	单位成本
直接材料	92 800	464.00		
直接人工	30 000	150.00	略	略
制造费用	9 680	48.40		
产品生产成本	132 480	662.40	160 000	320.00

这项经济业务的发生,一方面使 W 公司的库存商品增加;另一方面使生产成本转出。因此,该业务涉及"库存商品"和"生产成本"两个账户,根据账户结构,库存商品的增加应记入"库存商品"账户的借方,生产成本的转出应记入"生产成本"账户的贷方。应编制的会计分录如下:

```
借:库存商品——A 产品                         132 480
    库存商品——B 产品                         160 000
  贷:生产成本——A 产品                        132 480
      生产成本——B 产品                        160 000
```

至此，生产过程随着产品完工验收入库而结束。以上生产业务编制会计分录后，应根据会计分录登记有关账户。

20×8 年 12 月 W 公司生产业务核算流程如图 4.5 所示。

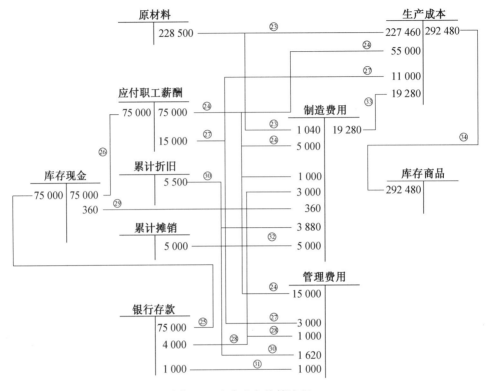

图 4.5　生产业务核算流程

4.5　销售业务的核算

销售过程是制造业生产经营过程的第三阶段，通过销售过程，企业将生产出来的产品销售出去，实现产品价值，取得销售收入以补偿成本费用。随着销售产品货款的结算，使一部分成品资金转化为货币资金。除销售商品、提供劳务等主营业务外，制造业企业还可能发生与主营业务相关的其他业务，如销售材料、出租包装物、出租固定资产等。

这一阶段的主要经济业务包括销售收入的实现、销售成本的结转、销售费用的发生、销售税费的计算及销售货款的结算等。

4.5.1　销售收入的确认与计量

销售过程最重要的经济业务，就是确认和计量商品的销售收入。所谓销售收入的确认与计量是指确定销售收入的入账时间和入账金额，即应当在什么时间以什么金额登记销售收入账户。

根据《企业会计准则第 14 号——收入》的规定，企业应当在履行了合同中的履约义务，即在客户取得相关商品控制权时确认收入。

取得相关商品控制权,是指能够主导该商品的使用并从中获得几乎全部的经济利益。

收入的确认与计量分为五步,具体包括:识别与客户订立的合同、识别合同中的单项履约义务、确定交易价格、将交易格分摊至各单项履约义务、履行每一单项履约义务时确认收入。其中,识别与客户订立的合同、识别合同中的单项履约义务、履行每一单项履约义务时确认收入,主要与收入的确认有关;确定交易价格、将交易价格分摊至各单项履约义务,主要与收入的计量有关。

企业将商品控制权转移给客户,该转移可能在某一时段内(即履行履约义务的过程中)发生,也可能在某一时点(即履约义务完成时)发生。企业应根据实际情况,首先判断履约义务是否满足某一时段内履行的条件,如不满足则该履约义务属于某一时点履行的。

收入的确认与计量是一个较为复杂的问题,这里仅做简单介绍,有关收入的确认与计量的详细内容,将在"中级会计实务"课程中学习。本书所用例题假定均满足收入确认条件。

4.5.2 销售业务的核算

1. 账户设置

销售业务核算所需要设置的账户主要有"主营业务收入""主营业务成本""税金及附加""销售费用""应收账款""应交税费""预收账款""其他业务收入""其他业务成本"等。

(1)"主营业务收入"账户。

"主营业务收入"账户用来核算企业确认的销售商品、提供服务等主营业务的收入。对于制造业企业而言,其主营业务收入主要是销售产品的收入。"主营业务收入"账户是损益类的账户。其贷方登记企业销售商品或提供服务确认的收入;借方登记企业本期发生的销售退回或销售折让应冲减的主营业务收入。期末,应将本账户的余额转入"本年利润"账户,结转后本账户应无余额。本账户应按主营业务的种类设置明细账,进行明细核算。

"主营业务收入"账户的结构如下:

主营业务收入

①发生销售退回或折让冲减的收入 ②期末转入"本年利润"账户的净收入	实现的主营业务收入

(2)"主营业务成本"账户。

"主营业务成本"账户用来核算企业确认销售商品、提供服务等主营业务收入时应结转的成本。"主营业务成本"账户是损益类的账户。其借方登记企业根据本期销售各种商品、提供的各种服务等的实际成本,计算确定的应结转的主营业务成本;贷方登记企业本期发生的销售退回应冲减的主营业务成本(原来已经结转)。期末,应将本账户的余额转入"本年利润"账户,结转后本账户应无余额。本账户应按主营业务的种类设置明细账,进行明细核算。

"主营业务成本"账户的结构如下：

主营业务成本

销售商品、提供服务应结转的主营业务成本	①销售退回应冲减的主营业务成本 ②期末转入"本年利润"账户的主营业务成本

(3)"税金及附加"账户。

"税金及附加"账户用来核算企业经营活动发生的消费税、城市维护建设税、资源税和教育费附加等相关税费。"税金及附加"账户是损益类账户，其借方登记企业按照规定计算确定的与经营活动相关的税费；贷方登记企业本期发生的销售退回等应冲减的与经营活动相关的税费。期末，应将本账户的余额转入"本年利润"账户，结转后本账户应无余额。本账户应按税费种类设置明细账，进行明细核算。

"税金及附加"账户的结构如下：

税金及附加

按规定计算确定的与经营活动相关的税费	①销售退回应冲减的税金及附加 ②期末转入"本年利润"账户的税金及附加

(4)"销售费用"账户。

"销售费用"账户用来核算企业销售商品和材料、提供劳务过程中发生的各项费用，包括保险费、包装费、展览费、广告费、商品维修费、预计产品质量保证损失、运输费、装卸费等，以及为销售本企业商品而专设的销售机构(含销售网点、售后服务网点等)的职工薪酬、业务费、折旧费等经营费用。"销售费用"账户是损益类账户。其借方登记企业在销售商品过程中发生的销售费用，一般较少有贷方发生额。期末，应将本账户的余额转入"本年利润"账户，结转后本账户应无余额。本账户应按费用项目设置明细账，进行明细核算。

"销售费用"账户的结构如下：

销售费用

发生的销售费用	期末转入"本年利润"账户的销售费用

(5)"应收账款"账户。

"应收账款"账户用来核算企业因销售商品、提供劳务等经营活动应收取的款项，代购货单位垫付的包装费、运杂费也在本账户核算。"应收账款"账户是资产类的账户。其借方登记企业发生应收账款的应收金额;贷方登记企业收回的应收账款金额。期末余额一般在借方,表示企业期末尚未收回的应收账款;若为贷方余额,则表示企业预收的账款。本账户可按债务人设置明细账进行明细核算。

"应收账款"账户的结构如下:

应收账款

发生的应收账款	收回的应收账款
期末余额:尚未收回的应收账款	期末余额:预收的账款

(6)"预收账款"账户。

"预收账款"账户用来核算按照合同规定预收的款项。预收账款情况不多的,也可以不设置本账户,将预收的款项直接记入"应收账款"账户的贷方。"预收账款"账户是负债类账户,贷方登记预收款项;借方登记销售实现的收入及增值税。期末余额可能在借方,也可能在贷方。贷方余额反映企业预收的款项;借方余额反映企业尚未转销的款项。本账户可按购货单位进行明细核算。

"预收账款"账户的结构如下:

预收账款

①销售实现应收的款项 ②退还多收的款项	①预收的账款 ②补收预收不足的款项
期末余额:尚未转销的款项	期末余额:预收的账款

(7)"其他业务收入"账户。

"其他业务收入"账户用来核算企业确认的除主营业务活动以外的其他经营活动实现的收入,包括出租固定资产、出租无形资产、出租包装物和商品、销售材料、用材料进行非货币性交换或债务重组等业务实现的收入。"其他业务收入"账户是损益类账户。其贷方登记企业确认的其他业务实现的收入;借方登记期末转入"本年利润"账户数,结转后本账户应无余额。本账户应按其他业务的种类设置明细账,进行明细核算。

"其他业务收入"账户的结构如下:

其他业务收入

期末转入"本年利润"账户的其他收入	实现的其他业务收入

(8)"其他业务成本"账户。

"其他业务成本"账户用来核算企业确认除主营业务活动以外的其他经营活动所发生的支出,包括销售材料的成本、出租固定资产的折旧额、出租无形资产的摊销额、出租包装物的成本或摊销额。"其他业务成本"账户是损益类的账户。其借方登记企业发生的其他业务成本;贷方登记期末转入"本年利润"的其他业务成本。结转后本账户应无余额。本账户应按其他业务的种类设置明细账,进行明细核算。

"其他业务成本"账户的结构如下:

其他业务成本

发生的其他业务成本	期末转入"本年利润"账户的其他业务成本

2. 销售业务核算举例

W公司20×8年12月发生如下销售业务(本书中除非特别指明,各项销售业务均符合销售收入的确认条件):

【例4.35】 销售给F公司A产品60件,B产品120件,开出的增值税专用发票注明A产品每件售价950元,计57 000元,应交增值税7 410元;B产品每件售价600元,计72 000元,应交增值税9 360元。合计价款145 770元,产品及增值税发票均已交给F公司,收到F公司的转账支票一张,金额为145 770元,已存入银行。A产品的单位成本为569.50元;B产品的单位成本为360元。

这项经济业务的发生,一方面使W公司的银行存款增加145 770元;另一方面使主营业务收入增加129 000元,应交税费增加16 770元。因此,该业务涉及"银行存款""主营业务收入"和"应交税费"三个账户,根据账户结构,银行存款增加应记入"银行存款"账户的借方,主营业务收入增加应记入"主营业务收入"账户的贷方,应交税费增加应记入"应交税费"账户的贷方。应编制的会计分录如下:

借:银行存款　　　　　　　　　　　　　　　　　　　　　　145 770
　贷:主营业务收入　　　　　　　　　　　　　　　　　　　　129 000
　　　应交税费——应交增值税(销项税额)　　　　　　　　　16 770

【例4.36】 销售给M公司A产品50件,B产品100件,开出的增值税专用发票注明A产品每件售价为950元,计47 500元,应交增值税6 175元;B产品每件售价为600元,计60 000元,应交增值税7 800元。合计价款为121 475元。产品已发出,代M公司垫付运杂费2 500元,以银行存款支付。M公司已承诺付款。

这项经济业务的发生,一方面使W公司的应收账款增加123 975元;另一方面使主营业务收入增加107 500元,应交税费增加13 975元,银行存款减少2 500元。因此,该业务涉及"应收账款""主营业务收入""应交税费"和"银行存款"四个账户,根据账户结构,应收账款增加应记入"应收账款"账户的借方,主营业务收入增加应记入"主营业务收入"账户的贷方,应交税费增加应记入"应交税费"账户的贷方,银行存款减少应记入"银行存款"账户的贷。应编制的会计分录如下：

  借：应收账款——M公司   123 975
    贷：主营业务收入   107 500
      应交税费——应交增值税（销项税额）   13 975
      银行存款   2 500

【例4.37】 开出转账支票10 000元支付市电视台广告费。（不考虑相关税费）

这项经济业务的发生，一方面使W公司的销售费用增加10 000元；另一方面使银行存款减少10 000元，根据账户结构，销售费用增加应记入"销售费用"账户的借方，银行存款减少应记入"银行存款"账户的贷方。应编制的会计分录如下：

  借：销售费用   10 000
    贷：银行存款   10 000

【例4.38】 收到开户银行通知，M公司购货款123 975元已转入企业账户。

这项经济业务的发生，一方面使W公司的银行存款增加123 975元；另一方面使应收账款减少123 975元。因此，该业务涉及"银行存款"和"应收账款"两个账户，根据账户结构，银行存款增加应记入"银行存款"账户的借方，应收账款减少应记入"应收账款"账户的贷方。应编制的会计分录如下：

  借：银行存款   123 975
    贷：应收账款——M公司   123 975

【例4.39】 销售给N公司A产品100件，B产品200件。开出的增值税专用发票注明A产品每件售价为950元，计95 000元，应交增值税12 350元；B产品每件售价为600元，计120 000元，应交增值税15 600元。合计价款为242 950元。产品已发出，收到N公司的转账支票一张，金额为50 000元，其余部分N公司承诺一个月后支付，支票已送存银行。

这项经济业务的发生，一方面使W公司的银行存款增加50 000元，应收账款增加192 950元；另一方面使主营业务收入增加215 000元，应交税费增加27 950元。因此，该业务涉及"银行存款""应收账款""主营业务收入"和"应交税费"四个账户，根据账户结构，银行存款和应收账款增加应分别记入"银行存款""应收账款"账户的借方，主营业务收入和应交税费增加应分别记入"主营业务收入"和"应交税费"账户的贷方。应编制的会计分录如下：

  借：银行存款   50 000
    应收账款——N公司   192 950
    贷：主营业务收入   215 000
      应交税费——应交增值税（销项税额）   27 950

【例4.40】 收到X公司转账支票一张，金额为100 000元，系预付购货款。

这项经济业务的发生，一方面使W公司的银行存款增加100 000元；另一方面使预收账款增加100 000元，因此，该业务涉及"银行存款"和"预收账款"两个账户，根据账户结构，银行存款增加应记入"银行存款"账户的借方，预收账款增加应记入"预收账款"账户的贷方。应编制的会计分录如下：

  借：银行存款   100 000
    贷：预收账款——X公司   100 000

【例 4.41】 销售给 X 公司 A 产品 90 件，B 产品 180 件。增值税专用发票注明 A 产品每件售价为 950 元，计 85 500 元，应交增值税 11 115 元；B 产品每件售价为 600 元，计 108 000元，应交增值税 14 040 元。合计价款为 218 655 元。产品已发出，货款已经预收 100 000元。不足的货款，X 公司承诺收到货物后立即支付。

这项经济业务的发生，一方面使 W 公司的预收账款这项债务减少 218 655 元；另一方面使主营业务收入增加 193 500 元，应交税费增加了 25 155 元。因此，该业务涉及"预收账款""主营业务收入"和"应交税费"三个账户，根据账户的结构，预收账款负债减少应记入"预收账款"账户的借方，主营业务收入和应交税费增加应分别记入"主营业务收入""应交税费"账户的贷方。应编制的会计分录如下：

借：预收账款——X 公司　　　　　　　　　　　　　　　　218 655
　　贷：主营业务收入　　　　　　　　　　　　　　　　　　　193 500
　　　　应交税费——应交增值税（销项税额）　　　　　　　　 25 155

【例 4.42】 以银行存款 500 元支付上述销售给 X 公司 A 产品、B 产品两种产品的运杂费。根据双方的购销合同，该批货物的运杂费由 W 公司负担。（不考虑相关税费）

企业为销售产品而发生的运杂费属于销售费用。这项经济业务的发生，一方面使 W 公司的销售费用增加 500 元；另一方面使银行存款减少 500 元。因此，该业务涉及"销售费用"和"银行存款"两个账户，根据账户结构，销售费用增加应记入"销售费用"账户的借方，银行存款减少应记入"银行存款"账户的贷方。应编制的会计分录如下：

借：销售费用　　　　　　　　　　　　　　　　　　　　　　500
　　贷：银行存款　　　　　　　　　　　　　　　　　　　　　　 500

【例 4.43】 月末，计算结转本月销售 A 产品、B 产品的成本。

《企业会计准则——基本准则》规定：企业为生产产品、提供劳务等发生的可归属于产品成本、劳务成本等的费用，应当在确认产品销售收入、劳务收入等时，将已销售产品、已提供劳务的成本等计入当期损益。

产品销售之后，一方面确认主营业务收入；另一方面减少企业的库存产品，在确认销售收入（即制造业的主营业务收入实现）的同一个会计期间，必须确定所销售产品的成本，将销售发出产品的成本结转为主营业务成本，以便通过对比主营业务收入和主营业务成本来确定产品销售利润。主营业务成本可以用以下公式计算确定：

本期主营业务成本＝本期销售产品的数量×单位产品生产成本

由于每一批次生产出来的产品成本可能不同，因此，单位产品生产成本的确定要考虑期初库存产品的生产成本和本期入库产品的生产成本。根据企业会计准则的规定，企业可以选择先进先出法、加权平均法或者个别计价法来确定。不管采用哪一种方法，一旦选定之后，就不得随意变更。关于这些方法的具体内容，将在"中级财务会计"课程中介绍。

本例中，两种产品的单位成本已知，其销售成本计算如下：

本月销售 A 产品数量＝60+50+100+90＝300（件）
本月销售 B 产品数量＝120+100+200+180＝600（件）
A 产品销售成本＝300×569.50＝170 850（元）
B 产品销售成本＝600×360＝216 000（元）

合计销售成本为 386 850 元。

这项经济业务的发生,一方面使 W 公司的主营业务成本增加 386 850 元;另一方面,公司的库存商品减少 386 850 元。因此,该业务涉及"主营业务成本"和"库存商品"两个账户,根据账户结构,主营业务成本增加应记入"主营业务成本"账户的借方,库存商品减少应记入"库存商品"账户的贷方。应编制的会计分录如下:

借:主营业务成本——A 产品　　　　　　　　　　　　　　　170 850
　　主营业务成本——B 产品　　　　　　　　　　　　　　　216 000
　贷:库存商品——A 产品　　　　　　　　　　　　　　　　　170 850
　　　库存商品——B 产品　　　　　　　　　　　　　　　　　216 000

【例 4.44】　月末,按照规定计算本月销售 A 产品、B 产品两种产品应当缴纳的城市维护建设税 3 545.78 元,教育费附加 1 519.62 元,合计 5 065.40 元。

城市维护建设税和教育费附加是根据本月计税基础计算出来,在下个月缴纳,因此是本月的负债。具体计算方法在以后课程介绍。这项经济业务的发生,一方面使 W 公司的税金及附加增加 5 065.40 元;另一方面使应交税费这项债务增加 5 065.40 元。因此,该项业务涉及"税金及附加"和"应交税费"两个账户,根据账户结构,税金及附加增加应记入"税金及附加"账户的借方,应交税费负债增加应记入"应交税费"账户的贷方。应编制的会计分录如下:

借:税金及附加　　　　　　　　　　　　　　　　　　　　　5 065.40
　贷:应交税费——城市维护建设税　　　　　　　　　　　　　3 545.78
　　　应交税费——教育费附加　　　　　　　　　　　　　　　1 519.62

【例 4.45】　收到 X 公司开来的转账支票一张,金额为 118 655 元,系补付前例中其购买 A 产品、B 产品不足的货款。

在前面的例题中,W 公司收取了 X 公司 100 000 元的预收货款,之后向 X 公司销售了货物,该批货物的含税销售额总计 218 655 元。根据前面的例题,"预收账款——X 公司"账户贷方登记了 100 000 元,借方登记了 218 655 元,此时该账户有借方余额 118 655 元,也就是说 W 公司应向 X 公司收取总额 218 655 元的款项,实际只预收了 100 000 元,还应当再向 X 公司收取不足的货款 118 655 元,形成 W 公司的债权。

这项经济业务的发生,一方面使 W 公司的银行存款增加了 118 655 元;另一方面收到预收账款的不足部分,债权减少了 118 655 元,双方结清货款。因此,该业务涉及"银行存款"和"预收账款"两个账户,根据账户结构,银行存款增加应记入"银行存款"账户的借方,预收账款债权减少应记入"预收账款"账户的贷方。应编制的会计分录如下:

借:银行存款　　　　　　　　　　　　　　　　　　　　　　118 655
　贷:预收账款——X 公司　　　　　　　　　　　　　　　　　118 655

【例 4.46】　出售不需用甲材料,开出的专用发票注明价款为 2 000 元,应交增值税 260 元,款项存入银行。

这项经济业务的发生,一方面使 W 公司的银行存款增加 2 260 元;另一方面使其他业务收入增加 2 000 元,应交税费增加 260 元。因此,该业务涉及"银行存款""其他业务收入"和"应交税费"三个账户,根据账户结构,银行存款增加应记入"银行存款"账户的借方,其他业务收入增加应记入"其他业务收入"账户的贷方,应交税费增加应记入"应交税费"账户的贷方。应编制的会计分录如下:

借:银行存款 2 260
  贷:其他业务收入 2 000
    应交税费——应交增值税(销项税额) 260

【例4.47】 结转已出售甲材料的成本1 100元。

这项经济业务的发生,一方面使W公司的其他业务成本增加1 100元;另一方面使原材料减少1 100元。因此,该业务涉及"其他业务成本"和"原材料"两个账户,根据账户结构,其他业务成本增加应记入"其他业务成本"账户的借方,原材料减少应记入"原材料"账户的贷方。应编制的会计分录如下:

借:其他业务成本 1 100
  贷:原材料——甲材料 1 100

以上经济业务在编制会计分录之后,还应在有关账户中进行登记。

20×8年12月W公司销售业务核算流程如图4.6所示。

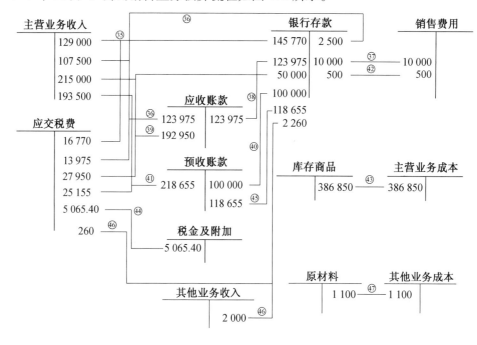

图4.6 销售业务核算流程

4.6 利润形成及分配业务的核算

4.6.1 利润形成业务的核算

1. 利润的形成

利润是企业在一定会计期间的经营成果。设立企业的目的是盈利,企业必须在会计期末计算确定盈利情况,利润包括收入减去费用后的净额、直接计入当期利润的利得和损失等。

直接计入当期利润的利得和损失,是指应当计入当期损益、会导致所有者权益发生增减变动的、与所有者投入资本或者向所有者分配利润无关的利得或者损失。利得是指由企业非日常活动所形成的、会导致所有者权益增加的、与所有者投入资本无关的经济利益的流入。损失是指由企业非日常活动所发生的、会导致所有者权益减少的、与向所有者分配利润无关的经济利益的流出。利得和损失都属于非经常性项目,其发生往往具有偶然性、不确定性。

收入减去费用后的净额反映的是企业日常活动的业绩,直接计入当期利润的利得和损失反映的是企业非日常活动的业绩。

利润的确认主要依赖于收入和费用、直接计入当期利润的利得和损失的确认;

利润金额取决于收入和费用、直接计入当期利润的利得及损失金额的计量。

在反映企业经营成果的利润表上,利润应当按照营业利润、利润总额和净利润等利润的构成内容分项列示。

营业利润是企业一定期间的日常活动所取得的利润。营业利润是企业利润的主要构成项目,是企业利润的主要来源。利润的形成过程可以用如下公式表示:

$$营业利润 = 营业收入 - 营业成本 - 税金及附加 - 销售费用 - 管理费用 - 研发费用 - 财务费用 - 资产减值损失 - 信用减值损失 + 其他收益 \pm 公允价值变动收益(损失) \pm 投资收益(损失) \pm 资产处置收益(损失)$$

其中:营业收入是指企业经营业务实现的收入总额,包括主营业务收入和其他业务收入;营业成本是指企业经营业务发生的实际成本总额,包括主营业务成本和其他业务成本。

$$利润总额 = 营业利润 + 营业外收入 - 营业外支出$$

其中:营业外收入是指企业取得的与日常活动没有直接关系的各项利得,包括非流动资产(如固定资产、无形资产等)毁损、报废利得、债务重组利得、罚没利得、政府补助利得、盘盈利得、捐赠利得、无法支付的应付款项等。

营业外支出是指企业发生的与日常活动没有直接关系的各项损失,主要包括非流动资产毁损、报废损失、债务重组损失、罚款支出、捐赠支出、非常损失、盘亏损失等。

$$净利润 = 利润总额 - 所得税费用$$

其中:所得税费用是指企业按照会计准则的规定确认的应从当期利润总额中扣除的当期所得税费用和递延所得税费用。

2. 利润形成业务的主要内容

利润形成业务主要包括各项收入、费用以及损失和利得的发生、本期损益的结转、所得税费用的计算确定等。

严格地说,利润的形成业务其实只包括本期损益的结转和所得税的计算确定。这是因为,在实际工作中,各项收入、费用、利得、损失的发生在企业的日常会计核算中,已经随着经济业务的发生,随时进行了有关会计处理,并非要等到会计期末确定本期利润时才进行核算,这里将这些经济业务作为利润形成业务的内容是从利润构成的角度进行阐述。

主营业务收入和主营业务成本、税费、其他业务收支以及销售费用、管理费用、财务费用的业务已经在前面讲过,这里介绍营业外收支业务。投资收益和资产减值损失、公允价值变动收益等其他内容将在"中级财务会计"课程中学习,本书不做介绍。

3. 账户设置

利润形成业务应设置的账户除了前面已经介绍的"主营业务收入""主营业务成本""税金及附加""其他业务收入""其他业务支出""销售费用""管理费用""财务费用"账户外,还应设置"营业外收入""营业外支出""本年利润""所得税费用"等账户。

(1)"营业外收入"账户。

"营业外收入"账户用来核算企业发生的各项营业外收入,主要包括非流动资产毁损、报废利得、债务重组利得、政府补助、盘盈利得、捐赠利得等。"营业外收入"账户是损益类账户,贷方登记企业发生的营业外收入,本账户一般没有借方发生额。期末,应将本账户的余额转入"本年利润"账户,结转后本账户应无余额。本账户应按营业外收入项目设置明细账,进行明细核算。

"营业外收入"账户的结构如下:

营业外收入

期末转入"本年利润"账户的营业外收入	确认的营业外收入

(2)"营业外支出"账户。

"营业外支出"账户用来核算企业发生的各项营业外支出,包括非流动资产毁损、报废损失、债务重组损失、捐赠支出、非常损失、盘亏损失等。"营业外支出"账户是损益类账户,借方登记企业发生的营业外支出,本账户一般没有贷方发生额。期末,应将本账户的余额转入"本年利润"账户,结转后本账户应无余额。本账户应按支出项目设置明细账,进行明细核算。

"营业外支出"账户的结构如下:

营业外支出

发生的营业外支出	期末转入"本年利润"账户的营业外支出

(3)"本年利润"账户。

"本年利润"账户用来核算企业当期实现的净利润(或发生的净亏损)。"本年利润"账户是所有者权益类账户。其贷方登记从"主营业务收入""其他业务收入""营业外收入""投资收益""公允价值变动收益"等账户的转入数;借方登记从"主营业务成本""税金及附加""其他业务成本""销售费用""管理费用""财务费用""营业外支出""所得税费用""资产减值损失"等账户的转入数,期末余额可能在贷方,也可能在借方。如为贷方余额,表示累计实现的净利润;如为借方余额,表示累计发生的净亏损。

年度终了,应将本年收入和支出相抵后结出的本年净利润(或净亏损)转入"利润分配"账户。年终结转后,本账户应无余额。本账户一般不设置明细账。

"本年利润"账户的结构如下:

本年利润

期末转入的各项费用和损失	期末转入的各项收入与利得
①主营业务成本	①主营业务收入
②其他业务成本	②其他业务收入
③税金及附加	③公允价值变动损益(如为损失则记在借方)
④销售费用	④投资收益(如为损失则记在借方)
⑤管理费用	⑤营业外收入
⑥财务费用	
⑦资产减值损失	
⑧营业外支出	
⑨所得税费用	
期末余额:累计发生的净亏损	期末余额:累计实现的净利润

(4)"所得税费用"账户。

"所得税费用"账户用来核算企业确认的应从当期利润总额中扣除的所得税费用。"所得税费用"账户是损益类账户,借方登记企业按照税法规定计算确定的当期应交所得税,递延所得税资产的应有余额小于"递延所得税资产"账户余额的差额,以及按规定应调整所得税费用的递延所得税资产或递延所得税负债;贷方登记递延所得税资产的应有余额大于"递延所得税资产"账户余额的差额,以及按规定应调整所得税费用的递延所得税负债。期末,应将本账户的余额转入"本年利润"账户,结转后本账户应无余额。本账户可按"当期所得税费用""递延所得税费用"进行明细核算。

"所得税费用"账户的结构如下:

所得税费用

发生的所得税费用	期末转入"本年利润"账户的所得税费用

4. 利润形成业务核算举例

W 公司 20×8 年 12 月发生如下经济业务：

【例 4.48】 收到开户银行转来的到款通知，收到 A 公司捐赠款 200 000 元。

根据企业会计准则的规定，这项经济业务的发生，一方面使 W 公司的银行存款增加 200 000 元；另一方面使营业外收入增加 200 000 元，因此，该业务涉及"银行存款"和"营业外收入"两个账户。根据账户结构，银行存款增加应记入"银行存款"账户的借方，营业外收入增加应记入"营业外收入"账户的贷方。应编制的会计分录如下：

借：银行存款　　　　　　　　　　　　　　　　　　　　　200 000
　　贷：营业外收入　　　　　　　　　　　　　　　　　　　　200 000

【例 4.49】 开出转账支票一张，金额为 100 000 元，向遭受自然灾害的地区捐款。

向灾区捐款是捐赠支出，属于营业外支出的核算范围。这项经济业务的发生，一方面使 W 公司的银行存款减少 100 000 元；另一方面使营业外支出增加 100 000 元，因此，该业务涉及"营业外支出""银行存款"两个账户。根据账户结构，营业外支出增加应记入"营业外支出"账户的借方，银行存款减少应记入"银行存款"账户的贷方。应编制的会计分录如下：

借：营业外支出　　　　　　　　　　　　　　　　　　　　100 000
　　贷：银行存款　　　　　　　　　　　　　　　　　　　　　100 000

【例 4.50】 月末，结转本月损益，即将本月发生的全部收入、费用、损失、利得从有关损益类账户中转入"本年利润"账户，以确定本月利润。

本例中，20×8 年 12 月月末各有关损益类账户结转前的余额如下：

主营业务收入	645 000 元（贷方）
营业外收入	200 000 元（贷方）
主营业务成本	386 850 元（借方）
税金及附加	5 065.40 元（借方）
其他业务收入	2 000 元（贷方）
其他业务成本	1 100 元（借方）
销售费用	10 500 元（借方）
管理费用	22 220 元（借方）
财务费用	3 000 元（借方）
营业外支出	100 000 元（借方）

这项经济业务属于为计算确定经营成果而进行的账目结转。

知识链接：

利润的核算方法包括账结法和表结法。

账结法：每个会计期末（月末）将损益类账户记录的金额结转到"本年利润"账户中，损益类账户月末没有余额。

表结法：在 1～11 月，各损益类账户记录的金额不结转至"本年利润"，而是在利润表中按收入、支出计算确定当期损益，到 12 月末年终结算时，再将各损益类账户全年累计记录的金额结转至"本年利润"账户，结转后各损益类账户无余额。

本例采用账结法,将本月损益类账户结转。

反映收入和利得的损益类账户在结转时,一方面使 W 公司的本年利润增加;另一方面使各项收入和利得转出,因此,此笔结转收入和利得的业务涉及"主营业务收入""营业外收入""其他业务收入"和"本年利润"四个账户。根据账户结构,应分别记入"主营业务收入""其他业务收入""营业外收入"账户的借方和"本年利润"账户的贷方。应编制的会计分录如下:

借:主营业务收入	645 000
营业外收入	200 000
其他业务收入	2 000
贷:本年利润	847 000

反映费用和损失的损益类账户在结转时,一方面使 W 公司的本年利润减少;另一方面使各项费用和损失转出,因此,此笔结转费用和损失的业务涉及"主营业务成本""税金及附加""其他业务成本""销售费用""管理费用""财务费用""营业外支出"和"本年利润"八个账户。根据账户结构,应分别记入"本年利润"账户的借方和"主营业务成本""其他业务成本""税金及附加""销售费用""管理费用""财务费用""营业外支出"账户的贷方。应编制的会计分录如下:

借:本年利润	528 735.40
贷:主营业务成本	386 850
其他业务成本	1 100
税金及附加	5 065.40
销售费用	10 500
管理费用	22 220
财务费用	3 000
营业外支出	100 000

将这项经济业务的处理结果登记在"本年利润"账户中,即可结出利润总额 318 264.60 元。用公式计算如下:

营业利润=645 000+2 000−386 850−1 100−5 065.40−10 500−22 220−3 000
　　　　=218 264.60(元)

利润总额=218 264.60+200 000−100 000=318 264.60(元)

【例 4.51】 根据上例可知,W 公司本月利润总额为 318 264.60 元,按照税法规定的 25%税率计算应交所得税。(年末计算全年的应交所得税时应按全年的应纳税所得额计算,本例题以前月份利润忽略不计)

> **知识链接：**
> 企业所得税是对我国内资企业和经营单位的生产经营所得和其他所得征收的一种税，是企业就其应纳税所得额计算交纳的。应纳所得税的计算公式如下：
>
> 当期应交所得税＝应纳税所得额×所得税税率
>
> 其中，应纳税所得额为企业每一纳税年度的收入总额，减除不征税收入、免税收入、各项扣除以及允许弥补的以前年度亏损后的余额。应纳税所得额通常在企业计算确定的利润总额（也称税前会计利润）的基础上，按照税法规定进行调整计算得出。
>
> 本书假设不存在需要调整事项，即利润总额与应纳税所得额恰好相等。

按照税法规定，所得税税率为25%，据此计算确定的企业应交所得税为

应交所得税＝318 264.60×25%＝79 566.15（元）

这项经济业务的发生，一方面使 W 公司的所得税费用增加79 566.15元；另一方面使应交税费增加79 566.15元，因此，该业务涉及"所得税费用"和"应交税费"两个账户。根据账户结构，所得税费用增加应记入"所得税费用"账户的借方，应交税费增加应记入"应交税费"账户的贷方。应编制的会计分录如下：

借：所得税费用　　　　　　　　　　　　　　　　　　　79 566.15
　　贷：应交税费——应交所得税　　　　　　　　　　　　79 566.15

【例4.52】 结转本月所得税费用。

由于所得税费用是企业的一项费用，因此，月末计算确定企业本月所得税费用之后，应将其余额转入"本年利润"账户。

这项结转业务的发生，一方面使 W 公司的本年利润减少79 566.15元；另一方面使所得税费用转出79 566.15元，因此，该业务涉及"本年利润"和"所得税费用"两个账户，根据账户结构，本年利润减少应记入"本年利润"账户的借方，所得税费用转出应记入"所得税费用"账户的贷方。应编制的会计分录如下：

借：本年利润　　　　　　　　　　　　　　　　　　　　79 566.15
　　贷：所得税费用　　　　　　　　　　　　　　　　　　79 566.15

将该业务的处理结果登记"本年利润"账户，即可确定本月净利润为238 698.45元。用公式计算如下：

净利润＝318 264.60－79 566.15＝238 698.45（元）

以上经济业务在编制会计分录之后，还应在有关账户中进行登记。

20×8年12月 W 公司利润形成业务核算流程如图4.7所示。

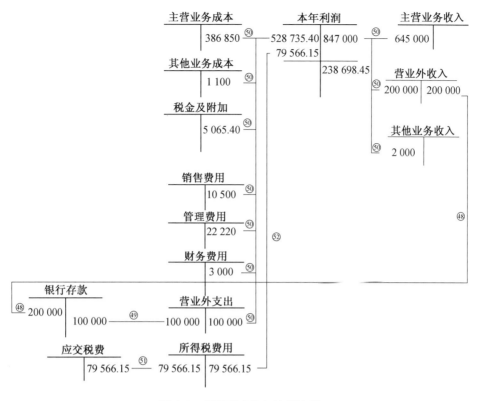

图 4.7 利润形成业务核算流程

4.6.2 利润分配业务的核算

利润分配过程是企业对生产经营成果的分配使用过程,是企业进行资金积累、向投资人分配投资报酬、合理安排和使用资金的过程。在这个阶段,部分货币资金退出企业。企业利润的分配是否合理,关系到企业的发展后劲以及投资人和潜在的投资人的投资决策。因此,利润的分配成为企业的一项重大理财活动。

1. 利润分配的顺序

企业实现利润后,要对所实现的利润进行分配使用。《中华人民共和国公司法》规定,公司当年的税后利润应按以下顺序进行分配:

(1) 提取法定盈余公积金。法定盈余公积金是公司的公共积累资金,主要用于弥补亏损,或转增资本、扩大企业经营规模。为了让企业能在盈利的时候有所积累,增强企业的抗风险能力,增加企业的发展潜力,《中华人民共和国公司法》规定企业必须按照法律规定提取法定盈余公积,提取比例是税后利润的 10%,法定盈余公积累计额达到公司注册资本的 50% 以上的,可以不再提取。

如果公司的法定盈余公积金不足以弥补以前年度亏损的,在提取法定盈余公积之前,应当先用当年利润弥补亏损,再提取法定盈余公积金。

(2) 提取任意盈余公积金。公司从税后利润中提取法定盈余公积后,经股东大会决议,还可以从税后利润中提取任意公积金。任意公积金又称任意盈余公积金,其用途与法定公积金相同。但与法定公积金不同的是,法定公积金是企业必须提取的,是法律强制企业提取的,并且明确规定了提取的比例。而任意公积金是否计提、计提比例是多少,则由公司自行决定,《中华人民共和国公司法》对此未加以规定。

(3)向投资人分配利润或股利。公司弥补亏损和提取公积金后所余税后利润,按照有关规定向投资人分配。为了规范企业利润分配的行为,保护债权人的合法权益,《中华人民共和国公司法》规定,公司不得在弥补亏损和提取法定公积金之前向股东分配利润;否则,股东必须将违反规定分配的利润退还公司。

2. 利润分配业务的主要内容

利润分配业务的主要内容包括提取法定盈余公积金、提取任意盈余公积金、向投资人分配利润及结转本年实现的净利润(或发生的净亏损)等。

3. 账户设置

利润分配业务核算需要设置的账户主要有"利润分配""盈余公积""应付股利"等。

(1)"利润分配"账户。

"利润分配"账户用来核算企业利润的分配(或亏损的弥补)和历年分配(或弥补)后的余额。"利润分配"账户是所有者权益类的账户。其贷方登记企业用盈余公积弥补亏损的金额和年度终了时自"本年利润"账户转入的全年实现的净利润;借方登记企业按规定提取的盈余公积、分配给股东或投资者的现金股利或利润、分配给股东的股票股利等分配出去的利润,以及年度终了时从"本年利润"账户转入的全年发生的净亏损。本账户应当分别按"提取法定盈余公积""提取任意盈余公积""应付现金股利或利润""转作股本的股利""盈余公积补亏"和"未分配利润"等利润分配项目设置明细账,进行明细核算。年度终了,将其他明细账户的余额全部转入"未分配利润"明细账户。结转后,本账户除"未分配利润"明细账户外,其他明细账户应无余额。本账户期末贷方余额表示企业未分配的利润;借方余额表示企业未弥补的亏损。

"利润分配"账户的结构如下:

利润分配

(1)已分配的利润 ①提取法定盈余公积 ②提取任意盈余公积 ③分配给股东或投资者的现金股利或利润 ④分配给股东的股票股利 (2)年末从"本年利润"账户转入的全年发生的净亏损	(1)盈余公积补亏 (2)年末从"本年利润"账户转入的全年实现的净利润
期末余额:未弥补的亏损	期末余额:未分配的利润

(2)"盈余公积"账户。

"盈余公积"账户用来核算企业从净利润中提取的盈余公积。"盈余公积"账户是所有者权益类账户。其贷方登记企业提取的盈余公积,借方登记企业因用盈余公积弥补亏损或转增资本、派送新股等使用的盈余公积。期末贷方余额表示企业的盈余公积。本账户应当分别按"法定盈余公积""任意盈余公积"设置明细账,进行明细核算。

"盈余公积"账户的结构如下:

盈余公积

使用的盈余公积	提取的盈余公积
	期末余额:累计盈余公积

(3)"应付股利"账户。

"应付股利"账户用来核算企业按照经股东大会或类似机构审议批准的利润分配方案分配的现金股利或利润。"应付股利"是负债类账户。其贷方登记企业应当支付的现金股利或利润;借方登记企业实际支付的现金股利或利润。期末贷方余额,表示企业期末应付未付的现金股利或利润。本账户可按投资者设置明细账,进行明细核算。

"应付股利"账户的结构如下:

应付股利

实际支付的现金股利或利润	应当支付的现金股利或利润
	期末余额:应付未付的现金股利或利润

4.利润分配业务核算举例

W公司20×8年12月发生如下利润分配业务:

【例4.53】 年度终了,结转当期实现的净利润。(假如以前月份利润忽略不计)

按照规定,期末将净利润(或净亏损)转入"利润分配"账户,进行年终结算。

据前例可知,W公司实现净利润为238 698.45元。这项经济业务的发生,一方面使W公司的可供分配的利润增加238 698.45元;另一方面使本年利润转出238 698.45元。根据账户结构,应分别记入"本年利润"账户的借方和"利润分配"账户的贷方。应编制的会计分录如下:

借:本年利润　　　　　　　　　　　　　　　　　　　　　　　238 698.45
　　贷:利润分配——未分配利润　　　　　　　　　　　　　　　　238 698.45

【例4.54】 按税后利润的10%提取法定盈余公积金。

企业本月应提取的法定盈余公积金计算如下:

应提取法定盈余公积金 = 238 698.45×10% = 23 869.85(元)

这项经济业务的发生,一方面使W公司的盈余公积增加23 869.85元;另一方面使利润被分配出去23 869.85元,因此,该业务涉及"利润分配"和"盈余公积"两个账户。根据账户结构,盈余公积增加应记入"盈余公积"账户的贷方,分配出去的利润应记入"利润分配"账户的借方。应编制的会计分录如下:

借:利润分配——提取法定盈余公积　　　　　　　　　　　　　23 869.85
　　贷:盈余公积——法定盈余公积　　　　　　　　　　　　　　23 869.85

【例4.55】 按税后利润的20%提取任意盈余公积金。

应提取任意公积金=238 698.45×20% = 47 739.69(元)

这项经济业务的发生,一方面使W公司的盈余公积增加47 739.69元;另一方面使利润被分配出去47 739.69元,因此,该业务涉及"利润分配"和"盈余公积"两个账户。根据账户结构,盈余公积增加应记入"盈余公积"账户的贷方,分配出去的利润应记入"利润分配"账户的借方。应编制的会计分录如下:

借:利润分配——提取任意盈余公积　　　　　　　　　　　47 739.69
　贷:盈余公积——任意盈余公积　　　　　　　　　　　　　47 739.69

【例4.56】 按税后利润的30%向投资人分配利润,尚未支付。

应向投资人分配的利润=238 698.45×30% =71 609.54(元)

这项经济业务的发生,一方面使W公司的应当支付的利润增加71 609.54元;另一方面使利润被分配出去71 609.54元。根据账户结构,应当支付利润的增加应记入"应付股利"账户的贷方,分配出去的利润应记入"利润分配"账户的借方。应编制的会计分录如下:

借:利润分配——应付利润　　　　　　　　　　　　　　　71 609.54
　贷:应付股利　　　　　　　　　　　　　　　　　　　　　71 609.54

【例4.57】 开出转账支票支付向投资者分配的利润71 609.54元。

这项经济业务的发生,一方面使W公司应付的利润负债减少71 609.54元;另一方面使银行存款减少71 609.54元。根据账户结构,应付利润的减少应记入"应付股利"账户的借方,银行存款减少应记入"银行存款"账户的贷方。应编制的会计分录如下:

借:应付股利　　　　　　　　　　　　　　　　　　　　　71 609.54
　贷:银行存款　　　　　　　　　　　　　　　　　　　　　71 609.54

【例4.58】 年度终了,结转利润分配所属其他明细账户。

根据规定,企业应于年度终了将利润分配其他明细账户的余额全部转入"未分配利润"明细账户,使利润分配的明细账户除"未分配利润"之外,全部结清没有余额,从而使所分配的利润全部汇总反映在"未分配利润"明细账户的借方。

本例中,这项经济业务的发生,一方面使W公司的未分配利润减少;另一方面使利润分配各明细账户中已经分配的利润转出。因此,该业务是利润分配账户下的明细账之间的结转。根据账户结构,应分别记入"未分配利润"明细账户的借方和其他利润分配明细账户的贷方。会计分录编制如下:

借:利润分配——未分配利润　　　　　　　　　　　　　　143 219.08
　贷:利润分配——提取法定盈余公积　　　　　　　　　　　23 869.85
　　　利润分配——提取任意盈余公积　　　　　　　　　　　47 739.69
　　　利润分配——应付利润　　　　　　　　　　　　　　　71 609.54

以上经济业务在编制会计分录之后,还应在有关账户中进行登记。

20×8年12月W公司利润分配业务核算流程如图4.8所示。

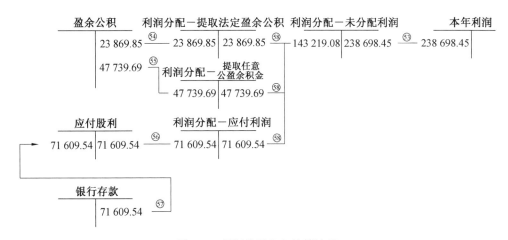

图 4.8 利润分配业务核算流程

本章小结

制造业企业的生产经营活动以生产为中心,由供应、生产和销售过程构成。在其生产经营过程中会发生筹资业务、供应业务、生产业务、销售业务、利润形成及分配业务、投资业务。

筹集业务包括吸收投资业务和借款业务。核算内容包括投入资金的入账价值、投资人在企业所享有的权益的确认和计量、本金的借入、借入资金利息的确认和支付。

供应业务包括设备等的采购、材料的购进与入库、材料采购成本的计算以及与供应单位往来款项的结算等。

外购固定资产的成本包括购买价款、相关税费、使固定资产达到预定可使用状态前所发生的、可归属于该项资产的运输费、装卸费、安装费和专业人员服务费等。

生产经营所需的原材料通常都是外购的。材料的采购成本包括购买价款、相关税费、运输费、装卸费、保险费以及其他可归属于存货采购成本的费用。计算确定采购成本时,属于为某一种材料发生的采购费用,直接计入该材料的采购成本;属于为几种材料共同发生的采购费用,应按照一定的标准在几种材料之间进行分配。分配标准包括质量、体积、买价等。对于分配标准的选择,一般来说,应当选择几种参考标准中与所分配的费用最相关的。

生产业务包括材料等各种生产费用的归集与分配、全部生产费用在完工产品与在产品之间的分配、完工产品的入库等内容。

产品生产成本是指企业在一定的生产期间为生产一定种类和数量的产品而发生的各种耗费。生产费用按照计入产品生产成本的方式,可以分为直接费用和间接费用两大类。

直接费用一般包括直接材料费用和直接人工费用,直接费用应直接计入产品成本。间接费用(制造费用)应分配计入产品成本,分配标准包括生产工时、机器工时、生产工人工资、原料及主要材料成本、直接费用等。

制造业企业成本项目包括直接材料、直接人工、制造费用等。

销售业务包括销售收入的实现、销售成本的结转、销售费用的发生、销售税费的计算以及销售货款的结算等。

利润是企业在一定会计期间的经营成果,包括收入减去费用后的净额、直接计入当期利润的利得和损失等。利润金额取决于收入和费用、直接计入当期利润的利得和损失金额的计量。利润形成业务主要包括各项收入费用以及损失和利得的发生、本期损益的结转、所得税费用的计算确定等。

企业实现利润后,要对所实现的利润按照一定的顺序进行分配。分配顺序:提取法定盈余公积金、提取任意盈余公积金、向投资人分配利润或股利。利润分配业务包括提取法定盈余公积金、提取任意盈余公积金、向投资人分配利润以及结转本年实现的净利润(或发生的净亏损)等。

思考题

1. 短期借款利息有哪两种处理方式?应如何处理?
2. 材料采购成本的构成内容有哪些?一般纳税人和小规模纳税人采购材料的增值税如何处理?
3. 制造业企业是如何归集、计算产品成本的?
4. 什么是生产费用?它包括哪些内容?
5. 税后利润按照什么顺序分配?

案例分析

就本章开头的案例,试分析说明以下问题:
1. 小张、小王、小赵和小陈四人投资的这家甜点店是不是制造业企业?为什么?
2. 甜点店的实收资本是多少?
3. 该店的材料采购成本应当包括哪些内容?
4. 该店的成本应当包括哪些内容?
5. 该店需要设置哪些账户进行核算?

练习题

请整理制造业企业主要经济业务的会计分录,并绘制一张全部业务的核算流程图。

第 5 章

账户分类

学习目标

- 了解账户分类的意义和标志
- 掌握账户按反映的经济内容分类
- 理解账户按用途和结构分类

关键术语

用途　use
结构　structure

学习了第4章后,小张对会计基本理论、基本方法有了初步的认识,对制造业企业主要经济业务的处理有了一定的了解。小张看到本章的标题后感到不理解,前面已经学习了账户分类,并且已经学习了设置、运用账户,为什么还要学账户分类呢?

5.1 账户分类的意义和标志

5.1.1 账户分类的意义

通过第4章的学习,我们知道,制造业企业为了分门别类地核算和监督经济业务,需要设置和使用许多账户。这些账户都有其特定的核算内容,只能用于特定经济业务的核算,对某项经济业务中某一方面的会计数据进行分类记录,从某一侧面来反映会计要素的变化及结果,每个账户都有它独特的经济性质、用途和结构,一般不能用其他账户来替代。但是账户之间并不是相互孤立的,它们之间存在着密切的联系,也就是说,账户之间存在着某种共性,这些账户构成一个完整的账户体系。

为了正确地设置和运用账户,需要从理论上进一步认识各个账户的经济性质、用途和结构以及在整个账户体系中的地位与作用。在了解各账户特性的基础上,了解各账户的共性和相互之间的联系,掌握各个账户在提供核算指标方面的规律性。因此,应从不同的角度对账户进行分类,找出同类账户的共性,进一步了解各账户的具体内容,明确和掌握各账户之间的内在联系与区别,掌握账户的使用方法,正确地设置和运用账户,以满足会计信息使用者的信息需求,因此需要进一步研究账户分类的问题。研究账户分类具有以下意义:

(1)通过研究账户分类,可以了解每类账户核算和监督的内容,明确区分账户的性质,以便正确运用账户所提供的核算资料。

(2)通过研究账户分类,可以了解每类账户能提供的指标和怎样提供指标,便于正确记录经济业务。

5.1.2 账户分类的标志

凡在提供核算指标方面有共同性的账户,就它们的共同性而言属于一类账户。而它们之间的共性也成为该类账户的共同性标志。为了进一步研究账户各自的特性与它们的共同性,应研究和掌握账户的分类标志。第4章是从账户的经济内容(核算内容)、用途、结构和提供指标的详细程度几个方面进行介绍的,这些是一个账户区别于另一个账户的本质特征,因此,账户分类也应该从这几个方面进行研究。

账户的用途和结构取决于账户的经济内容,只有了解了账户的经济内容,才能运用这些账户,因此,研究账户分类应首先按照经济内容进行分类,然后再按照用途和结构进行分类。除此之外,账户分类的标志还有提供指标的详细程度、账户与会计报表的关系、账户余额等。

5.2 账户按经济内容分类

账户的经济内容是指账户所反映的会计对象的具体内容。账户按经济内容进行分类,就是按账户所反映的会计对象的具体内容所做的分类。在借贷记账法下,不同会计对象增减变动的记账方向是不同的,不同的会计对象有不同的账户结构和用途。明确了账户的经济内容,就为明确账户的用途和结构打下了一个良好的基础。另外,不同的会计报表包含不同的会计要素,明确了账户的经济内容,就能正确掌握会计账户和相应会计报表之间的关系。

因此,账户按经济内容的分类,对于更好地运用借贷记账法,确切地了解每类账户具体应核算和监督的经济内容,明确每类账户提供什么性质的核算指标,设置能适应本单位的经营管理需要、科学完整的账户体系以及学习账户的其他分类具有重要的意义。

按经济内容分类是账户的基本分类方法。账户按经济内容可以分为资产类、负债类、所有者权益类、共同类(此类账户是一些复杂业务使用的账户,本书省略)、成本类和损益类六类账户。以制造企业为例,账户按经济内容分类情况见表5.1。

表 5.1 账户按经济内容分类

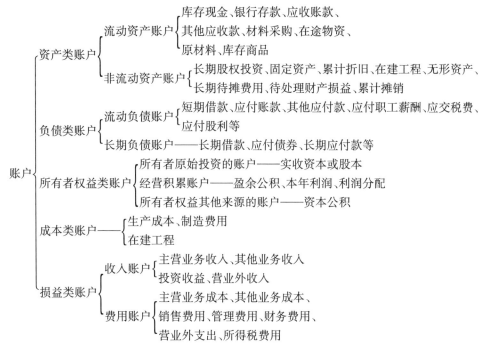

5.2.1 资产类账户

资产类账户是核算企业各种资产增减变动及结存情况的账户。资产类账户按资产的流动性不同,又可以分为核算流动资产的账户和核算非流动资产的账户两类。核算流动资产的账户包括"库存现金""银行存款""应收账款""其他应收款""原材料""库存商品"等账户;核算非流动资产的账户包括"固定资产""累计折旧""在建工程""无形资产""长期待摊费用"等账户。

5.2.2 负债类账户

负债类账户是核算企业各种负债增减变动及结存情况的账户。负债类账户按负债的流动性(偿还期)不同,又可以分为核算流动负债的账户和核算非流动负债的账户两类。核算流动负债的账户包括"短期借款""应付账款""其他应付款""应付职工薪酬""应交税费""应付股利"等账户;核算非流动负债的账户包括"长期借款""应付债券""长期应付款"等账户。

5.2.3 所有者权益类账户

所有者权益类账户是核算企业所有者权益增减变动及结存的账户。所有者权益类账户按照所有者权益的来源和构成,又可分为核算所有者原始投资的账户、核算经营积累的账户及核算所有者权益其他来源的账户三类。核算所有者原始投资的账户包括"实收资本"(或"股本")账户;核算经营积累的账户包括"盈余公积""本年利润""利润分配"等账户;核算所有者权益其他来源的账户包括"资本公积"等账户。

5.2.4 成本类账户

成本类账户是核算企业为生产产品发生的生产费用的账户。成本类账户包括核算生产过程中为生产产品发生的直接费用的"生产成本"账户,核算在生产过程中为组织生产活动而发生的间接费用的"制造费用""在建工程"等账户。

5.2.5 损益类账户

损益类账户是核算影响本期利润增减变动的各项收入和费用的账户。按照所反映的具体内容,又可以分为收入账户和费用账户两类。

收入类账户是核算企业在生产经营过程中所取得的各种经济利益的账户。这里的收入是指广义的收入。收入账户包括"主营业务收入""其他业务收入""投资收益""营业外收入"等账户。

费用类账户是核算企业在一定期间内为取得收入所发生的费用的账户。这里的费用是指广义的费用。费用账户包括"主营业务成本""其他业务成本""销售费用""管理费用""财务费用""营业外支出""所得税费用"等账户。

5.3 账户按用途和结构分类

账户的用途是指设置和运用账户的目的是什么,通过账户记录能够提供什么核算指标。

账户的结构是指在账户中如何记录经济业务,以取得各种必要的核算指标。在借贷记账法下,账户的结构具体是指账户借方、贷方登记的具体内容,余额(如果有余额的话)的方向和具体表示的内容。

账户按用途和结构分类是指账户在按经济内容分类的基础上,把用途和结构相近的账户进行归类。按用途和结构分类是按经济内容分类的必要补充。通过这种分类可以帮助解决各类账户的使用条件和使用账户的问题。

企业错综复杂的经济活动所涉及的会计数据资料都需要通过账户来加以记录和反映,而每个账户都是根据经营管理和对外报告会计信息的需要而设置的,都有其特定的用途和结构,因而按账户的用途和结构分类的账户体系与按经济内容分类的账户体系,就可能不完全一致。一方面,按经济内容归为一类的账户,可能具有不同的用途和结构;另一方面,具有相同或相似用途和结构的账户,就其反映的经济内容而言可能归属于不同的类别。

账户按用途和结构分类可分为基本账户、调整账户、成本账户和损益计算账户四大类。以制造企业为例,账户按用途和结构分类的情况见表5.2。

表 5.2　账户按用途和结构分类

账户
- 基本账户
  - 盘存账户——库存现金、银行存款、原材料、库存商品、固定资产、材料采购、在途物资、生产成本
  - 投资权益账户——实收资本、资本公积、盈余公积
  - 结算账户
    - 债权结算账户——应收账款、其他应收款、应收票据、预付账款
    - 债务结算账户——应付账款、其他应付款、应付职工薪酬、应交税费、应付股利、短期借款、长期借款、应付债券、长期应付款等
    - 债权债务结算账户——其他往来等
- 调整账户
  - 抵减账户
    - 资产抵减账户——累计折旧、固定资产减值准备、坏账准备等
    - 权益抵减账户——利润分配
  - 抵减附加账户——材料成本差异
- 成本账户
  - 集合分配账户——制造费用
  - 成本计算账户——材料采购、在途物资、生产成本
  - 对比账户——材料采购
- 损益计算账户
  - 收入计算账户——主营业务收入、其他业务收入、投资收益、营业外收入等
  - 费用计算账户——主营业务成本、其他业务成本、销售费用、管理费用、财务费用、营业外支出、所得税费用等
  - 财务成果计算账户——本年利润

5.3.1　基本账户

基本账户又可分为盘存账户、投资权益账户及结算账户。

1. 盘存账户

盘存账户是用来核算、监督各项财产物资和货币资金的增减变动及其结存情况的账户。这类账户是任何企业单位都必须设置的账户。属于盘存类账户的有"库存现金""银行存款""原材料""库存商品""固定资产"等账户。

盘存账户的借方登记各项财产物资和货币资金的增加数,贷方登记其减少数,余额在借方,表示期末各项财产物资和货币资金的结存数。盘存账户的基本结构如图5.1所示。

盘存类账户

期初余额:期初财产物资和货币资金的结存数 本期发生额:本期财产物资和货币资金的增加数额	本期发生额:本期财产物资和货币资金的减少数额
期末余额:期末财产物资和货币资金的结存数	

图 5.1　盘存账户的基本结构

这类账户可以通过财产清查的方法核对货币资金和实物资产的实际结存数与账面结存数是否相符,并检查经营管理上存在的问题。除"库存现金"和"银行存款"账户外,其他盘存账户普遍运用数量金额式明细分类账,可以提供实物和价值两种指标。

2. 投资权益账户

投资权益账户是用来核算投资者投资的增减变动及结存情况的账户。这类账户是任何企业单位都必须设置的基本账户。属于投资权益类账户的有"实收资本""资本公积""盈余公积"等。

投资权益类账户的贷方登记投资者投资的增加数或其他所有者权益的增值额,借方登记投资者投资的减少数或其他所有者权益的抵减额。余额一般在贷方,表示投资者权益的实有数额。投资权益账户的基本结构如图 5.2 所示。

投资权益类账户

本期发生额:本期投资者投资的减少数 　　　　　其他所有者权益的抵减额	期初余额:期初投资者权益的结存数 本期发生额:本期投资者投资的增加数 　　　　　其他所有者权益的增值额
	期末余额:期末投资者权益的结存数

图 5.2　投资权益账户的基本结构

3. 结算账户

结算账户是用来核算和监督企业与其他单位和个人之间债权、债务结算情况的账户。由于结算业务性质的不同,结算账户的用途和结构有所不同,结算账户按其具体用途和结构可分为债权结算账户、债务结算账户和债权债务结算账户三类。

(1)债权结算账户。债权结算账户也称资产结算账户,是用来核算和监督企业债权的增减变动及结存情况的账户。属于债权结算类账户的有"应收账款""其他应收款""应收票据""预付账款"等账户。

债权结算账户的借方登记债权的增加数,贷方登记其减少数,余额在借方,表示债权的实有数。债权结算账户的基本结构如图 5.3 所示。

债权结算账户

期初余额：期初债权的实有数 本期发生额：本期债权的增加数额	本期发生额：本期债权的减少数额
期末余额：期末债权的实有数	

图 5.3　债权结算账户的基本结构

(2)债务结算账户。债务结算账户也称负债结算账户，是用来核算和监督本企业债务的增减变动及结存情况的账户。属于债务结算类账户的有"应付账款""其他应付款""应付职工薪酬""应交税费""应付股利""短期借款""长期借款""应付债券""长期应付款"等账户。

债务结算账户的贷方登记债务的增加数，借方登记其减少数，余额在贷方，表示债务的实有数。债务结算账户的基本结构如图 5.4 所示。

债务结算账户

本期发生额：本期债务的减少数额	期初余额：期初债务的实有数 本期发生额：本期债务的增加数额
	期末余额：期末债务的实有数

图 5.4　债务结算账户的基本结构

(3)债权债务结算账户。债权债务结算账户也称资产负债结算账户，是用来集中核算和监督本企业与其他单位或个人相互往来结算业务的账户。由于这种相互之间往来结算业务的性质经常发生变动，企业有时处于债权人的地位，有时则处于债务人的地位，为了能在同一账户中集中反映本企业与其他单位或个人的债权、债务的增减变化，可以设置同时具有债权债务双重性质的结算账户。

债权债务结算账户借方登记债权的增加或债务的减少数，贷方登记债务的增加或债权的减少。余额如在借方，反映企业尚未收回的债权净额（尚未收回的债权大于尚未偿付的债务的差额），余额如在贷方，反映企业尚未偿付的债务净额（尚未偿付的债务大于尚未收回的债权的差额）。债权债务结算账户的基本结构如图 5.5 所示。

债权债务结算账户

期初余额：期初尚未收回的债权净额 本期发生额：本期债权的增加数额　　　　本期债务的减少数额	期初余额：期初尚未偿付的债务净额 本期发生额：本期债务的增加数额　　　　本期债权的减少数额
期末余额：期末尚未收回的债权净额	期末余额：期末尚未偿付的债务净额

图 5.5　债权债务结算账户的基本结构

债权债务结算账户主要指"其他往来"账户,该账户同时核算和监督企业其他应收款和其他应付款的增减变动及结余情况。此外,在单位不设"预付账款"账户的情况下,用"应付账款"账户同时核算和监督企业应付账款与预付账款的增减变动及结存情况时,"应付账款"账户就是一个债权债务结算账户;在单位不设"预收账款"账户的情况下,用"应收账款"账户同时核算和监督企业应收账款与预收账款的增减变动及结存情况时,"应收账款"账户就是一个债权债务结算账户。

结算账户按照对方单位或个人设置明细分类账,该类账户只提供价值指标。该类账户要根据期末余额的方向来判断其性质,当余额在借方时是债权结算账户,当余额在贷方时是债务结算账户。

5.3.2 调整账户

在会计核算中,由于经营管理或者其他方面的需要,对会计要素的某一个项目,既要在账户中保持原始数据,又要反映其原始数据的变化,为此应该分设两个账户,一个账户用来反映原始数据,另一个账户用来反映对原始数据进行调整的数据,前者称为被调整账户,后者称为调整账户。将调整账户与被调整账户的余额相加或者相减,即可以求得被调整账户的实际余额。

调整账户按其调整方式的不同可分为抵减账户、附加账户(会计实务中很少设置单纯的附加账户,因此本书不做介绍)和抵减附加账户。

1. 抵减账户

抵减账户也称备抵账户,是用来抵减相关被调整账户余额,以反映被调整账户的实际余额的账户。其调整方式为

被调整账户余额-抵减账户余额=被调整账户的实际余额

由于抵减账户对被调整账户的调整,实际上是对被调整账户余额的抵减,因此,被调整账户余额的方向与抵减账户的余额方向必定相反。

抵减账户按照被调整账户的性质又可分为资产抵减账户和权益抵减账户两类。

资产抵减账户是用来抵减某一资产账户的余额,以求得该账户的实际余额的账户。属于资产抵减账户的有"累计折旧""固定资产减值准备""坏账准备""存货跌价准备"等。"累计折旧""固定资产减值准备"账户是用来调整"固定资产"账户的,用"固定资产"账户的借方余额(原始价值)与"累计折旧""固定资产减值准备"账户的贷方余额相抵减,就能求出固定资产现有的实际价值(实际净值)。"坏账准备"账户是用来调整"应收账款"账户的,用"应收账款"账户的借方余额与"坏账准备"账户的贷方余额相抵减,就是可收回的债权金额。"存货跌价准备"账户是用来调整存货项目的,用有关存货账户的借方余额与"存货跌价准备"账户的贷方余额相抵减,就是存货的实际价值。除了这几个账户外,"长期股权投资减值准备""累计摊销""无形资产减值准备"等账户也属于资产抵减账户。

权益抵减账户是用来抵减某一权益账户的余额以求得该账户的实际余额的账户。属于权益抵减账户的有"利润分配"账户。"利润分配"账户是用来调整"本年利润"账户的,用"本年利润"账户的余额与"利润分配"账户的余额就能求得"本年利润"的实际余额,即未分配利润(未弥补的亏损)。

2. 抵减附加账户

抵减附加账户也称备抵附加账户,是既用来抵减又用来增加被调整账户的余额,以求得被调整账户的实际余额的账户。抵减附加账户拥有两种账户的功能,既可以作为抵减账户,又可以作为附加账户。该类账户在某一时刻执行的是哪种功能,取决于该账户的余额方向与被调整账户的余额方向是否一致。当二者余额方向相反时,起抵减作用,当二者余额方向相同时,起附加作用。

属于抵减附加账户的有"材料成本差异"账户。该账户是"原材料"账户的抵减附加账户。当"材料成本差异"账户是借方余额时,表示实际成本大于计划成本的超支数,用"原材料"账户的借方余额加上"材料成本差异"账户的借方余额,就是材料的实际成本;当"材料成本差异"账户是贷方余额时,表示实际成本与计划成本的节约数,用"原材料"账户的借方余额减去"材料成本差异"账户的贷方余额,即为材料的实际成本。

5.3.3 成本账户

成本账户可分为集合分配账户、成本计算账户和对比账户。

1. 集合分配账户

集合分配账户是用来汇集和分配企业在生产经营过程中某个阶段所发生的某种间接费用的账户。集合分配账户具有明显的过渡性质,平时用它来归集那些不能直接计入某个成本计算对象的间接费用,期末将费用全部分配出去,由有关成本计算对象负担。属于这类的账户有"制造费用"账户。

集合分配账户借方登记费用的发生额,贷方登记费用的分配额,在一般情况下,登记在这类账户中的费用,期末应全部分配出去,通常没有余额。集合分配账户的基本结构如图 5.6 所示。

集合分配账户

本期发生额:汇集本期某种费用的发生额	本期发生额:本期某种费用的分配额

图 5.6 集合分配账户的基本结构

2. 成本计算账户

成本计算账户是用来核算和监督经营过程中某一阶段所发生的应计入特定成本计算对象的经营费用,并确定各成本计算对象实际成本的账户。属于成本计算类的账户有"材料采购""在途物资""生产成本"等账户。

设置和运用成本计算账户,对于正确计算材料采购、产品生产和产品销售的实际成本,考核有关成本计划的执行和完成情况,具有重要的作用。

成本计算账户的借方登记应计入特定成本计算对象的全部费用,贷方登记转出的已经完成某一阶段的成本计算对象的实际成本。期末余额一般在借方,反映尚未完成某一阶段的成本计算对象的实际成本。成本计算账户的基本结构如图 5.7 所示。

成本计算账户

期初余额:期初尚未完成某一阶段的成本计算对象的实际成本 本期发生额:本期发生的应计入成本的全部费用	本期发生额:结转已完成某一阶段的成本计算对象的实际成本
期末余额:期末尚未完成某一阶段的成本计算对象的实际成本	

图5.7 成本计算账户的基本结构

成本计算账户除了设置总分类账户外,还应按照各个成本计算对象和成本项目设置专栏进行明细分类核算。该类账户既提供实物指标,又提供价值指标。

3. 对比账户

对比账户是用来核算企业在经营过程中某一阶段按照两种不同的计价标准反映同一项经济业务,并进行对比,借以确定其业务成果的账户。属于对比账户的有"材料采购"账户。

按计划成本进行材料日常核算的企业应设置"材料采购"账户,该账户的借方登记材料的实际成本,贷方登记按照计划价格核算的材料的计划成本,通过借、贷双方两种计价对比,可以确定材料采购业务成果。借方余额表示按实际成本计价的在途材料的实际成本。对比账户的基本结构如图5.8所示。

对比账户

期初余额:未入库材料的实际成本 本期发生额:(1)外购材料的实际成本 　　　　　(2)转入"材料成本差异"账户贷方的实际成本小于计划成本的节约差	本期发生额:(1)外购材料的计划成本 　　　　　(2)转入"材料成本差异"账户借方的实际成本大于计划成本的超支差
期末余额:在途材料的实际成本	

图5.8 对比账户的基本结构

对比账户借、贷双方的计价标准不一致,期末确定业务成果转出后,该账户的借方余额剔除了计价差异后的按借方计价方式计价的资产价格。

5.3.4 损益计算账户

损益计算账户可分为收入计算账户、费用计算账户和财务成果计算账户。

1. 收入计算账户

收入计算账户是用来核算和监督企业在一定时期(月、季或年)内所取得的各种收入和收益的账户。属于收入计算账户的有"主营业务收入""其他业务收入""营业外收入""投资收益"等。

收入计算账户的贷方登记取得的收入和收益,借方登记收入和收益的减少数以及期末转入"本年利润"账户的收入和收益额。由于当期实现的全部收入和收益都要在期末转入

"本年利润"账户,因此收入计算账户期末无余额。收入计算账户的基本结构如图5.9所示。

收入计算账户

本期发生额:期末转入"本年利润"账户的数额	本期发生额:本期实现的收入

图5.9 收入计算账户的基本结构

收入计算账户除了设置总分类账户外,还应按照业务类别进行明细分类核算,收入计算账户只提供价值指标。

2. 费用计算账户

费用计算账户是用来核算和监督企业在一定时期(月、季或年)内所发生的应计入当期损益的各项费用、成本和支出的账户。属于费用计算的账户有"主营业务成本""其他业务成本""销售费用""管理费用""财务费用""营业外支出""所得税费用"等账户。

费用计算账户的借方登记费用支出的增加额,贷方登记费用支出的减少数和期末转入"本年利润"账户的费用支出数。由于当期发生的全部费用支出数都要于期末转入"本年利润"账户,因此该类账户期末无余额。收入计算账户的基本结构如图5.10所示。

费用计算账户

本期发生额:本期发生的应计入当期损益的各项费用、成本和支出	本期发生额:期末转入"本年利润"账户的数额

图5.10 费用计算账户的基本结构

费用计算账户除了设置总分类账户外,还应按业务内容、费用支出项目等进行明细分类核算,费用计算账户只提供价值指标。

3. 财务成果计算账户

财务成果计算账户是用来核算和监督企业在一定时期(月、季或年)内全部经营活动最终成果的账户。属于财务成果计算账户的有"本年利润"账户。

财务成果计算账户的贷方登记期末从各收入计算账户转入的各种收入和收益数,借方登记期末从各费用计算账户转入的各种费用支出数。平常月份,贷方余额表示企业实现的利润数,借方余额表示企业发生的亏损数。年终时,将实现的利润或亏损转入"利润分配"账户后应无余额。财务成果计算账户的基本结构如图5.11所示。

财务成果计算账户

本期发生额：本期发生的应计入当期损益的各项费用、成本和支出	本期发生额：本期发生的应计入当期损益的各项收入和收益
平时期末余额：发生的亏损额	平时期末余额：实现的利润额

图5.11 财务成果计算账户的基本结构

财务成果计算账户只提供价值指标。

账户除了按照经济内容、用途和结构分类以外，还可以按账户与会计报表的关系、账户提供指标的详细程度、账户有无余额等标准对账户进行分类。

按账户与会计报表的关系分类，账户可分为有资产负债表账户和利润表账户两类。资产负债表账户是指核算资产、负债和所有者权益，为编制"资产负债表"提供依据的资产类、负债类和所有者权益类账户。利润表账户是指核算收入、费用、支出，为编制利润表提供依据的损益类账户。

按账户提供指标的详细程度分类，账户可分为总分类账户和明细分类账户两类，前面已讲，这里不再赘述。

按账户有无余额分类，账户可分为有借方余额的账户、有贷方余额的账户和无余额的账户三类。有借方余额的账户是指资产类、成本类账户，该类账户的借方余额合计数反映资产总额。有贷方余额的账户是指负债及所有者权益类账户，该类账户的贷方余额合计数反映负债和所有者权益总额。无余额的账户是指为归集和结转一定期间内发生的各项收入和费用、支出而设置的账户。通常将有余额的账户称为实账户，无余额的账户称为虚账户。

本章小结

为了正确地设置和运用账户，应该从不同的角度对账户进行分类，找出同类账户的共性，进一步了解各账户的具体内容，明确各账户之间的内在联系与区别，因此需要进一步研究账户分类的问题。

账户的经济内容是指账户所反映的会计对象的具体内容。按账户的经济内容对账户进行分类，具体可以分为资产类、负债类、所有者权益类、成本类和损益类五类账户。

账户按用途和结构分类是指账户在按经济内容分类的基础上，再把用途和结构相近的账户进行归类。账户按用途和结构分类，可以分为基本账户、调整账户、成本账户和损益计算账户四大类。基本账户具体又可分为盘存账户、投资权益账户和结算账户；调整账户根据调整方式不同又可分为抵减账户和抵减附加账户；成本账户又可分为集合分配账户、成本计算账户和对比账户；损益计算账户又可分为收入计算账户、费用计算账户和财务成果计算账户。

此外，还可以按账户与会计报表的关系、账户提供指标的详细程度、账户有无余额等对账户进行分类。

思考题

1. 账户分类的标准有哪些?
2. 账户按经济内容如何分类?
3. 账户按用途和结构如何分类?
4. 调整账户有哪几类? 包括哪些账户?
5. 结算账户有哪几类? 包括哪些账户?

第6章

会计凭证

学习目标

- 掌握会计凭证的概念及其分类
- 掌握原始凭证、记账凭证的分类及填制方法
- 掌握原始凭证、记账凭证的审核方法
- 理解会计凭证的传递与保管要求

关键术语

会计凭证	accounting voucher
原始凭证	original voucher
记账凭证	account voucher
转账凭证	transfer voucher
付款凭证	payment voucher
收款凭证	receipt voucher

自从本学期初小张开始记收支流水账以来,每笔开支都尽量索取相关的票据,然后根据这些票据登记流水账。学习了会计分录之后,小张知道企业的每笔经济业务都需要根据这些票据编制会计分录,然后根据会计分录记账。小张发现票据有好多种,每种票据的格式、内容都不尽相同,这些票据取得后应如何使用? 用完后应如何处理呢?

6.1 会计凭证的作用和种类

6.1.1 会计凭证的作用

由前述已知,为了分门别类地反映和监督经济业务,根据会计科目设置了账户,选择了复式记账法,但是仍然不能随意记账,因为会计主体办理任何一项经济业务都必须填制或取得真实、合法的会计凭证。

会计凭证简称凭证,是记录经济业务、明确经济责任的书面证明,也是登记账簿的依据。会计凭证是会计信息的载体之一,填制和审核凭证是会计核算方法之一,每笔经济业务的发生,都必须合法地填制或取得凭证,所有的会计凭证都要由会计部门审核无误后才能作为记账的依据。

会计凭证是会计核算的重要资料,合法正确地填制和审核,在会计核算中具有重要作用。

1. 可以及时、准确地反映经济业务的完成情况

企业日常发生的经济业务是多种多样的,每项经济业务的发生都要填制或取得会计凭证,这些会计凭证反映了经济业务发生的时间、内容、数量、金额等,是记录经济业务的最原始资料。通过对会计凭证的加工、整理和传递,可以及时、准确地反映经济业务发生过程中的会计信息,及时协调会计主体内部各部门、各单位之间的经济活动,保证生产经营各个环节的正常运转,会计凭证的传递过程也是经济业务的账务处理过程。

2. 可以有效地发挥会计监督的作用

企业日常发生的每项经济业务都必须通过会计凭证反映出来,会计人员必须认真严格地对会计凭证进行审核,检查经济业务是否符合国家法律、法规和单位预算、计划的规定,及时发现存在的问题,便于采取措施,严肃财经纪律,保护各会计主体所拥有资产的安全完整,维护投资者、债权人和有关各方的合法权益,充分发挥会计监督的作用。

3. 可以明确经济责任制,加强岗位责任制

会计凭证记录了每项经济业务的内容,并由有关部门和经办人员签章,表明其应该承担的法律责任和经济责任,以促使经办部门和有关人员加强法律意识,照章办事,如果发现问题,也有据可查,从而加强经济责任。

4. 可以提供必要的记账依据

从会计循环的全过程可以看出,对经济业务的会计处理需要采用一系列方法,填制和审核凭证是首要方法,是会计工作的基础和起点,任何单位发生的每项经济业务都必须填制会计凭证,然后审核凭证,审核无误后才能据以登记入账。如果没有合法的凭证作为依据,就不能记账,因此,会计凭证的填制和审核是保证会计账簿资料真实性、正确性的重要条件。

6.1.2 会计凭证的种类

会计凭证按其填制程序和用途的不同,可以分为原始凭证和记账凭证。

1. 原始凭证

原始凭证是在经济业务发生或完成时取得或填制的,用以记录经济业务的执行或完成情况,明确经济责任并具有法律效力的书面证明,是会计核算的原始资料和重要依据。

(1) 按原始凭证的来源分类。

原始凭证按照取得的来源不同,可以分为外来原始凭证和自制原始凭证。

外来原始凭证是指由业务经办人员在经济业务发生或完成时从外部单位或个人取得的原始凭证。如采购商品从销货方取得的购货发票(表6.1)、银行收款通知(表6.2)、银行付款通知、员工出差乘坐交通工具取得的火车票等。

表6.1 ×××省增值税专用发票

发票联　　　　　　　　　　　　　　　　　　No.

开票日期：　　　　　　　　　　　　　　　　　　年　月　日

购货单位	名称						
	纳税人识别号				密码区		
	地址、电话						
	开户银行及账号						
货物或应税劳务名称	规格型号	单位	数量	单价	金额	税率/%	税额
合计							
价税合计(大写)					(小写)		
销货单位	名称				备注		
	纳税人识别号						
	地址、电话						
	开户银行及账号						

第二联：发票联　购货方记账凭证

收款人：　　　　　复核：　　　　　开票人：　　　　　销货单位：(章)

表 6.2　进账单

×××银行进账单(收账通知)　3
年　月　日

出票人	全　称		收款人	全　称	
	账　号			账　号	
	开户银行			开户银行	
金额	人民币（大写）		亿千百十万千百十元角分		
票据种类		票据张数			
票据号码					
		复核　　记账		收款人开户银行签章	

此联是收款人开户银行交给收款人的收账通知

自制原始凭证是指本单位内部经办部门或人员，根据所经办的经济业务自行填制的原始凭证。如购进材料验收入库时由仓库保管员填制的收料单或者入库单，车间领用材料时填制的领料单、销售时开出的发票等。

(2) 按原始凭证的填制手续和内容分类。

原始凭证按照填制手续和内容的不同，可以分为一次凭证、累计凭证和汇总凭证。

一次凭证是指只记载一项或若干项同类经济业务，在经济业务发生或完成时一次填制完成的原始凭证。外来凭证都是一次凭证，自制凭证中大多数是一次凭证，如收料单(表6.3)等。

表 6.3　收料单

供货单位：　　　　　　　　　　　　　　　　　　　凭证编号：
发票号码：　　　　　　　年　月　日　　　　　　　收料仓库：

材料编号	材料名称	规　格	计量单位	数　量		价　格	
				发　票	实　收	单　价	金　额

第联

记账：　　　主管：　　　保管：　　　检验：　　　交库：

一次凭证只反映一项或若干项同类经济业务，使用方便灵活，但是当业务量较大时，使用的凭证数量多，填制凭证的工作量较大。

累计凭证是指在一定时期内，在一张凭证中连续登记若干项重复发生的同类经济业务，分次填制，月末计算出累计发生额后才填完的一种原始凭证，如限额领料单(表6.4)等。

表 6.4 限额领料单

领料单位：　　　　　　　　　　　　　　　　　　　　　　凭证编号：
用　　途：　　　　　　　　　　　　　　　　　　　　　　发料仓库：

材料类别	材料编号	材料名称	规格	计量单位	全月领用限额	全月实领		
						数量	单价	金额

领料日期	请　领		实　发			退库房		限额结余
	数量	领料部门	数量	领料人签章	发料人签章	数量	退库单编号	
合计								

供应部门负责人：　　　　生产计划部门负责人：　　　　仓库负责人：

累计凭证能够简化核算手续，减少凭证的数量。

汇总凭证也称原始凭证汇总表，是根据一定时期若干张反映同类经济业务的原始凭证加以汇总填制的原始凭证。如根据收料单汇总编制的收料汇总表、根据领料单编制的发出材料汇总表(表6.5)等。

表 6.5 发出材料汇总表
年　月　日

用　途	领料单位	原料及主要材料		燃　料		修理用备件		合　计
		数量	金额	数量	金额	数量	金额	
生产耗用	一车间							
	二车间							
车间一般耗用	一车间							
	二车间							
管理部门								
合　计								

会计主管：　　　　　　制表：　　　　　　审核：

汇总凭证可以简化填制记账凭证的手续，减少记账凭证的数量，但它本身不具备法律效力。

思考：是否可以直接根据原始凭证记账？为什么？

2.记账凭证

记账凭证是根据审核无误的原始凭证或原始凭证汇总表填制的,用来记录经济业务的简要内容,确定会计分录,并作为记账直接依据的会计凭证。

由于原始凭证种类繁多、格式不一,不能清楚地表明经济业务应记入的账户及方向,很难据以直接登记账簿,因此,就需要在原始凭证审核无误的基础上,对原始凭证进行归类整理,确定每项经济业务所涉及的账户名称、方向和金额,填制在记账凭证上,然后据以记账。

原始凭证或原始凭证汇总表作为记账凭证的重要依据,应附在记账凭证后面,这样既便于记账,又可以防止和减少差错,保证账簿记录的正确性。从原始凭证到记账凭证是会计的初始确认阶段。

(1)按反映的经济内容(用途)分类。

记账凭证按其反映的经济内容可以分为专用记账凭证和通用记账凭证。

①专用记账凭证。专用记账凭证是记录某类经济业务的记账凭证,按照其所记录的经济业务是否与现金、银行存款收付有关系,分为收款凭证、付款凭证和转账凭证。

收款凭证是专门记录现金、银行存款等货币资金收入业务的记账凭证。它是根据库存现金、银行存款和其他货币资金收入业务的原始凭证填制的,是登记现金、银行存款增加及其他有关账簿的依据。根据收款形式的不同,收款凭证又可分为现金收款凭证和银行存款收款凭证。其格式见表6.6。

表6.6 收款凭证

借方科目:		年 月 日									字第 号	
对方单位	摘要	贷方科目		金额							过账	附凭证 张
		总账科目	明细科目	十万	千	百	十	元	角	分		
合计												

主管: 会计: 记账: 审核: 制单:

付款凭证是专门记录现金、银行存款等货币资金付出业务的记账凭证。它是根据库存现金、银行存款和其他货币资金付出业务的原始凭证填制的,是登记现金、银行存款减少及其他有关账簿的依据。根据付款形式的不同,收款凭证又可分为现金付款凭证和银行存款付款凭证。其格式见表6.7。

表 6.7　付款凭证

贷方科目：　　　　　　　　　　　年　月　日　　　　　　　　　　字第　号

对方单位	摘要	借方科目		金额								过账
		总账科目	明细科目	十万	千	百	十	元	角	分		
合　计												

附凭证　张

主管：　　　　会计：　　　　记账：　　　　审核：　　　　制单：

由于收付款凭证记录的是收付款业务，因此，收款凭证的借方科目、付款凭证的贷方科目主要是"库存现金""银行存款"等有关货币资金的科目，将其放在凭证的上方，作为主体科目。

在会计实务中，有的经济业务会使一项货币资金增加，另一项货币资金减少，如现金和银行存款之间互相划转（从银行提取现金或者将现金存入银行），为了避免重复填制记账凭证，一般只填付款凭证。

转账凭证是专门记录现金、银行存款和其他货币资金收付业务以外的转账业务的记账凭证，它是根据有关转账业务的原始凭证填制的，是登记现金、银行存款以外的有关账簿的依据。其格式见表6.8。

表 6.8　转账凭证

　　　　　　　　　　　年　月　日　　　　　　　　　　字第　号

摘要	借方科目		贷方科目		金额								过账
	总账科目	明细科目	总账科目	明细科目	十万	千	百	十	元	角	分		
合　计													

附凭证　张

主管：　　　　会计：　　　　记账：　　　　审核：　　　　制单：

专用记账凭证一般适用于规模较大、经济业务较多的大型企业。

②通用记账凭证。通用记账凭证是指格式统一，用来记录所有类型经济业务的记账凭证。通用记账凭证一般用于业务比较简单、业务量较少的单位。其格式见表6.9。

表 6.9　记账凭证

年　月　日　　　　　　　　　　　　　　　字第　号

摘要	科目		借方科目									贷方金额									过账	附单据
	总账科目	明细科目	十	万	千	百	十	元	角	分	十	万	千	百	十	元	角	分				
																						张
合计																						

会计主管：　　　记账：　　　出纳：　　　复核：　　　制单：

通用记账凭证一般适用于规模较小、经济业务较少的企业或者行政、事业单位。

一个会计主体可以根据实际情况选择使用哪一种凭证，但是一个会计主体不能同时使用专用、通用两种凭证。

(2) 按填制方法分类。

记账凭证按填制方法不同，可以分为复式记账凭证和单式记账凭证。

复式记账凭证是将一项经济业务所涉及的各有关账户都集中在一张凭证上的记账凭证。复式记账凭证可以集中反映一项经济业务所涉及的全部账户之间的对应关系，便于了解经济业务的全貌，分析和审核经济业务，还可以减少记账凭证的数量，但是不便于汇总每个账户的发生额和分工记账。专用凭证和通用凭证都是复式记账凭证。

单式记账凭证是指一张凭证上只填列一个账户的记账凭证。一笔经济业务涉及几个账户就填制几张记账凭证，一笔经济业务由若干张记账凭证共同反映。但是单式记账凭证又分为借项凭证和贷项凭证。单式记账凭证便于汇总每个账户的发生额和分工记账。但是填制记账凭证的数量多，工作量大，一张记账凭证不能反映一笔经济业务的全貌。其格式见表 6.10 和表 6.11。

表 6.10　借项记账凭证

借方科目：　　　　　　　　　年　月　日　　　　　　　　　　记账第　号

摘要	二级或明细科目	记账	金额	附单据
				张
对应科目	合计			

表 6.11　贷项记账凭证

贷方科目：　　　　　　　　　　　年　月　日　　　　　　　　　记账第　号

摘　　要	二级或明细科目	记　　账	金　　额	
				附单据　　　张
对应科目	合　　　　计			

(3) 按是否汇总分类。

记账凭证按是否汇总,可以分为单一记账凭证、汇总记账凭证和科目汇总表。

单一记账凭证是指包括一笔会计分录的记账凭证。上述专用凭证和通用凭证都是单一记账凭证。

汇总记账凭证是指根据一定时期内同类专用凭证定期汇总后填制的记账凭证。汇总记账凭证又可以分为汇总收款凭证、汇总付款凭证和汇总转账凭证。其格式见表 6.12～6.14。

表 6.12　汇总收款凭证

借方科目：　　　　　　　　　　　年　月　日　　　　　　　　　汇收第　号

贷方科目	金　　　　额				记　　　账	
	(1)	(2)	(3)	(4)	借方	贷方
合　计						
附注:(1) 自＿＿日至＿＿日　收款凭证共计＿＿张						
(2) 自＿＿日至＿＿日　收款凭证共计＿＿张						
(3) 自＿＿日至＿＿日　收款凭证共计＿＿张						

表 6.13　汇总付款凭证

贷方科目：　　　　　　　　　　　年　月　日　　　　　　　　　汇付第　号

借方科目	金　　　　额				记　　　账	
	(1)	(2)	(3)	(4)	借方	贷方
合　计						
附注:(1) 自＿＿日至＿＿日　付款凭证共计＿＿张						
(2) 自＿＿日至＿＿日　付款凭证共计＿＿张						
(3) 自＿＿日至＿＿日　付款凭证共计＿＿张						

表6.14　汇总转账凭证

贷方科目：　　　　　　　　　　年　月　日　　　　　　　　汇转第　号

借方科目	金　额				记　账	
	(1)	(2)	(3)	(4)	借方	贷方
合　计						

附注：(1) 自＿＿日至＿＿日　转账凭证共计＿＿张
　　　(2) 自＿＿日至＿＿日　转账凭证共计＿＿张
　　　(3) 自＿＿日至＿＿日　转账凭证共计＿＿张

汇总记账凭证是对专用凭证分别进行汇总的结果,因此能够简化总分类账的登记手续。

科目汇总表(也称记账凭证汇总表)是指根据一定时期内所有的单一记账凭证(专用凭证或通用凭证)定期汇总后填制的记账凭证。其格式见表6.15。

表6.15　科目汇总表(格式一)

　　　　　　　　　　　　　　月　日至　日　　　　　　　　　科汇第　号

会计科目	账页	本期发生额		记账凭证起讫号数
		借　方	贷　方	
合计				

主管：　　　　　　　　　记账：　　　　　　　　　制表：

科目汇总表(格式二)

年　月

会计科目	账页	自1日至10日		自11日至20日		自21日至30日		本月合计	
		借方	贷方	借方	贷方	借方	贷方	借方	贷方
合计									

主管：　　　　　　　　　记账：　　　　　　　　　制表：

科目汇总表是对记账凭证进行汇总的结果,因此也能够简化总分类账的登记手续。会计凭证的种类见表6.16。

表 6.16 会计凭证的种类

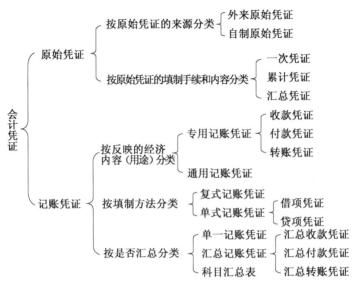

6.2 原始凭证的填制和审核

6.2.1 原始凭证的基本内容

各单位发生的经济业务的内容是多种多样的,涉及的原始凭证品种繁多、形式各异,各种原始凭证的具体内容不尽相同。但是,每种原始凭证都必须能够客观、真实地记录和反映经济业务的发生、完成情况,都必须明确有关单位、部门及人员的经济责任,因此每种原始凭证必须具备以下基本内容:

(1)原始凭证名称。
(2)填制日期和凭证编号。
(3)接受凭证单位或个人名称。
(4)经济业务的内容摘要。
(5)经济业务的实物名称、数量、单价及金额。
(6)填制单位的名称或填制人姓名。
(7)经办人员的签名或者签章。

此外,有的原始凭证不仅要满足会计工作的需要,还应满足计划、统计等其他管理工作的需要,也需要填列一些补充内容。如有的需要加入计划指标、预算项目、经济合同号码等。

各会计主体根据会计核算和管理的需要,按照原始凭证应具备的基本内容和补充内容,可以自行设计和印制适合本会计主体需要的原始凭证,但是,并不是所有的原始凭证都可以自行设计和印刷,对于在一定范围内经常发生的同类经济业务,各有关主管部门应当设计、印刷统一格式的原始凭证。如中国人民银行设计、印制的统一的银行支票、汇票等；税务部门设计印制的统一的发货票等。这样，既可以加强宏观管理，强化对各会计主体的监督，又可以节约印刷费用。

6.2.2 原始凭证的填制要求

原始凭证是会计核算最基本的原始资料，是编制记账凭证的依据，为保证真实、正确、完整和及时地记录经济业务，做好会计基础工作，应遵循以下要求。

1. 记录真实

原始凭证所填列的经济业务的内容和数字，必须真实可靠，符合实际情况，绝不允许任何歪曲和弄虚作假。

2. 手续完备

填制原始凭证时，需办理的各项手续必须完备，并且要符合内部牵制的要求。

从外单位取得的原始凭证，必须盖有填制单位的公章；从个人取得的原始凭证，必须有填制人员的签名或者盖章。自制原始凭证必须有经办单位领导人或者其指定的人员签名或者盖章。对外开出的原始凭证，必须加盖本单位公章。

凡填有大写和小写金额的原始凭证，大写与小写金额必须相符。购买实物的原始凭证，必须有验收证明。支付款项的原始凭证，必须有收款单位和收款人的收款证明。

一式几联的原始凭证，应当注明各联的用途，只能以一联作为报销凭证。一式几联的发票和收据，必须用双面复写纸（发票和收据本身具备复写纸功能的除外）套写，并连续编号。作废时应当加盖"作废"戳记，连同存根一起保存，不得撕毁。

发生销货退回的，除填制退货发票外，还必须有退货验收证明；退款时，必须取得对方的收款收据或者汇款银行的凭证，不得以退货发票代替收据。

职工公出借款凭据，必须附在记账凭证之后。收回借款时，应当另开收据或者退还借据副本，不得退还原借款收据。

经上级有关部门批准的经济业务，应当将批准文件作为原始凭证附件，如果批准文件需要单独归档的，应当在凭证上注明批准机关名称、日期和文件字号。

从外单位取得的原始凭证如有遗失，应当取得原开出单位盖有公章的证明，并注明原来凭证的号码、金额和内容等，由经办单位会计机构负责人、会计主管人员和单位领导人批准后，才能代作原始凭证。如果确实无法取得证明的，如火车、轮船、飞机票等凭证，由当事人写出详细情况，由经办单位会计机构负责人、会计主管人员和单位领导人批准后，代作原始凭证。

3. 内容完整

原始凭证的基本内容和补充内容必须逐项填写，不得遗漏或省略；一式多联的原始凭证，联次不能短缺；文字及数字要填写清楚，凭证及单位等名称要写全，不能简化；相关单位、人员的签名和盖章必须齐全。

4. 书写清楚规范

原始凭证的填制，字迹必须清晰、工整，易于辨认。

阿拉伯数字应当一个一个地写，不得连笔写。阿拉伯金额数字前面应当书写货币币种符号或者货币名称简写和币种符号。币种符号与阿拉伯金额数字之间不得留有空白。凡阿拉伯数字前写有币种符号的,数字后面不再写货币单位。

所有以元为单位(其他货币种类为货币基本单位,下同)的阿拉伯数字,除表示单价等情况外,一律填写到角分;元角分的,角位和分位可写"00",或者符号"-";有角无分的,分位应当写"0",不得用符号"-"代替。

汉字大写数字金额如零、壹、贰、叁、肆、伍、陆、柒、捌、玖、拾、佰、仟、万、亿等,一律用正楷或者行书体书写,不得用0、一、二、三、四、五、六、七、八、九、十等简化字代替,不得任意自造简化字。大写金额数字到元或者角为止的,在"元"或者"角"字之后应当写"整"字或者"正"字;大写金额数字有分的,分字后面不写"整"或者"正"字。

大写金额数字前未印有货币名称的,应当加填货币名称,货币名称与金额数字之间不得留有空白。

阿拉伯金额数字中间有"0"时,汉字大写金额要写"零"字;阿拉伯数字金额中间连续有几个"0"时,汉字大写金额中可以只写一个"零"字;阿拉伯金额数字元位是"0",或者数字中间连续有几个"0",元位也是"0"但角位不是"0"时,汉字大写金额可以只写一个"零"字,也可以不写"零"字。

发现原始凭证有错误的,不得涂改、挖补,应当由开出单位重开或者更正,更正处应当加盖开出单位的公章。

5. 填制及时

每项经济业务发生或完成后,经办业务的部门和人员必须及时取得或者填制原始凭证,并按规定的程序及时送交会计部门,不得拖延或积压,以免影响会计部门对经济业务进行会计处理,影响会计信息的报出。

6.2.3 原始凭证的审核

原始凭证是填制记账凭证的依据,为了保证原始凭证内容的真实性、合法性,防止不符合规定的原始凭证影响会计信息的质量,必须由会计部门对所有原始凭证从实质上、形式上进行严格的审核,具体审核的内容如下:

1. 审核原始凭证的真实性、合法性与合理性

审核原始凭证所填列的经济业务是否符合有关规定,内容和数字是否真实可靠,有无歪曲事实、弄虚作假的行为。根据国家有关法律法规、制度以及本单位制定的规章制度、计划预算等,审核原始凭证所填列的经济业务是否符合有关规定,有无违法乱纪、贪污舞弊等行为。

对不真实、不合法的原始凭证,不予受理。对弄虚作假、严重违法的原始凭证,在不予受理的同时,应当予以扣留,并及时向单位领导人报告,请求查明原因,追究当事人的责任。

2. 审核原始凭证的完整性、准确性

审核原始凭证应具备的基本内容是否填列齐全,有关单位、部门和人员的签字盖章是否齐全,数字计算是否准确,大小写金额是否相符,数字和文字是否清晰规范等。

对记载不准确、不完整的原始凭证予以退回,要求经办人员按照国家有关规定更正、重开,审核无误后,再办理相关的手续。

6.3 记账凭证的填制和审核

6.3.1 记账凭证的基本内容

为了正确反映经济业务,需要对原始凭证进行归类、整理,确定会计分录,编制记账凭证,为登记账簿提供直接依据。由于经济业务的内容不同,根据其原始凭证填制的记账凭证种类也不同,但是,所有记账凭证都应满足记账的要求,必须具备以下基本内容:

(1)记账凭证的名称。

(2)记账凭证填制的日期和凭证编号。

(3)经济业务的摘要。

(4)会计科目名称(总分类科目、明细分类科目)、记账方向及金额。

(5)所附原始凭证的张数。

(6)填制凭证人员、稽核人员、记账人员、会计机构负责人、会计主管人员签名或者盖章。收款和付款记账凭证还应当由出纳人员签名或者盖章。

(7)以自制的原始凭证或者原始凭证汇总表代替记账凭证的,也必须具备记账凭证应有的项目。

6.3.2 记账凭证的填制方法

1. 专用凭证的填制方法

(1)收款凭证的填制方法。

收款凭证是专门记录现金、银行存款等货币资金收入业务的记账凭证,是由会计人员根据审核无误的库存现金、银行存款和其他货币资金收入业务的原始凭证填制的。

收款凭证的日期填写收款日期,即原始凭证填制或取得的日期;凭证编号每月从收字第1号开始连续编写;摘要填写收款业务的简要说明;"借方科目"填写"库存现金""银行存款"科目;"贷方科目"填写"库存现金""银行存款"等对应的科目;金额部分填写应计入借方、贷方金额细数以及合计数;"附件"张数填写所附原始凭证的张数;记账栏是在记账后,表明所登记总账和明细账的页数或做过账标记"√",以免漏记或重记。

【例6.1】 W公司20×9年11月10日销售给M公司一批A产品,货款为1 000元,增值税为130元,收到一张1 130元的转账支票存入银行。根据银行进账单的回单、销售商品的增值税发票填制收款凭证。其填制方法见表6.17(本业务是W公司20×9年11月第6笔收款业务)。

表6.17 收款凭证

借方科目：银行存款　　　　　　20×9年11月10日　　　　　　收字第6号

对方单位	摘要	贷方科目		金额	过账	
		总账科目	明细科目	十万千百十元角分		附凭证2张
M公司	销售A产品	主营业务收入	A产品	1 0 0 0 0 0		
		应交税费	应交增值税	1 3 0 0 0		
合计				¥1 1 3 0 0 0		

主管：×××　　会计：×××　　记账：×××　　审核：×××　　制单：×××

(2) 付款凭证的填制方法。

付款凭证是专门记录现金、银行存款等货币资金付出业务的记账凭证，是由会计人员根据审核无误的库存现金、银行存款和其他货币资金付出业务的原始凭证填制的。

付款凭证的日期填写付款日期，即原始凭证填制或取得的日期；凭证编号每月从付字第1号开始连续编写；摘要填写付款业务的简要说明；"贷方科目"填写"库存现金""银行存款"科目；"借方科目"填写"库存现金""银行存款"等对应的科目；金额部分填写应计入借方、贷方金额细数以及合计数；"附件"张数填写所附原始凭证的张数；记账栏是在记账后，标明所登记总账和明细账的页数或做过账标记"√"，以免漏记或重记。

【例6.2】 W公司20×9年11月15日从E工厂购买甲材料100千克，货款为3 000元，增值税为390元，价税款以转账支票支付。根据对方开具的增值税发票、本单位的转账支票存根填制付款凭证。其填制方法见表6.18（本业务是W公司20×9年11月第3笔付款业务）。

表6.18 付款凭证

贷方科目：银行存款　　　　　　20×9年11月15日　　　　　　付字第3号

对方单位	摘要	借方科目		金额	过账	
		总账科目	明细科目	十万千百十元角分		附凭证2张
E工厂	购买甲材料	在途物资	甲材料	3 0 0 0 0 0		
		应交税费	应交增值税	3 9 0 0 0		
合计				¥3 3 9 0 0 0		

主管：×××　　会计：×××　　记账：×××　　审核：×××　　制单：×××

(3) 转账凭证的填制方法。

转账凭证是专门记录现金、银行存款和其他货币资金收付业务以外的转账业务的记账凭证。它是根据有关转账业务的原始凭证填制的。

转账凭证的日期填写转账业务发生的日期，即原始凭证填制或取得的日期；凭证编号每月从转字第1号开始连续编写;摘要填写转账业务的简要说明;金额部分填写应计入借方、贷方金额细数以及合计数;"附件"张数填写所附原始凭证的张数;记账栏是在记账后,标明所登记总账和明细账的页数或做过账标记"√",以免漏记或重记。

【例6.3】 W公司20×9年11月30日,车间填制领料单从仓库领用甲材料10千克,金额为500元,乙材料20千克,金额为700元,用于A产品的生产,根据车间填制的领料单填制转账凭证。其填制方法见表6.19(本业务是W公司20×9年11月第10笔转账业务)

表6.19 转账凭证

20×9年11月30日　　　　　　　　　　　　　　　　转字第10号

摘要	借方科目		贷方科目		金额							过账	附凭证1张
	总账科目	明细科目	总账科目	明细科目	十万	千	百	十	元	角	分		
车间领料	生产成本	A产品	原材料	甲材料			5	0	0	0	0		
	生产成本	A产品	原材料	乙材料			7	0	0	0	0		
合计					¥	1	2	0	0	0	0		

主管:×××　　会计:×××　　记账:×××　　审核:×××　　制单:×××

2.通用凭证的填制方法

由于通用凭证的格式与转账凭证基本相同,因此其填制方法与转账凭证相同。

前述提及为了简化总分类账户的登记手续,可以定期汇总编制汇总记账凭证或者科目汇总表,并据以登记总账。汇总记账凭证和科目汇总表的编制方法将在第10章介绍。

6.3.3 记账凭证的填制要求

填制各种记账凭证时,除了要严格遵循原始凭证的填制要求外,还应注意以下几点:

(1)不得把不同类型经济业务合并填列一张记账凭证。记账凭证可以根据每张原始凭证填制,或者根据若干张同类原始凭证汇总填制,也可以根据原始凭证汇总表填制,但不得将不同内容和类别的原始凭证汇总填制在一张记账凭证上。

(2)必须连续编号。填制记账凭证时,应当对记账凭证进行连续编号。填制记账凭证时使用的编号方法有:

①统一编号法。统一编号法是指按经济业务发生的先后顺序连续编号。选用通用凭证时可采用此方法。

②分类编号法。采用专用凭证时,按凭证类别各自连续编号,如收字第×号,付字第×号,转字第×号,货币资金收支业务频繁的企业,还可以细分,分别按照现金收入、现金支出、银行存款收入、银行存款支出和转账业务五类进行编号,如现收字第×号,现付字第×号,银收字第×号,银付字第×号,转字第×号。另外,采用分类编号法时,还可以用统一编号法加编总号。

③分数编号法。当一笔经济业务需要填制两张或两张以上记账凭证时,可以采用分数编号法。如某笔经济业务需要编制两张转账凭证,凭证的顺序号为30,这两张转账凭证的

编号分别为 $30\frac{1}{2}$、$30\frac{2}{2}$。

记账凭证每月更换一次编号,每月月末最后一张凭证编号右侧加注"全"字,表示全部填制完毕,便于检查有无丢失。

(3)摘要应简明扼要。记账凭证的摘要应该用简明扼要的语言,概括经济业务的主要内容。不同经济业务的摘要有不同的要求,如涉及实物资产的摘要中应注明品种、数量、单价,涉及往来款的摘要中应写明往来单位和款项的主要内容。

(4)正确填写会计分录。按照会计准则、会计制度统一规定的会计科目填写,不得只写科目编号、不写科目名称。同时,对于需要明细核算的经济业务,二级和明细科目要填写齐全,记账方向和账户对应关系要清楚。

(5)附件齐全。记账凭证所附的原始凭证必须完整无缺,并在凭证上正确注明所附原始凭证的张数。

除结账和更正错误的记账凭证可以不附原始凭证外,其他记账凭证必须附有原始凭证。如果一张原始凭证涉及几张记账凭证,可以把原始凭证附在一张主要的记账凭证后面,并在其他记账凭证上注明附有该原始凭证的记账凭证的编号或者附原始凭证复印件。

一张原始凭证所列支出需要几个单位共同负担的,应当将其他单位负担的部分,开给对方原始凭证分割单,进行结算。原始凭证分割单必须具备原始凭证的基本内容。

(6)若填制记账凭证时发生错误,应当重新填制。已经登记入账的记账凭证,在当年内发现填写错误时,可以用红字填写一张与原内容相同的记账凭证,在摘要栏注明"注销某月某日某号凭证"字样,同时再用蓝字重新填制一张正确的记账凭证,注明"订正某月某日某号凭证"字样。如果会计科目没有错误,只是金额错误,也可以将正确数字与错误数字之间的差额,另编一张调整的记账凭证,调增金额用蓝字,调减金额用红字。发现以前年度记账凭证有错误的,应当用蓝字填制一张更正的记账凭证。

(7)记账凭证填制完经济业务事项后,如有空行,应当自金额栏最后一笔金额数字下的空行处至合计数上的空行处划线注销。

实行会计电算化的单位,机制记账凭证应符合上述要求,打印出的机制记账凭证要加盖制单人员、审核人员、记账人员及会计机构负责人、会计主管人员印章或者签字。

此外,记账凭证中的文字、数字等书写要求与原始凭证相同。

6.3.4 记账凭证的审核

记账凭证是登记账簿的直接依据,为了保证账簿记录的正确性以及会计信息的质量,记账之前必须由专人对已编制的记账凭证进行认真、严格的审核。

(1)审核记账凭证是否附有原始凭证,原始凭证是否齐全,记账凭证的内容与所附原始凭证的内容是否相符,金额是否一致等。

(2)审核记账凭证中会计分录是否正确。审核应借、应贷总账科目和明细科目是否正确,账户对应关系是否正确,金额是否正确。

(3)审核记账凭证的其他内容是否齐全、正确。

(4)审核记账凭证的文字、数字等的书写是否规范、清晰等。

6.4 会计凭证的传递与保管

6.4.1 会计凭证的传递

会计凭证的传递是指从会计凭证的取得或填制时起,到归档保管止,会计凭证在单位内部有关部门和人员之间按照规定的传递时间和程序进行处理的过程。会计凭证的传递包括会计凭证传递的时间、程序和在传递过程中的衔接手续。

按照规定,会计凭证应当及时传递,不得积压。正确、合理地组织会计凭证的传递,对于及时处理和登记经济业务,协调单位内部各部门、各环节的工作,加强岗位责任制,实行会计监督,具有重要的作用。

会计凭证传递的时间,是指各种会计凭证在传递过程中在各个环节的滞留时间。各单位应组织人员合理确定传递时间,既要保证所有业务手续能够有充分的时间完成,又要保证较高的工作效率,避免推迟完成经济业务和及时记账。

会计凭证的传递程序规定了有关经济业务的办理程序和有关部门、人员应承担的责任。各单位应由会计部门在调查研究的基础上,会同有关部门、人员共同协商确定。各单位会计凭证的传递程序应当科学、合理,具体办法由各单位根据会计业务需要自行规定。

会计凭证传递过程中的衔接手续,应该做到既完备严密又简便易行,以保证会计凭证的安全和完整。

因此,各单位应该根据本单位经济业务的特点、机构设置、人员分工情况以及经营管理的需要,确定本单位会计凭证传递的时间、程序和在传递过程中的衔接手续。

6.4.2 会计凭证的保管

会计凭证的保管是指会计凭证记账后的整理、装订、归档和存查工作。

会计凭证是记账的依据,是重要的经济档案和历史资料,因此,会计机构、会计人员要妥善保管会计凭证,不得丢失和任意销毁。会计凭证的保管应做到以下几点:

1. 定期归类整理,装订成册

会计凭证登记完毕后,应将记账凭证连同所附的原始凭证或者原始凭证汇总表,按照编号顺序,折叠整齐,按期装订成册,并加具封面,注明单位名称、年度、月份和起讫日期、凭证种类、起讫号码,由装订人在装订线封签外签名或者盖章。

对于数量过多的原始凭证,可以单独装订保管,在封面上注明记账凭证日期、编号、种类,同时在记账凭证上注明"附件另订"和原始凭证名称及编号。

各种经济合同、存出保证金收据以及涉外文件等重要原始凭证,应当另编目录,单独登记保管,并在有关的记账凭证和原始凭证上相互注明日期与编号。

装订好的会计凭证应当按照分类和编号顺序保管,不得散乱丢失。

2. 归档保管,建立调阅制度

当年形成的会计档案,在会计年度终了后,可由单位会计管理机构临时保管一年,再移交单位档案管理机构保管。因工作需要确实要推迟移交的,应当经单位档案管理机构同意。单位会计管理机构临时保管会计档案最长不超过三年。临时保管期间,会计档案的保管应当符合国家档案管理的有关规定,且出纳人员不得兼管会计档案。单位保存的会计档案一般不得对外借出。但因工作需要且根据国家有关规定必须借出的,应当严格按照规定办理相关手续。

3. 按规定期限保存,销毁凭证

会计凭证的保管期限和销毁手续,必须严格执行有关规定,任何人都无权随意销毁会计凭证。企业会计凭证的保管期限为 30 年。

本章小结

会计凭证是记录经济业务、明确经济责任的书面证明,也是登记账簿的依据。任何一项经济业务的发生都必须填制或取得真实、合法的会计凭证。填制和审核凭证是会计工作的基础和起点,也是会计核算方法之一。所有的会计凭证都要由会计部门审核无误后才能作为记账的依据。

会计凭证按其填制程序和用途的不同,可以分为原始凭证和记账凭证。

原始凭证是在经济业务发生或完成时取得或填制的,用以记录经济业务的执行或完成情况,明确经济责任并具有法律效力的书面证明。原始凭证按来源不同,可以分为外来原始凭证和自制原始凭证。原始凭证按填制手续和内容,分为一次凭证、累计凭证和汇总凭证。外来凭证都是一次凭证,大多数自制凭证也都是一次凭证。每种原始凭证都必须具备原始凭证名称;填制日期和凭证编号;接受单位或个人名称;经济业务的内容摘要;经济业务的中实物名称、数量、单价及金额;填制单位的名称或填制人姓名;经办人员的签名或者签章等基本内容。

原始凭证应该按照真实可靠;内容完整、手续完备;书写清楚规范;字迹清晰、工整,易于辨认;填制及时的要求填制,并经过实质上、形式上的审核无误后才能据以记账。

记账凭证是根据审核无误的原始凭证或原始凭证汇总表填制的,用来记录经济业务的简要内容,确定会计分录,并作为记账直接依据的会计凭证。记账凭证按用途不同,可以分为专用记账凭证和通用记账凭证。按填制方法不同,可以分为复式记账凭证和单式记账凭证。按是否汇总,可以分为单一记账凭证、汇总记账凭证和科目汇总表(也称记账凭证汇总表)。记账凭证应具备名称;填制的日期和凭证编号;经济业务的摘要;会计科目名称;所附原始凭证的张数;有关人员签名或者盖章等基本内容。

收、付款凭证是根据审核无误的收、付款业务的原始凭证填制的;转账凭证是根据审核无误的转账业务的原始凭证填制的。通用凭证的填制方法与转账凭证相同。

记账凭证是登记账簿的直接依据,必须由专人对已编制的记账凭证进行认真、严格的审核,以便保证账簿记录的正确性以及会计信息质量。

从会计凭证的取得或填制时起,到归档保管止,会计凭证在单位内部有关部门和人员之间按照规定的传递时间和程序进行传递。各单位应根据本单位经济业务的特点、机构设置、人员分工情况以及经营管理的需要,正确、合理地组织会计凭证的传递。会计凭证应按照规定整理、装订成册、归档保管,建立调阅制度,按规定期限保存、销毁凭证。

思考题

1. 什么是会计凭证？会计凭证有哪些作用？
2. 什么是原始凭证？原始凭证应如何分类？
3. 原始凭证的基本内容有哪些？原始凭证有哪些填制要求和审核要求？
4. 什么是记账凭证？记账凭证应如何分类？
5. 记账凭证编号方法有哪几种？
6. 各类记账凭证如何填制？如何审核？

案例分析

结合所学知识回答本章开头案例中小张的疑问。

练习题

利用第4章W公司的经济业务资料练习填制记账凭证(包括专用记账凭证、通用记账凭证)。

第7章

会计账簿

学习目标

- 掌握会计账簿的定义和种类
- 掌握账簿的设置和登记方法
- 掌握账簿启用、登记、更正错账的方法
- 掌握对账和结账方法
- 熟悉账簿的更换和保管要求

> 关键术语
>
> 账簿　account book
> 分类账　ledger
> 总分类账　general ledger
> 明细分类账　subsidiary ledger
> 日记账　journal checking
> 结账　closing checking
> 对账　account checking

学习了会计凭证后，小张知道了企业发生业务后要取得或填制原始凭证，经过审核无误后再据以编制记账凭证（编制会计分录），之后还要进行审核，最后再记账。账簿有哪几种？如何根据会计凭证登记账簿？

7.1　会计账簿的意义和种类

7.1.1　会计账簿的意义

在会计核算过程中，从原始凭证到记账凭证，按照一定的会计科目和复式记账原理，将大量的经济信息转化为会计信息记录在记账凭证上。但是，会计凭证虽能提供会计信息，但只能是零散地记录和反映个别业务，不能全面、系统地反映经济业务的完成情况，为了把分散在会计凭证中的大量核算资料加以集中归类反映，为经营管理提供系统、完整的核算资料，并为编制会计报表提供依据，就必须设置和登记账簿。设置和登记账簿是会计核算的重要方法之一。

会计账簿简称账簿，是以会计凭证为依据，全面、系统、序时、分类、连续地记录和反映各项经济业务的簿籍，它由具有一定格式又互相联系的账页组成。从外表形式上看，账簿是由若干预先印制成专门格式的账页组成的。在会计实务中，将会计科目填入账页后，该账页就成为记录、反映该会计科目所规定的核算内容的账户，各账户之间的相互关系通过账户对应关系来体现。因此簿籍是账簿的外表形式，账户记录才是账簿的内容。

设置和登记账簿是会计核算的一项重要内容，账簿的设置和登记对于全面、系统、序时、分类、连续反映各项经济业务，充分发挥会计在经济管理中的作用，具有重要的意义。

1. 可以提供较全面、系统的会计信息，为编制会计报表提供依据

通过账簿的设置与登记，把会计凭证所提供的大量核算资料，归类到各种账簿中，提供总括指标和详细指标，并进行序时记录和核算。通过账簿设置和登记，正确反映各项会计信息的具体情况，为改善企业经营管理、合理地使用资金提供有用的会计核算资料。

会计账簿是连接会计凭证和会计报表的中间环节，为了总结一定时期的经济业务情况，必须将账簿所记录的经济业务进行结账，计算出各个账户的本期发生额和期末余额，并与实际相核对,在账实相符的基础上,据以编制会计报表。

2. 确保财产物资的安全完整

通过设置和登记账簿,可以连续反映各项财产物资的增减变动及其结存情况,并借助于财产清查、账目核对等,反映财产物资的真实情况,发现问题及时解决,以保证财产物资的安全完整。

3. 可以提供经营成果的详细资料,为财务成果分配提供依据

通过不同账户的设置与登记,可以确定财务成果,财务成果确定后,才能按规定的方法进行利润分配或亏损弥补。

4. 为开展财务分析和会计检查提供依据

通过设置与登记会计账簿,提供各种会计核算资料,利用这些资料进行会计分析,一方面可以改善经营管理,另一方面利于会计检查,实施会计监督。账簿是重要的会计档案,便于会计资料保存和日后查证。

7.1.2 会计账簿的种类

账簿的种类是多种多样的,一般来说,账簿可以按用途、外表形式和账页格式进行分类。

1. 按账户的用途分类

账簿按其用途的不同,可分为序时账簿、分类账簿和备查账簿。

(1) 序时账簿。

序时账簿又称日记账,它是按经济业务发生和完成时间的先后顺序,逐日逐笔连续进行登记的账簿。按其记录的内容不同,又分为普通日记账和特种日记账。

普通日记账是用来登记全部经济业务发生情况的日记账,通常把每天所发生的经济业务,按照业务发生的先后顺序,编成会计分录计入账簿中,所以又称为分录日记账。

特种日记账是用来记录某一类经济业务发生情况的日记账,通常把某一类比较重要的经济业务,按发生的时间先后顺序记入账簿中。如为了加强货币资金的管理,单独设立的现金日记账和银行存款日记账,就是专为提供现金和银行存款收付情况的详细资料而设置的特种日记账。在会计实务中,为了简化记账手续,除了现金和银行存款收付要记入现金和银行存款日记账以外,其他各项目一般不再设置特种日记账进行登记。

(2) 分类账簿。

分类账簿简称分类账,是按照账户的分类对经济业务进行核算和监督的账簿。分类账簿按其反映指标的详细程度,可分为总分类账簿和明细分类账簿。

总分类账簿又称总分类账,简称总账,是根据总分类科目开设,用以记录全部经济业务总括核算资料的分类账簿。

明细分类账簿又称明细分类账,简称明细账,是根据总账科目设置,按其所属明细科目开设,用以记录某一类经济业务详细资料的分类账。

(3) 备查账簿。

备查账簿又称辅助账簿,是对某些不能在日记账和分类账中记录的经济事项或记录不全的经济业务进行补充登记的账簿,主要是为某些经济业务的经营决策提供必要的参考资料,如以经营租赁方式租入固定资产的登记簿、受托加工材料登记簿等。备查簿不一定在每个单位都设置,应根据各单位的实际需要确定。备查簿没有固定的格式,可由各单位根据管理的需要自行设计,也可使用分类账的账页格式。

2. 按账户的外表形式分类

账簿按其外表形式,可分为订本式账簿、活页式账簿及卡片式账簿。

(1)订本式账簿。

订本式账簿又称订本账,是在账簿启用前,就把若干账页按顺序编号并固定装订成册的账簿。

优点:采用订本式账簿,能够避免账页散失,防止人为抽换账页。

缺点:由于账页序号和总数已经固定,不能增减,开设账户时,必须为每个账户预留账页,因此此使用中可能出现某些账户预留账页不足,而另外一些账户预留账页过多,造成浪费的现象。另外,采用订本式账簿,在同一时间里,只能由一个人登账,不能分工同时记账,不利于分工协作。

订本式账簿主要适用于总分类账、现金日记账及银行存款日记账。

(2)活页式账簿。

活页式账簿又称活页账,是在启用前和使用过程中把账页置于活页账夹内,可以随时增添或取出账页的账簿。

优点:在记账时可根据实际需要,随时增减账页,不仅便于连续登记和记账人员分工,还便于实现记账工作自动化。

缺点:账页容易丢失和被抽换。为此,空白账在使用时必须按顺序编号并装置在活页账夹内,更换新账以后,要将用过的装订成册,并妥善保管。

活页账一般用于各种明细分类账。

(3)卡片式账簿。

卡片式账簿又称卡片账,是由专门格式、分散的卡片作为账页组成的账簿。采用卡片式账簿的优缺点与活页账簿相同,所以在登记卡片式账簿时,必须按顺序编号并装置在卡片箱内,由专人保管。

卡片账主要适用于记录内容比较复杂的财产明细账,如固定资产明细账。

3. 按账页的格式分类

账簿按照账页格式的不同,可以分为三栏式、数量金额式和多栏式账簿。

(1)三栏式账簿。

三栏式账簿的账页是只设"借方""贷方"和"余额"三个金额栏。其格式见表7.1。

表7.1 明细分类账(三栏式)

年		凭证号	摘要	对方科目	借方	贷方	借或贷	余额
月	日							

三栏式账簿适用于日记账、总分类账及有关债权、债务结算的明细账等只需要进行金额核算而不需要进行数量核算的账户,如"总分类账户""现金日记账""银行存款日记账""应收账款明细账""应付账款明细账"等。

（2）数量金额式账簿。

数量金额式账簿的账页是在借方(收入)、贷方(发出)和余额(结存)三栏内,再分别设有"数量""单价""金额"等项目,以分别登记实物的数量和金额。其格式见表7.2。

表7.2 明细分类账(数量金额式)

类别： 编号：
品名或规格： 存放地点：
储备定额： 计量单位：

年		凭证号	摘要	收入			发出			结存		
月	日			数量	单价	金额	数量	单价	金额	数量	单价	金额

数量金额式账簿适用于既要进行金额明细核算,又要进行数量明细核算的财产物资明细账户,如"原材料""库存商品"明细账。它能提供各种财产物资收入、发出、结存等的数量和金额资料,便于开展业务和加强管理的需要。

（3）多栏式账簿。

多栏式账簿不是按明细科目分设账页,而是根据经济业务的特点和经营管理的需要,在一张账页内的借方或贷方分设若干专栏,记录某一科目所属的各明细科目的内容。多栏式明细账可以设置借方、贷方和余额三大栏,也可只设借(或贷)方和余额两栏,采用两栏格式时,减少额要用红字进行登记。

多栏式明细账适用于只记金额,不记数量,而且在管理上需要了解其构成内容的费用、成本、收入、利润等。

费用明细账一般在借方设多栏,若需冲减有关费用的事项,可以用红字在借方登记。如"管理费用""销售费用""生产成本""制造费用"等明细账。多栏式费用明细账的一般格式见表7.3。

表7.3 明细账(借方多栏式)

年		凭证号	摘要	借方科目				余额
月	日						合计	

收入明细账一般在贷方设多栏,若需冲减有关收入的事项,可以用红字在贷方登记,如

"主营业务收入""其他业务收入"等明细账。多栏式收入明细账的一般格式见表7.4。

表7.4 明 细 账(贷方多栏式)

年		凭证号	摘要	贷方科目				余额
月	日						合计	

财务成果明细账一般按借方和贷方分设多栏,如"本年利润""利润分配"等明细账。其格式见表7.5。

表7.5 明细账(借方、贷方均设多栏)

年		凭证号	摘要	借方科目			贷方科目			借或贷	余额
月	日					合计			合计		

7.2 会计账簿的设置和登记

7.2.1 会计账簿的基本内容

各种账簿记录的经济内容不同,账簿的格式也多种多样。不同账簿的格式所包括的具体内容不尽一致,但各种账簿应具备的基本内容是相同的,主要有以下三项内容。

(1)封面。封面主要标明账簿的名称和记账单位名称。如某单位总分类账、债权债务明细分类账等。

(2)扉页。扉页主要列明账户目录和账簿使用登记表。账簿使用登记表主要填明启用日期和截止日期、页数、册次,经管账簿人员一览表和签章,会计主管签章等。

(3)账页。账页是账簿的主要内容。因反映经济业务内容的不同,故账页有不同的格式。尽管格式不同,但账页包含的基本内容是相同的。其基本内容包括:账户名称(总账科目、二级或明细科目);记账日期栏;凭证种类和号数栏;摘要栏(记录经济业务内容的简要说明);金额栏(记录经济业务增减数额的变动);总页次和分户页次。

7.2.2 会计账簿的设置原则

根据有关规定,各单位要根据国家会计准则、会计制度的规定和单位的需要设置会计账簿。设置账簿时应遵循以下原则:

(1)账簿的设置要确保能够全面、连续、系统地核算和监督各项经济业务,为经营管理和编制会计报表提供会计核算资料。

(2)在保证满足实际需要的前提下,尽量节约人力、物理和财力,降低会计管理的成本。

(3)账簿的格式既要满足记录经济业务的需要,又要力求简明实用,避免繁琐重复。

7.2.3 日记账的设置和登记

日记账是用来逐日逐笔序时连续地反映企业发生的全部经济业务,并需逐笔过账,工作量相当大,也不便于会计人员的分工记账。随着管理上对会计所提供的信息和分工记账要求的不断提高,在会计实务中日记账也经历了一个由简单到复杂的发展过程,即从普通日记账发展到专栏日记账,进而又发展到特种日记账的过程。特种日记账是用来连续记录某一类经济业务的完成情况,为了逐日反映货币资金的收入情况,企业应设置现金和银行存款日记账。

1. 普通日记账的设置和登记

普通日记账是用来登记全部经济业务的日记账。账页格式一般只设置借方和贷方两个金额栏,以便分别记入各项经济业务所确定的账户名称及金额,也称两栏式日记账或分录簿。其格式见表7.6。

表7.6 普通日记账

20×8年		凭证号	摘 要	会计科目	金 额		过账
月	日				借 方	贷 方	
4	1	付1	从银行提取现金	库存现金	1 000		
				银行存款		1 000	
	6	收1	向银行借入一年期借款	银行存款	200 000		
				短期借款		200 000	
	8	付2	购入设备	固定资产	250 000		
				银行存款		25 000	
	……	……	……	……	……	……	
	26	转16	分配职工工资	生产成本	30 000		
				制造费用	20 000		
				管理费用	10 000		
				应付职工薪酬		60 000	
	……	……	……	……	……	……	

经济业务发生时,应按先后顺序逐日记入普通日记账,再根据日记账过入分类账,然后在"过账"栏内注明"√"符号,表示已经过账。这样就可使记账的错误和遗漏减到最少限度,并便于事后根据业务发生的时间次序进行查账。

普通日记账的优点是可以将每天发生的经济业务逐笔加以反映;缺点是不便于分工记账,而且不能将经济业务加以分类归集,过账的工作量比较大。

2.特种日记账的设置和登记

特种日记账是用来专门记录某一类经济业务的日记账。企业最常见的特种日记账有现金日记账和银行存款日记账,它们是专门用于记录货币资金收支情况的日记账。特种日记账必须采用订本式账簿,不得用银行对账单或者其他方式代替日记账。特种日记账的格式一般采用三栏式,也可采用多栏式,采用哪种格式取决于所采用的账务处理程序(账务处理程序在第10章介绍)。

(1)三栏式特种日记账。

①三栏式现金日记账。三栏式现金日记账是在账页上设置"借方""贷方"和"余额"三栏。为了清晰地反映现金收付业务的具体内容,在"摘要"栏后还专设"对方科目"栏,用来登记对方科目名称。

现金日记账通常由出纳人员根据审核无误的现金收款凭证、现金付款凭证和银行存款付款凭证逐日逐笔顺序登记。每日登记完现金的收付款业务后,计算出现金收入合计和支出合计数,并结出每日的账面余额,并将现金日记账的账面余额与库存现金实存数进行核对,以检查两者是否相符。三栏式现金日记账格式见表7.7。

表7.7 现金日记账(三栏式)

20×8年		凭证号数	摘要	对方科目	借方	贷方	余额
月	日						
1	1		上年结转				1 200
	7	付1	提取现金备用	银行存款	1 500		
	7	收1	变卖废品收入	营业外收入	200		
	7	收2	职工退差旅费余额	其他应收款	50		
	7	付2	购买办公用品	管理费用		750	
	7		本日合计		1 750	750	2 200
	……	……	……	……	……	……	……
	31		本日合计		600	800	2 000
1	31		本月合计		24 900	24 100	2 000

②三栏式银行存款日记账。三栏式银行存款日记账与三栏式现金日记账基本相同,只是为了便于对账,也便于反映银行存款收付所采用的结算方式,银行存款日记账还专设"结算凭证种类和号数"栏。

银行存款日记账通常由出纳人员根据审核无误后的银行存款收款凭证、银行存款付款凭证和现金付款凭证逐日逐笔顺序登记。

每次收付银行存款后,应随时结出银行存款的余额,至少将每日收付款项逐笔登记完毕后,计算出每日银行存款的收入合计、支出合计及账面余额,以便于定期同银行送来的对账单核对,并随时检查、监督各种款项收付,避免因超过实有余额付款而出现透支。三栏式银行存款账户的格式见表7.8。

表7.8 银行存款日记账(三栏式)

20×8年		凭证号	摘要	结算凭证		对方科目	收入	支出	余额
月	日			种类	号数				
1	1		上年结转						12 000
	5	收1	收到Y公司所欠货款	转账支票	110	应收账款	1 500		
	5	付1	提取现金	现金支票	12	库存现金		1 500	
	5	收2	收到投资款	略	021	实收资本	500 000		
	5	付2	交纳上月税款	略	220	应交税费		2 000	
	5	付3	支付购货款	略	221	在途物资		9 500	
	5		本日合计				501 500	13 000	500 500
	……		……				……	……	……
1	31		本月合计				552 000	450 000	114 000

若一个单位开设有若干个银行存款户,应分别设户登记,便于与银行核对,有利于银行存款的管理。

为了坚持内部牵制原则,实现钱、账分管,出纳人员不得负责登记现金日记账和银行存款日记账以外的任何账簿。出纳员登记现金和银行存款日记账后,应将各种收付款凭证交由会计人员据以登记总分类账及有关的明细分类账。通过"库存现金"和"银行存款"总账与日记账的定期核对,达到控制现金日记账和银行存款日记账的目的。

(2)多栏式特种日记账。

在会计实务中,为了反映现金或银行存款的来源和去向,现金日记账和银行存款日记账也可采用多栏式。其格式有三种,分别为多栏式现金(银行存款)日记账、多栏式现金(银行存款)收入日记账、多栏式现金(银行存款)支出日记账。多栏式现金日记账的格式见表7.9~7.11。(多栏式银行存款日记账格式略)

表7.9 现金日记账(多栏式)

年		凭证号	摘要	借方			贷方			余额
月	日					合计			合计	

表7.10 现金收入日记账(多栏式)

年		凭证号	摘要	贷方科目		支出合计	余额
月	日				合计		

表7.11 现金支出日记账(多栏式)

年		凭证号	摘要	借方科目				支出合计
月	日							

在设置多栏式现金日记账、多栏式银行存款日记账的情况下,可将多栏式日记账中的各科目的发生额作为登记总分类账的依据,但必须加强对多栏式日记账的控制和监督。

多栏式现金日记账、多栏式银行存款日记账的登记,可以采用以下两种方法:

①由出纳人员根据审核后的收、付款凭证逐日逐笔登记现金和银行存款的收入日记账与支出日记账,每日应将支出日记账中当日支出合计数,转入收入日记账中当日支出合计栏内,以结算当日账面结余额。会计人员应对多栏式现金和银行存款日记账的记录加强检查监督,并于月末根据多栏式现金和银行存款日记账各专栏的合计数,分别登记有关总分类账户。

②另外设置现金和银行存款出纳登记簿,由出纳人员根据审核后的收、付款凭证逐日逐笔登记,以便逐笔掌握库存现金收付情况并同银行核对收付款项。然后将收、付款凭证交由会计人员据以逐日汇总登记多栏式现金日记账和银行存款日记账,并于期末根据日记账登记总账。出纳登记簿与多栏式现金和银行存款日记账要相互核对。采用这种登账方法有利于加强内部控制和监督。

7.2.4 分类账的设置和登记

1.总分类账的设置和登记

总分类账是按照总分类科开设的用来分类登记全部经济业务的账簿。它能总括地反映各会计要素具体内容的增减变动和变动结果,能够全面、总括地反映经济活动情况,并为编制会计报表提供资料,任何单位都要设置总分类账。

在总分类账中,应按照会计科目的编码顺序分设账户,并为每个账户预留若干账页。

总分类账一般采用借方、贷方、余额三栏式的订本账。其格式见表7.12。根据实际需要,在总分类账中的借、贷两栏内也可增设对方科目栏,或采用多栏式总分类账的格式。多栏式总分类账是把所有的总账科目合并设在一张账页上。其格式见表7.13。

表 7.12 总分类账(三栏式)

账户名称：

年		凭证号	摘要	借方	贷方	借或贷	余额
月	日						

表 7.13 总分类账(多栏式)

年		凭证号	摘要	发生额	科目		科目		科目		……	科目	
月	日				借	贷	借	贷	借	贷		借	贷

总分类账的登记方法很多,可以根据各种记账凭证逐笔登记,也可以定期汇总登记,具体方法取决于所采用的账务处理程序。

2．明细分类账的设置和登记方法

明细分类账是详细记录某一经济业务的账簿。根据实际需要,各种明细分类账分别按照二级科目或明细科目开设账户,并为每个账户预留若干账页,用来分类、连续地记录详细资料。明细分类账所提供的有关经济活动的详细资料,也是编制会计报表的依据之一。

各个单位根据经营管理的需要,为各种材料物资、应收应付款项、收入、费用、利润等有关总账科目设置各种明细分类账,进行明细分类核算。

明细分类账一般采用活页式账簿,也有的采用卡片式账簿(如固定资产明细账)。

根据经济管理要求的不同,明细账所记录的内容也不同,明细账可以选择三栏式、多栏式和数量金额式三种格式。

明细账由会计人员根据审核无误的记账凭证及所附的原始凭证或原始凭证汇总表逐笔登记。

7.3 会计账簿的启用与登记规则

账簿是重要的会计档案,登记账簿是会计核算的基础环节,必须认真、严肃对待,为了做好记账工作,必须严格遵守各项记账要求。

7.3.1 账簿启用规则

为了保证账簿记录的合法性,明确记账责任,启用会计账簿时,应当在账簿封面上写明单位名称和账簿名称。在账簿扉页上附启用表,内容包括启用日期、账簿页数、记账人员和会计机构负责人、会计主管人员姓名,并加盖名章和单位公章。记账人员或者会计机构负责人、会计主管人员调动工作时,应当注明交接日期、接办人员或者监交人员姓名,并由交接双方人员签名或者盖章。其一般格式见表7.14。

表7.14 会计账簿启用表

单位名称		账簿名称		印鉴	
账簿编号		账簿册数共　　册,第　　册			
账簿页数		本账簿共计使用　　页			
启用日期					
截止日期					
责任者盖章	记账		审核	会计主管	部门领导
交接记录					
交接日期	移交人		接管人	交接盖章	会计主管
印花税票					

启用订本式账簿,应填制以下内容:
(1)填写封面、单位名称和账簿名称。
(2)填写账簿启用表。
(3)填写账户目录,其内容有账户名称、各账户页数。其格式见表7.15。

表7.15 账户目录

页数	账户名称	页数	账户名称	页数	账户名称

(4)贴印花税票。

对于未印制顺序号的账簿,应从第一页到最后一页顺序编定页数,不得跳页、缺号。使用活页式账页,应按账页顺序编号,并需定期装订成册。装订后再按实际使用的账页顺序编定页数,另加目录,记明每个账户的名称和页次。

7.3.2 账簿登记规则

账簿作为重要的会计档案资料和会计信息的主要储存工具,必须按规定的方法,依据审

核无误的记账凭证进行登记。进行账簿登记,一般应遵循下列原则:

(1)登记账簿时应当将会计凭证日期、编号、业务内容摘要、金额和有关资料逐项记入账内,做到数字准确、摘要清楚、登记及时、字迹工整。登记完毕后,要在记账凭证上签名或者盖章,并注明已经登账的符号"√",表示已登记入账。

(2)账簿中书写的文字和数字上面要留有适当空格,不要写满格,一般应占格距的1/2。

(3)登记账簿要用蓝黑墨水或者碳素墨水书写,不得使用圆珠笔或者铅笔书写。红色墨水只能在以下情况使用:

①按照红字冲账的记账凭证,冲销错误记录。
②在不设借(或贷)栏的多栏式账页中,登记减少数。
③在三栏式账户的余额栏前,如未印明余额的方向,在余额栏内登记负数余额。
④会计制度中规定用红字登记的其他记录。

(4)各种账簿按页次顺序连续登记,不得跳行、隔页。如果发生跳行、隔页,应当将空行、空页划线注销(红线对角划掉),或者注明"此行空白""此页空白"字样,并由记账人员签名或者盖章。

(5)账簿记录发生错误,不准涂改、挖补、刮擦或者用药水消除字迹,必须按照规定的方法进行更正。

(6)凡需要结出余额的账户,结出余额后,应当在"借或贷"等栏内写明"借"或者"贷"等字样。没有余额的账户,应当在"借或贷"等栏内写"平"字,并在余额栏内用"0"表示。现金日记账和银行存款日记账必须逐日结出余额。

(7)每一账页登记完毕结转下页时,应当结出本页合计数及余额,写在本页最后一行和下页第一行有关栏内,并在摘要栏内分别注明"过次页"和"承前页"字样;也可以将本页合计数及金额只写在下页第一行有关栏内,并在摘要栏内注明"承前页"字样。对需要结计本月发生额的账户,结计"过次页"的本页合计数应当为自本月初起至本页末止发生额合计数;对需要结计本年累计发生额的账户,结计"过次页"的本页合计数应当为自年初起至本页末止的累计数;对既不需要结计本月发生额,也不需要结计本年累计发生额的账户,可以只将每页末的余额转次页。

(8)实行会计电算化的单位,总账和明细账应当定期打印,发生收款和付款业务的,在输入收款凭证和付款凭证的当天必须打印出现金日记账和银行存款日记账,并与库存现金核对无误。

7.3.3 错账更正规则

记账是会计核算的一个重要环节,会计人员应按照会计制度规定,尽最大努力把账记准,减少差错,保证账簿资料的正确、可靠。但是由于种种原因,可能出现错账。错账有多种类型,归纳起来,有证错和账错两种。证错就是记账凭证中错填会计科目和金额,引起账簿记录的错误。账错就是记账和结算账户时发生的错误,如漏记、重记、记反、记串账户及记错金额等。为了迅速、准确地更正错账,必须采用比较合理的方法查找错账。

1.错账的查找方法

(1)个别检查法。

个别检查法是针对错账的数字进行检查的方法,包括差数法、倍数法和除9法三种方法,适用于检查方向记反、数字错位、数字颠倒等造成的记账错误。

①差数法。首先确定错账的差数,再根据差数去查找错误的方法。该法常用于查找漏记账目。

②倍数法。倍数法也称除2法。首先计算出借方和贷方的差额,再根据差额的一半来查找错误的方法,常用于查找记反方向造成的错账。

③除9法。首先计算出借方和贷方的差额,再除以9来查找错误的方法,常用于查找数字错位和数字颠倒造成的错账。

(2)全面检查法。

全面检查法就是对一定时期的账目进行全面核对的检查方法,包括顺差法和逆差法两种方法。

①顺查法。按照记账的顺序,从头到尾依次检查原始凭证、记账凭证、总账、明细账和试算平衡表等进行检查。

②逆差法。与记账的顺序相反,首先检查试算平衡表中的数字计算是否正确,其次检查各账户的计算是否正确,再核对各账簿与记账凭证是否相符,最后检查记账凭证与原始凭证是否相符。

2. 错账更正方法

发现错账后,应视其错误的具体情况,采用不同的方法更正,错账更正方法包括以下三种:

(1)划线更正法。

划线更正又称红线更正。如果发现账簿记录有错误,而其所依据的记账凭证没有错误,即纯属记账时文字或数字的笔误,应采用划线更正的方法进行更正。

更正的方法是:先将错误的文字或数字划一条红色横线注销,但必须使原有字迹仍可辨认,以备查考;然后,在划线的上方用蓝字或黑字将正确的文字或数字填写在同一行的上方位置,并由更正人员在更正处盖章,以明确责任。

采用划线更正法进行错账更正时应注意:对于文字差错,可只划去错误的部分,不必将与错字相关联的其他文字划去;但对于数字差错,应将错误的数额全部划去,不得只更正错误数额中的个别数字。

【例7.1】 记账时把23 400误记为32 400,记账凭证未错,应在账簿上将32 400全部用红线划去,在上方填上正确的23 400,并盖章。

(2)红字更正法。

红字更正又称红字冲销。在会计上,以红字记录表明对原记录的冲减。红字更正有以下两种情况:

①根据记账凭证所记录的内容记账以后,发现记账凭证中的应借、应贷会计科目或记账方向有错误,且记账凭证同账簿记录的金额相吻合。

更正的方法是:先用红字金额填制一张与原错误记账凭证内容完全相同的记账凭证,在"摘要"栏注明"注销某月某日某号凭证"字样,并据以用红字登记入账,冲销原有错误的账簿记录,同时再用蓝字或黑字填制一张正确的记账凭证,"摘要"栏注明"订正某月某日某号凭证"字样,据以用蓝字或黑字登记入账。如果所修改的是往年的错误凭证,那么在"某月某日"前务必加上"某年"字样。

采用红字更正法更正错账时应注意:若在错误的记账凭证中采用复式记账凭证,一个科目发生错误,也必须根据复式记账原理,将原有错误记账凭证全部冲销,以反映更正原错误凭证的内容,不得只用红字填制更正单个会计科目的单式记账凭证;若采用单式记账凭证,应只用红字填制更正单个会计科目的单式记账凭证。

【例 7.2】 生产车间生产 A 产品领用甲材料一批,计 25 000 元,编制记账凭证时,误将"生产成本"科目写为"制造费用"科目,并已登记入账。

原错误的会计分录如下:

借:制造费用　　　　　　　　　　　　　　　　　　　　　　25 000
　　贷:原材料——甲材料　　　　　　　　　　　　　　　　　　25 000

发现错误时,先用红字金额填制一张记账凭证,并登记入账。

借:制造费用　　　　　　　　　　　　　　　　　　　　　　25 000
　　贷:原材料——甲材料　　　　　　　　　　　　　　　　　　25 000

再用蓝字填制一张正确的记账凭证,并登记入账。

借:生产成本——A 产品　　　　　　　　　　　　　　　　　25 000
　　贷:原材料——甲材料　　　　　　　　　　　　　　　　　　25 000

上述分录过账后,有关账户的记录如图 7.1 所示。

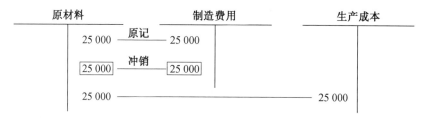

图 7.1　账户记录

②根据记账凭证所记录的内容记账以后,发现记账凭证中应借、应贷的会计科目、记账方向都没有错误,只是所记金额大于应记的正确金额,记账凭证和账簿记录的金额相吻合。

更正的方法是:将多记的金额用红字填制一张与原错误记账凭证所记载的借贷方向相同,应借、应贷会计科目相同的记账凭证,"摘要"栏注明"冲销某月某日某号凭证多记金额",并据以用红字登记入账,以冲销多记金额,得到正确金额。如果所修改的是往年的错误凭证,那么在"某月某日"前务必加上"某年"字样。

【例 7.3】 生产车间领用甲材料,计 5 000 元,为一般耗用,编制记账凭证时误写成 50 000 元。

错误的会计分录如下:

借:制造费用　　　　　　　　　　　　　　　　　　　　　　50 000
　　贷:原材料——甲材料　　　　　　　　　　　　　　　　　　50 000

发现错误后,将多记金额填制一张红字金额的记账凭证,并登记入账。

借:制造费用　　　　　　　　　　　　　　　　　　　　　　45 000
　　贷:原材料——甲材料　　　　　　　　　　　　　　　　　　45 000

上述会计分录过账后,有关账户的记录如图 7.2 所示。

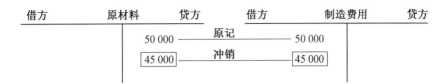

图 7.2 账户记录

根据更正错误的记账凭证以红字金额记账后,即可反映其正确金额为 5 000 元。

采用红字更正法进行错账更正时应注意:不得以蓝字或黑字金额填制与原错误记账凭证记账方向相反的记账凭证去冲销错误记录或冲销原来错误金额,因为蓝字或黑字记账凭证反方向记载的会计分录反映某些特殊经济业务,而不反映错账更正的内容。

但发现以前年度的错误后,因错误的账簿记录已经在以前会计年度终了进行结账或决算,不可能再将已经决算的数字进行红字冲销,这时只能用蓝字或黑字凭证对除文字外的一切错账进行更正,并在更正凭证上特别注明"某年"字样。

(3)补充登记法。

根据记账凭证的内容记账以后,发现记账凭证中应借、应贷的会计科目和记账方向都没有错误,只是所记金额小于应记的正确金额,记账凭证和账簿记录的金额相吻合,应采用补充登记法进行更正。

更正的方法是:将少记的金额用蓝字或黑字填制一张与原错误记账凭证所记载的借贷方向、应借应贷会计科目相同的记账凭证,并在"摘要"栏内注明"补充某月某日某号凭证少记金额",并据以登记入账,这样便将少记的金额补充登记入账簿。

【例 7.4】 从银行提取现金 60 000 元,准备发放工资,记账凭证金额误写成 6 000 元,并已登记入账。

原错误的会计分录如下:

借:库存现金 6 000
　贷:银行存款 6 000

发现错误后,将少记金额 54 000 元用蓝字填制一张记账凭证,并登记入账。

借:库存现金 54 000
　贷:银行存款 54 000

上述会计分录过账后,有关账户的记录如图 7.3 所示。

图 7.3 账户记录

更正错误的记账凭证记账后,即可反映其正确金额为 60 000 元。

7.4 对账和结账

7.4.1 对　　账

对账是指在会计期末将账簿记录进行核对的工作。根据规定,各单位应当定期对会计账簿记录的有关数字与库存实物、货币资金、有价证券、往来单位或者个人进行相互核对,保证账证相符、账账相符、账实相符。对账工作每年至少进行一次。

因此,核对账目是保证账簿记录正确性的一项重要工作,在月份和年度终了时,应将账簿记录核对结算清楚,使账簿资料如实反映情况,为编制会计报表提供可靠的资料。

对账的内容包括账证核对、账账核对及账实核对。

1. 账证核对

账证核对是指账簿记录同记账凭证及其所附的原始凭证核对,核对会计账簿记录与原始凭证、记账凭证的时间、凭证字号、内容、金额是否一致,记账方向是否相符。账证核对应在日常记账过程中进行,以便及时发现错账,进行更正。这是保证账账相符、账实相符的基础。

2. 账账核对

账账核对是指对各种账簿之间的相关数字进行核对,核对不同会计账簿之间的账簿记录是否相符。核对内容主要包括:

(1)总分类账各账户本期借方发生额合计与贷方发生额合计核对。

(2)总分类账各账户借方余额合计与贷方余额合计核对。

(3)各种明细账的本期发生额及期末余额同总分类账中有关账户发生额及余额核对。

(4)现金、银行存款日记账的本期发生额及期末余额同总分类账发生额及余额核对。

以上核对工作一般通过编制总分类账户发生额及余额表和明细账户发生额及余额表进行。

(5)会计部门各种财产物资明细分类账的期末余额与保管或使用部门的财产物资明细分类账的期末余额核对相符。

3. 账实核对

账实核对是指将账面结存数同财产物资、款项等的实际结存数核对,通过财产清查核对会计账簿记录与财产等实有数额是否相符。其内容包括:

(1)银行存款日记账的账面余额定期与开户银行送来的对账单核对。

(2)现金日记账的账面余额与现金实际库存数核对相符。

(3)财产物资明细账的结存数量与实存数量核对相符。

(4)各种债权、债务明细账账面余额与有关债权、债务单位或个人核对。

对账工作的要求是账证相符、账账相符、账实相符,只有在对账相符之后,才能根据账簿的记录编制财务报表。

编制出账务报表后对账的内容还应该包括账表核对,账表核对就是将账簿的发生额、余额与财务报表相关数据相互核对,核对的要求是保证账表相符。

> **知识链接**
> 银行对账单是开户银行对企业存款的收支和结余情况的账户记录,应由银行定期或不定期转给企业,以便企业进行核对。

7.4.2 结　账

结账是在会计期末将本期内发生的经济业务全部登记入账的基础上,计算并记录本期发生额和期末余额后,将余额结转下期或新的账簿的会计行为。

为了了解企业会计期末的财务状况和一定期间的经营成果,为编制财务报表提供必要的数据资料,企业必须定期结账。结账应当包括以下几项工作:

(1)结账前,必须将本期内所发生的各项经济业务全部登记入账。

(2)结账时,应当结出每个账户的期末余额,需要结出当月发生额的,应当在摘要栏内注明"本月合计"字样,并在下面通栏划单红线。需要结出本年累计发生额的,应当在摘要栏内注明"本年累计"字样,并在下面通栏划单红线;12月末的"本年累计"就是全年累计发生额。全年累计发生额下面应当通栏划双红线。年度终了结账时,所有总账账户都应当结出全年发生额和年末余额。

年度终了,需要把各账户的余额转到下一会计年度,并在摘要栏注明"结转下年"字样;在下一会计年度新建有关会计账簿的第一行余额栏内填写上年结转的余额,并在摘要栏注明"上年结转"字样。

7.5　账簿的更换和保管

7.5.1　账簿的更换

账簿的更换是指在会计年度终了,将上一年度旧账更换为下一年度新账。即年度终了,将余额账户的余额直接转入新账的余额栏内,不需要编制记账凭证的过程。

具体操作如下:

(1)在年末有余额的账户"摘要"栏内注明"结转下年"字样。

(2)在新账中,注明各账户的年份,在第一页第一行"日期"栏内写明1月1日;记账凭证栏不填;摘要栏注明"上年结转"或"期初余额"。

(3)注明余额的借贷方向,在余额栏内填写金额。

会计账簿的更换通常在新会计年度建账时进行,建立新账时,并不是所有的账簿都要更换为新账。一般总账、日记账和大多数明细分类账应每年更换一次。但有些财产物资明细分类账和债权债务明细分类账,因材料品种、规格繁多以及往来单位较多,或业务量又不大,如在更换新账时重新登记一遍余额,工作量较大,所以可以跨年度使用,不必每年更换一次。第二年使用时,可直接在上一年终了的双红线下面记账。各种备查账簿也可以连续使用。

7.5.2 账簿的保管

各种账簿同会计凭证及财务报表一样,都是重要的会计档案,必须重视和加强保管。账簿的保管分为日常保管和归档保管。

1. 日常管理要求

(1)各种账簿要分工明确,指定专人管理,账簿经管人员既要负责记账、对账、结账等工作,又要负责账簿安全。

(2)会计账簿未经单位领导和会计负责人或有关人员批准,非经管人员不能随意翻阅查看。

(3)会计账簿除需要与外单位核对外,一般不能携带外出,对需要携带外出的账簿,应由经管人员或会计主管指定专人负责。

(4)会计账簿不能随意交予其他人员管理,以保证账簿安全和防止任意涂改账簿等情况发生。

2. 旧账归档管理要求

(1)年度终了更换并启用新账后,对更换下来的旧账要整理装订,造册归档。

(2)旧账装订完毕,应先编制目录并编写移交清单,然后按期移交档案部门保管。

(3)账簿必须按照统一规定的保存年限妥善保管,不得丢失和任意销毁,保管期满后,应按照规定的审批程序报经批准后才能销毁。总账、明细账、日记账、其他辅助性账簿的保管期限为30年,固定资产卡片的保管期限为固定资产报废清理后五年。

本章小结

在会计实务中,需要将大量的经济信息从原始凭证转化为会计信息记录在记账凭证上,但是,记账凭证不能全面、系统地反映经济业务的情况,因此必须设置和登记账簿。设置和登记账簿是会计核算的重要方法之一。

账簿按其用途分类,可分为序时账簿、分类账簿和备查账簿。按外表形式分类,可分为订本式账簿、活页式账簿和卡片式账簿。按照账页格式分类,可以分为三栏式、多栏式和数量金额式账簿。账簿的格式多种多样,不同账簿格式所包括的具体内容不尽一致,但各种账簿应具备的基本内容主要包括封面、扉页和账页。

特种日记账包括现金日记账和银行存款日记账,特种日记账应采用订本式账簿,其格式一般采用三栏式,由出纳人员根据审核无误的收、付款凭证登记。在会计实务中,现金日记账和银行存款日记账也可采用多栏式。

总分类账是按照总分类科目开设,用来分类登记全部经济业务的账簿。它能总括地反映各会计要素具体内容的增减变动和变动结果,一般采用三栏式的订本账。总分类账可以根据各种记账凭证逐笔登记,也可以定期汇总登记。

明细分类账一般采用活页式账簿,有的也可以采用卡片式账簿。根据管理的要求和各种明细分类账记录的经济内容,明细分类账可以采用三栏式、数量金额式和多栏式格式。

启用会计账簿时,应在账簿扉页填制"账簿启用及经管人员一览表",依据审核无误的记账凭证遵循记账原则进行登记。账簿登记可能出现错误,应采用比较合理的方法查找错账,发现错账后,应视其错误的具体情况,采用不同的方法更正。错账更正方法有划线更正法、红字更正法和补充登记法。

月份和年度终了时,要进行对账和结账。将账簿记录核对结算清楚,使账簿资料如实反映情况,为编制财务报表提供可靠的资料。对账包括账证核对、账账核对、账实核对和账表核对,只有在对账相符的情况下,才能根据账簿资料编制财务报告。

会计年度终了,将上一年度旧账更换为下一年度新账。会计账簿是重要的会计档案,必须重视和加强账簿的保管。

思考题

1. 什么是账簿?账簿如何分类?
2. 明细分类账有哪几种?分别适用于哪些账户?
3. 错账查找方法有哪几种?
4. 错账更正方法有哪几种?各适用于什么情况?如何更正错账?
5. 试述会计账簿的启用规则。
6. 登记会计账簿应遵循哪些规则?
7. 什么是对账?对账的内容、要求有哪些?
8. 什么是结账?结账要做的工作有哪些?

案例分析

请结合所学知识说明小张等人的甜点店应设置哪些账户?发生业务后应如何登记账簿?如何进行对账?如何查找错账?错账如何进行更正?

练习题

根据第6章所编制的会计凭证练习登记明细账、日记账。

第 8 章

财产清查

学习目标

- 理解财产清查的作用
- 了解财产清查的意义与种类
- 理解存货盘存制度
- 掌握财产清查的内容和清查方法
- 掌握财产清查结果的会计处理

关键术语
财产清查　property inventory
实地盘存制　physical inventory system
永续盘存制　perpetual inventory system
未达账项　deposit item

小张在朋友开的公司实习有一段时间了,这一天朋友让他参加原材料水泥的盘点,盘点后发现库存实有数量远远大于账面结存数量,经计算,超出的金额占出库金额的1/4,这么大的盘盈是怎么形成的呢?经过了解,仓库保管员是一个很负责的人,每天都会将每次入库出库时撒落的水泥清扫起来,并入库存,那么通过打扫撒落水泥的方式能产生如此巨大的盘盈吗?这么大的盘盈到底是怎样产生的呢?

8.1　财产清查的意义和种类

8.1.1　财产清查的意义

财产清查是指通过对财产物资和现金的实地盘点,对银行存款、债权债务进行核对,确定货币资金、财产物资和债权债务的实有数,查明实存数与账面结存数是否相符的一种专门方法。财产清查是会计核算方法之一,在会计循环中占重要地位。

在会计核算中,各单位必须根据实际发生的经济业务进行会计核算,如填制会计凭证、登记会计账簿、编制财务会计报告等。在这个过程中,要求记账凭证必须根据审核无误的原始凭证及有关资料编制,会计账簿必须以审核无误的会计凭证为依据进行登记,财务会计报告应当根据核对无误的会计账簿记录和有关资料编制,并符合有关法律、法规和企业会计准则的规定。那么,从理论上讲,账实应当是相符的。但是,在实际会计工作中,由于种种原因,会使账簿记录的结存数与货币资金、各项财产物资、债权债务的实际结存数不一致,即通常所说的账实不符。

1. 造成账实不符的原因

(1) 各种财产物资在收发保管过程中,因自然因素或其他条件的影响而产生的损耗或收发计量的差错。

(2) 在债权债务的结算过程中,因有关凭证传递顺序的先后或拒绝付款等原因而导致账账不符。

(3) 自然灾害如水灾、火灾、飓风、海啸、地震等造成的损失。

(4) 财产物资的价值因技术进步或可收回性等其他原因而发生减损。

(5) 会计凭证或账簿中的漏记、重记或错记。

(6) 管理不善或工作人员的失职。

(7) 贪污、盗窃、营私舞弊等行为的存在。

> 思考:还有哪些原因可能导致账实不符?

在账证相符、账账相符的情况下,由于这些原因会造成账实不符,因此,《会计法》规定:"各单位应当定期将会计账簿记录与实物、款项及有关资料相互核对,保证会计账簿记录与实物及款项的实有数额相符。"即要进行财产清查。

进行财产清查的目的就是要通过实物的盘点和账面的核对,及时了解账实是否相符,及时发现差异,分析原因,以加强经济管理,并按照企业会计准则的规定,及时调整账目,以保证会计资料真实、完整。

2. 财产清查的作用

财产清查是发挥会计监督职能的一种必要手段,是单位内部会计控制的一个重要组成部分。财产清查主要具有以下作用:

(1)有助于加强和改善经营管理,保护财产的安全与完整,维护商业信用。通过财产清查,可以发现财产收发保管中存在的问题和漏洞,从而采取相关措施,建立、健全各项财产物资的管理制度,以及债权债务的催收、结算制度,完善财产物资的收发手续,加强和改善财产物资的经营管理,及时催收债权并筹措资金偿还债务,以保护财产的安全与完整,维护企业的商业信用。

(2)财产清查有助于保证会计资料真实、完整。通过财产清查,可以确定各项财产的实有数和实际价值,通过会计账簿记录与实物、款项的实有数和实际价值相核对,可以检查、验证会计账簿记录的正确性,对实际价值已经发生减损的,及时调整各项资产的账面价值,查明账实不符的责任和原因,制订改进措施,做到账实相符,从而保证会计资料真实、完整地反映企业的财务状况和经营成果。

(3)有助于挖掘各项财产物资的潜力,加速资金周转,提高经济效益。通过财产清查,可以了解各种财产物资的使用和保管情况,了解资产的实际价值,及时组织财产物资的供应,及时处置价值发生减损或已经没有价值的资产,减少不合理的资金占用,减少积压,避免损失浪费,促进节约,促进财产物资的合理有效使用,充分挖掘财产物资的使用潜力,从而加速资金的周转,提高经济效益。

可见,财产清查既是加强财产物资管理的一项重要手段,也是会计核算工作的一项重要内容。

8.1.2 财产清查的种类

财产清查要根据企业的需要在不同时期、不同情况下进行,不同的需要,清查的财产范围也不同,因此,通常可以按不同的标志将财产清查划分成不同的类别。其主要的分类有:

1. 按照财产清查的对象和范围分类

财产清查按照清查对象和范围,可分为全面清查和局部清查。

(1)全面清查。全面清查是指对会计主体的全部财产物资、货币资金和债权债务进行盘点和核对。其清查对象主要包括:

①现金、银行存款、其他货币资金以及各种金融资产和长期股权投资。

②各种存货。包括库存存货、在途存货、加工中存货以及各种委托加工物资、委托代销

商品等。
　　③各种固定资产、在建工程。
　　④各种租赁财产、代保管物资。
　　⑤各项债权债务。
　　⑥各种无形资产等。
　　全面清查的特点是清查范围广,涉及内容多,涉及的部门和人员多,工作量大。按照会计制度的规定,全面清查一般每年进行一次。通常在以下几种情况下需要进行全面清查:
　　①年终决算之前,要进行一次全面清查。由于企业的年度财务会计报告要对外提供,为保证年度财务会计报告所反映的会计信息真实、完整,根据规定,企业在编制年度财务会计报告前,应当全面清查资产、核实债务,对账实不符的项目根据有关规定进行会计处理,做到账实相符。
　　②单位撤销或发生合并、分立等。改变隶属关系时,要进行一次全面清查。单位撤销或发生合并、改变隶属关系时,需要弄清"家底",从而对其货币资金、各项财产物资以及债权债务等进行相应的处理,并明确经济责任。
　　③开展资产评估、清产核资等活动时,需要进行全面财产清查,从而保证评估结果或清产结果的准确性。
　　④单位主要负责人调离工作时,需要进行一次全面清查,以明确其在任期间的经济责任。目前,我国有关法律、行政法规规定,企业的厂长、经理在离任后要对其在任期间的经济责任进行审计。因此,当其调离工作时,应当进行一次全面财产清查。
　　⑤与其他单位合资或联营时,应当进行一次全面财产清查。
　　(2)局部清查。局部清查是指根据经营管理的需要或有关规定,除年终清查外,对部分财产物资、债权债务进行盘点和核对。根据规定,企业应当在年度中间根据具体情况,对各项财产物资和结算款项进行重点抽查、轮流清查或者定期清查。其清查对象主要是货币资金、原材料、库存商品、在产品等流动性较大或较贵重、较重要的财产物资。
　　局部清查的特点是清查范围小,仅涉及部分财产物资,涉及的部门和人员少,工作量小,但专业性较强。一般在以下几种情况下进行:
　　①每日营业终了时,应对库存现金进行清查,做到日清月结。
　　②每月终了时,应对银行存款和银行借款进行核对。
　　③每月应对各种材料物资、在产品和产成品进行重点抽查。
　　④每月终了时,应对贵重财产物资进行清查。
　　⑤每年至少核对1~2次债权债务。
　　2.按照财产清查的时间分类
　　按照财产清查的时间,可分为定期清查和不定期清查。
　　(1)定期清查。定期清查是指根据有关会计准则的规定,在特定时间所进行的财产清查。如年终决算之前进行的全面财产清查和局部清查中的几种情况都属于定期清查。定期清查可以是全面清查,也可以是局部清查。定期清查一般在年末、季末或月末结账前进行。
　　(2)不定期清查。不定期清查也称临时清查,是指根据经营活动的需要随时进行的财产清查。不定期清查可以是全面清查,如全面清查中的第②~⑤种情况;也可以是局部清查。另外,以下几种情况也需要进行不定期清查:

①发生自然灾害等非常损失。
②更换财产物资保管员或出纳员。

8.1.3 财产清查的工作组织

财产清查是会计核算的一项重要内容,关系到会计资料的真实、完整与否,关系到会计信息的质量。因此,各单位必须组织好财产清查工作,确保财产清查工作的合理、有效和有序进行。财产清查的组织工作主要包括建立、健全财产清查制度,做好清查前的准备工作,财产清查的实施以及清查结果的处理四个内容。

1. 建立、健全财产清查制度

《会计基础工作规范》规定:各单位应当建立财产清查制度。财产清查制度主要内容包括:

(1)财产清查的范围。

各单位在财产清查制度中应首先明确财产清查的范围。清查范围是指全面清查的范围,局部清查的范围应当根据需要确定。根据有关会计制度的规定,财产清查的范围应当包括以下内容:

①货币资金。查明人民币库存现金和各种外币库存现金,人民币存款和各种外币存款以及其他各种以货币形式存在的资金,如支票、银行汇票等是否存在,与账面金额是否一致。

②各种金融资产。查明各种股票、债券、基金以及其他形式的金融资产和长期股权投资等是否存在,投资收益是否按照会计准则进行确认和计量,采用公允价值计量的金融资产,其公允价值的确定以及公允价值变动产生的损益的确认是否与实际情况相符。

③各种存货。查明库存的各种原材料、周转材料、库存商品以及各种正在加工中的产品和各种在途物资、委托加工物资、发出商品、发出展销、展览的商品等实存数量与账面数量是否一致,是否发生减值,是否有报废损失和积压物资。

④各种固定资产。查明固定资产的实存数量与账面数量是否一致,使用情况及完好程度如何,在建工程的实际发生额与账面记录是否一致,是否发生资产减值等。

⑤由其他单位代为保管的物资和代其他单位保管的物资是否存在,实存数量与账面数量是否一致,是否有报废损失和减值损失等。

⑥查明各种租赁物资是否存在,使用情况如何。

⑦各种债权债务。查明各种往来款项和借款等是否存在,与债务、债权单位的相应债务、债权金额是否一致,是否发生坏账(指债权无法收回)。

⑧其他应当进行清查的财产物资。

(2)财产清查的组织。

各单位在财产清查制度中应明确财产清查的组织工作。具体来说,应当明确财产清查工作的参加人员构成,有关参加人员的权利和责任,度量衡等计量工具的要求,以及财产清查工作的程序和步骤等。

(3)财产清查的期限和方法。

无论是全面清查或局部清查,还是定期清查或不定期清查,都应当对清查的期限做出明确规定,保证清查工作的效率。同时,由于不同类型的财产物资各有其特点,应当采用不同的方法进行清查。财产清查的方法一般有实地盘点、技术推算、核对账目及询证核对等。

(4)对财产清查中发现的问题的处理办法。

对于财产清查中发现的问题的处理方法和手续,应当根据有关会计制度做出明确的规定,保证会计处理有章可循。

(5)对财产管理人员的奖惩办法。

为调动财产管理人员的积极性,规范财产管理人员的行为,明确经济责任,财产清查制度应当明确对财产管理人员的奖惩办法,促进财产管理人员认真履行职责,保护财产的安全完整。

2. 财产清查前的准备

财产清查是一项复杂、细致的工作,其内容涉及面广,涉及的部门和人员多,并且具有一定的专业性。因此,为确保清查结果的准确性,除了要建立、健全财产清查制度之外,在具体进行财产清查工作之前,还要做好必要的准备工作。财产清查的准备工作主要包括以下两个方面:

(1)组织上的准备。

组织上的准备主要是指应当成立清查领导小组,具体领导组织财产清查工作。财产清查小组的成员应当由管理、会计、业务和保管等部门的有关人员组成。然后根据清查对象和范围制订清查计划,明确清查小组内的人员分工,以合理组织财产清查工作。

(2)业务上的准备。

①账簿的准备。由于财产清查的主要任务是确定账实是否相符,因此,在进行财产清查之前,首先应当由会计部门和财产物资的保管和使用部门将截至财产清查开始时间之前所发生的全部经济业务登记有关总账、明细账和日记账等,并结出账面余额,以备与清查结果相核对。

②实物的准备。为了便于进行财产物资的盘点,财产物资的保管和使用部门应当将所保管和使用的财产物资摆放整齐,挂上标签,表明品种规格和结存数量,以便进行实地盘点。

③计量器具和表格等凭证的准备。在清查地点,应当预先对各种财产清查中必要的度量衡器具进行检查,以保证计量结果准确、可靠。同时,应当准备好记录清查结果所需的一些表格、单据以及核对账目的函件,并在这些表格、单据或函件中记录清查对象的账面结存数量和金额。

3. 财产清查的实施

财产清查的实施一般分为两个步骤:

(1)实物盘点和账目核对。这一阶段的主要工作就是通过盘点实物和核对账目,确定各项财产物资、债权债务以及货币资金的实有数额、使用情况、完好程度和质量等。

(2)记录清查结果。这一阶段的主要工作是将清查结果记录在事先已经准备好的表格等书面凭证中,并对账实进行对比,确定差异。

4. 清查结果的处理

财产清查工作结束后,企业应当对清查中发现的账实不符的情况做出相应的处理。财产清查结果的处理包括两方面内容:一是查明账实不符的原因,以明确经济责任,并据以改善经营管理;二是进行账务处理。财产清查结果的账务处理一般分为以下两步:

(1)根据财产清查记录中的对比结果,将发现的账实差异调整账目,同时将该差异所产生的损失或溢余挂账等待查清原因后处理。企业对发现的账实不符项目,应根据实有数额调整有关财产物资、债权债务和货币资金账户,并将财产短缺或溢余所产生的损失或收益挂账,待查明原因后再进行核销,以明确经济责任,并据以改善经营管理。

(2)根据调查结果,核销挂账的损失或溢余。企业应当根据账实不符的原因,按照企业会计准则的规定,进行相应的会计处理,核销挂账的损失或收益。

8.2 财产清查的内容和方法

8.2.1 货币资金的清查

货币资金包括库存现金、银行存款和其他货币资金等,对货币资金的清查主要是对库存现金和银行存款的清查。

1.库存现金的清查

(1)库存现金清查方法。

对库存现金的清查主要采用实地盘点法。

在进行实地盘点之前,除了要做好前述准备工作之外,还要进行以下工作:由出纳员将所有现金集中起来存入保险柜,必要时可加以封存;如果企业现金存放部门有两处或两处以上,应同时进行盘点;盘点的时间最好选择在上班前或下班后,以免影响营业活动的进行和盘点结果的准确性。

库存现金的清查一般分为日常清查和专门清查两种。

日常清查是由出纳员于每日营业终了对库存现金进行盘点,并将盘点结果与现金日记账余额进行核对,即通常所说的日清月结中的日清,做到账实相符。日常清查的结果在账实相符的情况下,一般不必做出记录。

专门清查是由财产清查小组进行的现金清查,清查时出纳员必须在场。在清查库存现金实有数额的同时,还要注意有无白条(指非正式的借据)抵充现金,即通常所说的白条抵库现象和挪用现金的情况,以及是否设有账外小金库等。

(2)库存现金清查结果的记录。

库存现金清查结束后,应当编制"现金盘点报告表",并由盘点人和出纳员共同签名盖章以资证明。现金盘点报告表的格式见表8.1。

表8.1 现金盘点报告表

单位名称: 年 月 日

币 种	实存金额	账存金额	对 比 结 果		备 注
			盘盈	盘亏	

主管人员: 盘点: 出纳:

表中"币种"栏是在企业有外币库存现金的情况下设置的,如果企业没有外币现金,则不需要设置此栏。现金盘点报告表既是记录现金盘点结果、反映现金实有数额的原始凭证,也是调整现金日记账账面余额的依据。

2. 银行存款的清查

(1) 银行存款的清查方法。

银行存款的清查与实物财产和库存现金的清查方法不同。它主要是采用与开户银行核对账目的方法来进行的。

企业所发生的每笔银行存款收付业务,都按照时间的先后顺序根据取得或填制的有关原始凭证填制记账凭证,并记录在企业的银行存款日记账中,而企业的开户银行也根据其取得的有关企业存款收付的原始凭证,按照发生时间的先后顺序记录企业在其账户中存款的增减变动和结存情况。银行定期(通常每个月一次)编制"银行对账单",将企业当月在其账户所存款项的收付业务按照发生时间的先后顺序逐笔列示,并将"银行对账单"送达企业,供企业核对。因此,银行存款的清查方法,就是将银行对账单与企业的银行存款日记账逐笔核对。

二者核对的结果经常是不一致的,其主要原因有两个:一是存在未达账项;二是企业或银行一方或双方出现记账错误,如漏记、重记或错记等。此外,也有可能存在舞弊行为。

未达账项是指由于企业和银行取得原始凭证的时间先后顺序不同,导致一方已经收到凭证并据以登记入账,而另一方尚未收到有关凭证因而尚未登记入账的会计事项。记录经济业务的发生必须取得或填制有关原始凭证,否则就不能编制记账凭证并据以登记账簿。而会计凭证的传递有着一定的顺序,这就使未达账项的产生有了可能性。因此,企业银行存款日记账的余额与银行对账单的余额不一致是一种正常现象。未达账项主要有以下四种类型:

①企业已经收到有关收款凭证并登记入账,而银行尚未收到有关收款凭证,因而尚未登记入账的经济业务,即"企业已收,银行未收"。如企业将收到的支票送存银行后,即可根据银行盖章的"进账单"编制记账凭证,并登记银行存款日记账,记录银行存款的增加。而银行则要等到款项划拨后才能登记企业银行存款的增加。这样,在款项划拨之前就形成了企业已收、银行未收的情况。此种未达账项会使企业银行存款日记账余额大于银行对账单余额。

②企业已经收到有关付款凭证并登记入账,而银行尚未收到有关付款凭证,因而尚未登记入账的经济业务,即"企业已付,银行未付"。如企业开出支票即可根据支票存根编制记账凭证,并登记银行存款日记账,记录银行存款的减少。而由于种种原因,持票人可能尚未将支票送存银行或提取现金。此时就形成了企业已付、银行未付的情况。此种未达账项会使企业银行存款日记账余额小于银行对账单余额。

③银行已经收到有关收款凭证并登记入账,而企业尚未收到有关收款凭证,因而尚未登记入账的经济业务,即"银行已收,企业未收"。如企业委托银行收取的销货款,银行已经划拨入企业账户,并登记企业在银行所存款项的增加,但企业由于尚未收到收款通知,因而导致尚未登记银行存款的增加。这就形成了银行已收,企业未收的情况。此种未达账项会使银行对账单余额大于企业银行存款日记账余额。

④银行已经收到有关付款凭证并登记入账,而企业尚未收到有关付款凭证,因而尚未登

记入账的经济业务,即"银行已付,企业未付"。如银行从企业存款账户中扣取的贷款利息,银行已经在扣款时登记企业银行存款的减少,而企业由于尚未收到扣款通知,因而导致尚未登记银行存款的减少。此时就形成了银行已付、企业未付的情况。此种未达账项会使银行对账单余额小于企业银行存款日记账余额。

可见,任何一种情况的未达账项发生,都会导致银行对账单上的内容和余额与企业银行存款日记账上的内容和账面余额不一致。为了查找未达账项,企业在将银行对账单与银行存款日记账逐笔核对时,对核对一致的账项应做出核对无误的标志,核对完毕后,银行对账单和企业银行存款日记账中无标志的账项,就是未达账项或错账。

(2)银行存款清查结果的记录。

对于银行存款清查中发现的未达账项,应编制"银行存款余额调节表",一方面对其进行记录,另一方面检查双方账簿记录的正确性。

在不考虑错账的情况下,根据对未达账项的分析,可以得出下列等式:

$$\text{企业银行存款日记账余额} + \text{银行已收企业未收} - \text{银行已付企业未付} = \text{银行对账单余额} + \text{企业已收银行未收} - \text{企业已付银行未付}$$

银行存款余额调节表的编制方法就是根据上述公式,在企业银行存款日记账和银行对账单现有余额的基础上,分为左、右两方,各自加减有关未达账项,然后调节计算,确定调节后双方余额是否相等,从而确定双方账簿记录是否正确。

现举例说明银行存款余额调节表的编制方法。

【例8.1】 W公司20×8年4月30日银行存款日记账余额为125 950元;银行送来的对账单上的余额为130 295元。经核对发现下列收支业务核对不符:

(1)4月29日,公司存入转账支票一张,金额为11 200元,银行尚未划拨款项。

(2)4月29日,公司开出转账支票一张,金额为9 100元,支付购货款,持票人尚未将该支票送存银行。

(3)4月30日,银行代扣公司本月水费345元,付款通知尚未送达公司。

(4)4月30日,公司委托银行收取的销货款6 790元已经收到,收款通知尚未送达公司。

要求:根据上述内容,编制银行存款余额调节表。

根据上述未达账项,W公司应编制银行存款余额调节表,见表8.2。

表8.2 银行存款余额调节表

单位名称:W公司　　　　　　　　　　　　　　　　　　　　币别:人民币
户名:××银行××支行　　　20×8年4月30日　　　　　　计量单位:元

项　　目	金　　额	项　　目	金　　额
企业银行存款日记账余额	125 950	银行对账单余额	130 295
加:银行已收 　　企业未收	6 790	加:企业已收 　　银行未收	11 200
减:银行已付 　　企业未付	345	减:企业已付 　　银行未付	9 100
调节后的存款余额	132 395	调节后的存款余额	132 395

如果调节后的存款余额相等,则基本上可以确定企业和银行的账务处理没有错误。反之,如果调节后的存款余额不等,则说明企业或银行一方或双方记账有错误,此时,企业应首先查找有关原始凭证,确定是否存在记账错误,如有,则应查明原因,并按规定的错账更正方法予以更正。如果经反复查找仍未发现记账错误,则应通知开户银行查找银行方面是否存在记账错误。

对银行存款的清查结果,应当注意以下两个问题:

①银行存款余额调节表和银行对账单不能作为原始凭证据以调整企业银行存款日记账的账面余额。银行存款余额调节表与实存账存对比表和现金盘点报告表不同,它仅仅用来确定并汇总未达账项,核对企业和银行双方记账是否有误。错账应按规定方法更正,而未达账项是因尚未收到有关原始凭证形成的,前已述及,按照《会计基础工作规范》的规定,除结账和更正错误的记账凭证可以不附原始凭证外,其他记账凭证必须附有原始凭证。因此,未达账项只有等有关原始凭证传递到企业之后才能进行相应的账务处理。

②企业实际可支配的银行存款金额是银行对账单上的余额,而不是企业银行存款日记账余额或调节后的银行存款余额。从表8.2可见,调节后的余额,既不等于企业银行存款日记账的余额,也不等于银行对账单余额。从理论上讲,调节后的余额应当是企业银行存款的实际余额。但由于银行也必须等到收到有关原始凭证时才能对未达账项进行处理,因此,银行允许企业动用的存款数额是以银行对账单余额为准的。

8.2.2 实物财产的清查

实物财产是指具有实物形态的各种财产物资,主要包括存货和固定资产。对实物财产的清查应当核实两方面的内容:一是实物财产的实存数量与账面结存数量是否相符;二是实物财产的实际价值与账面价值是否相符。

1. 存货的盘存制度

存货是指企业在日常活动中持有以备出售的产成品或商品、处在生产过程中的在产品、在生产过程或提供劳务过程中耗用的材料和物料等。

存货作为企业的重要资产,通常在企业全部资产中占有较大比例。而且由于存货是流动资产,流动性强,种类繁多,收发业务频繁,因此为使存货的盘点工作能够有序开展,企业首先应当确定存货的盘存制度。存货的盘存制度一般有两种,即永续盘存制和实地盘存制。

(1)永续盘存制。

①永续盘存制的原理。

永续盘存制又称账面盘存制度,是指平时在存货账簿中既登记存货的本期增加数,又登记本期减少数,并随时结出账面余额的盘存制度。在这种盘存制度下,存货的本期增加数、减少数是根据会计凭证登记的,期末数是从账面结算出来的。计算期末数的公式如下:

$$期末数(余额)=期初数(余额)+本期增加数(额)-本期减少数(额)$$

公式中期初数、本期增加数、本期减少数均来源于有关存货明细账户。这种盘存制度对存货的收发手续要求较严格,即收入和发出都需要在账簿中随时、连续登记。但前面所述种种可能导致账实不符的原因,采用这种盘存制度,仍然需要定期或不定期地对全部或部分存货,特别是那些贵重的材料物资进行实地盘点,以检查账实是否相符。

②永续盘存制的账簿组织。

由于永续盘存制下对存货的收发记录要求严格,因此企业通常可以采取会计、仓储同时设账进行登记的办法,加强存货的管理和控制。

具体办法是:会计部门要设置存货的有关总分类账,并且按存货物资的大类设置二级账,在总分类账和二级账中,只登记金额,进行价值控制;在二级账下,再按每种存货物资设置三级明细账,采用数量金额式的账页,既登记数量,又登记金额,进行实物和价值的双重控制。

仓储部门设置各种存货的保管账,由保管员负责根据有关收发存货的原始凭证进行登记,只登记数量,不登记金额。

通过会计和仓储部门分设账簿的方式,可以对存货进行双重控制。通过相互核对,随时反映存货的库存情况,可有效地保护存货资产的安全和完整。一旦出现差错,很容易及时发现,有助于加强存货的管理。

③永续盘存制的优缺点及适用范围。

永续盘存制的优点:可以随时反映每种存货的收入、发出和结存方面的信息,从数量和金额两方面对存货进行管理与控制;可以及时发现存货的短缺或溢余,从而及时查明原因,并采取相应的措施加强管理。

永续盘存制的缺点:工作量大,管理成本相对较高。

适用范围:大多数企业采用永续盘存制。

④发出存货成本的确定。

永续盘存制下期末余额是通过上面公式计算出来的,本期减少额(即发出存货成本)取决于存货的数量和存货单位成本。可用以下公式来计算:

$$本期减少额(定出存货成本) = 本期减少存货数量 \times 存货单位成本$$

制造业企业材料存货的单位成本是根据入库材料存货的数量和采购成本计算确定的(详见第4章)。材料存货的单位采购成本就是库存材料的单位成本。在不同的会计期间甚至同一个会计期间,由于购货单位、市场价格、采购数量、运输方式等的不同,即使是同一种材料,也有可能导致每次的采购成本不同。那么对于减少(发出)的存货和期末库存的存货,到底该如何确定单位成本呢?这个问题会计上称之为存货的发出计价。按照我国会计准则的规定,企业应当采用先进先出法、加权平均法或者个别计价法确定发出存货的实际成本。

先进先出法是假定先购进的存货先发出,因此最先发出的存货成本就按最先购入的存货单价计算。从而按照存货购进的先后顺序依次确定发出存货的单位成本。值得注意的是,这是一个假设,我们是假设先购进的存货先发出,从而使相应的成本最先转出。这一假设是基于价值随着实物的转移而转移这一前提产生的。从第4章制造业企业主要经济业务核算的流程图中可以看到价值怎样随着实物的转移而转移。虽然每批次购入的存货单位成本可能不同,实际工作中也未必就是先购进的存货先发出,但相同的存货具有相同的使用价值,所以才能使这一假设成立。

加权平均法(此处仅指月末一次加权平均法)是指本月发出的存货,平时只登记数量,不登记金额,月末根据期初库存成本和本期入库成本以及期初库存数量和本期入库数量,计算加权评价单价,从而计算确定发出存货和结存存货的成本。其计算公式如下:

$$\text{加权平均单位成本} = \frac{\text{期初存货成本} + \text{本期增加存货成本}}{\text{期初存货数量} + \text{本期增加存货数量}}$$

本期发出存货成本 = 发出存货数量 × 加权平均单位成本

期末存货成本 = 期末存货数量 × 加权平均单位成本

【例 8.2】 W 公司 20×8 年 12 月甲材料本期期初余额和本期购进、发出资料见表 8.3。

表 8.3 材料本期期初余额和本期购进、发出资料

日 期		数 量	单 价	金 额
12月1日	期初余额	1 000 千克	10 元	10 000 元
12月2日	购进	3 000 千克	10.20 元	30 600 元
12月8日	购进	2 000 千克	10.06 元	20 120 元
合计		6 000 千克		60 720 元

本月发出甲材料 5 300 千克。

(1) 采用先进先出法计算本期发出存货成本和期末存货成本。

  本期发出成本 = 1 000×10 + 3 000×10.20 + 1 300×10.06 = 53 678(元)

  期末存货成本 = 700×10.06 = 7 042(元)

或   = 10 000 + (30 600 + 20 120) − 53 678 = 7 042(元)

(2) 采用加权平均法计算本期发出存货成本和期末存货成本。

$$\text{加权平均单位成本} = \frac{10\,000 + (30\,600 + 20\,120)}{1\,000 + (3\,000 + 2\,000)} = 10.12(\text{元}/\text{千克})$$

  本期发出成本 = 5 300×10.12 = 53 636(元)

  期末存货成本 = 700×10.12 = 7 084(元)

或   = 10 000 + (30 600 + 20 120) − 53 636 = 7 084(元)

个别计价法也称具体辨认法,是指发出存货的成本根据该批存货的采购成本确定。具体来说,就是发出的是哪一批的存货,就按哪一批存货入账时的实际单位成本计算确定发出成本。这种方法确定的发出成本和库存成本都非常准确。但是操作起来比较困难,对存货的实物管理要求比较高,需要在存货管理上必须保证能够区分每批购入的存货,并标明其单位成本。

(2) 实地盘存制。

① 实地盘存制的原理。

实地盘存制又称"以存计耗""以存计销",是指平时在存货账簿中只登记存货的本期增加数,不登记减少数。期末,通过实地盘点确定各种存货的结存数量,从而倒推出本期减少数的一种盘存制度。计算本期减少数的公式如下:

  本期减少数(额) = 期初数(余额) + 本期增加数(额) − 期末数(余额)

其中,期初数(余额)源自上期的期末实地盘点结果;本期增加数(额)是根据本期存货增加时取得的会计凭证登记入账的结果;期末数(余额)则是根据本期期末实地盘点的结果获得。

② 实地盘存制的应用程序。

a. 日常的账务处理。根据实地盘存制的概念可知,实地盘存制下存货的日常账务处理,

就是在存货增加时根据会计凭证登记存货的有关账簿,记录其增加数量和确定的成本。

b. 期末的处理。由于存货的记录包括实物数量和成本两部分,因此期末应确定的内容也包括数量和成本两部分。

存货数量的确定就是通过实地盘点,确定盘存数,并登记在存货盘存表中。

存货成本的确定则取决于存货盘存的数量和存货单位成本两个因素。存货单位成本的确定与永续盘存制相同。

③实地盘存制的优缺点及适用范围。

实地盘存制的优点:操作简单,平时只登记增加数,不登记减少数,大大减少了平时登记实物资产明细账的工作量。

实地盘存制的缺点:平时只登记增加数,不登记减少数,不能随时反映存货的增减变动及结余,不利于实物资产的管理。同时,用期末盘点结果倒挤出的减少数全部作为消耗,可能将一些非正常耗用(如发生的毁损甚至盗窃丢失等)虚增发出成本,会导致企业的成本费用计算不准确,掩盖企业存货管理中存在的问题,不利于保护资产的安全、完整和加强财产物资的管理。

适用范围:通常用于数量不稳定、容易发生损耗且难以控制的存货或者那些品种多、价值低、收发频繁的存货。如经营鲜活商品的商品流通企业,制造业企业一般很少采用这种方法。

2. 实物财产的清查方法

实物财产清查的方法主要是指核实实物财产数量的方法。由于各种实物财产的实物形态不同,因此所使用的清查方法也有所不同。常用的方法主要包括实地盘点、技术推算和函证核对法三种。

(1)实地盘点法。实地盘点法又可以分为逐一盘点和抽样盘点两种方法。采用逐一盘点法确定的实物数量结果准确,并且能逐一观察财产物资的使用情况和质量,但工作量较大。一般适用于可以逐一点数或用度量衡器具准确计量的实物财产。如房屋、建筑物、机器设备等固定资产以及原材料、在产品、库存商品等,都可以采用逐一清点或过秤等方法确定其实物数量。

抽样盘点法是从被清查财产的总体中随机抽取一部分,然后根据包装等情况确定清查对象总体的实物数量的一种方法。使用这种方法进行清查比较简便,省时省力,但所得出的实物财产数量可能会与实际数量之间有一定的误差,并且不能逐一观察财产物资的质量和使用情况。这种方法一般适用于包装好的原材料、库存商品等。

(2)技术推算法。技术推算法是对一些不宜或无法逐一点数计量的实物财产,通过一些数学方法运用一定的技术手段进行推算,从而确定其实物数量的方法。例如,采矿业挖掘出来的矿产品如煤、铁、矿石等,由于其堆存量大或质量、体积较大等原因,无法逐一点数或过秤,因此,可以采用技术推算法确定其实物数量。

(3)函证核对法。函证核对法是对委托外单位加工或保管物资以及发出展览、展销商品等,采用向对方单位发函调查,从而与本单位账面结存数额相核对的方法。这种方法尤其适用于债权债务的清查。

企业在确定实物财产实有数量的同时,还应当注意观察实物财产的质量和使用情况,注意是否有报废损失和积压、闲置物资,使用情况和完好程度如何,能否保证生产经营的需要,是否发生减值等,以确定其实际价值与账面价值是否一致。如果发生减值,应按照有关规定进行处理,关于这部分内容,在"中级会计实务"课程中有系统的介绍。此外,盘点时,实物财产的保管人员和使用人员必须在场,注意不要遗漏或重点,必须将临时租赁的财产物资和代其他单位保管的物资同本企业的财产物资区别开来。

3. 实物财产清查结果的记录

盘点结束后,对实物财产的清查结果,一般通过填制"盘存单"和"实存账存对比表"的方式进行记录。盘存单和实存账存对比表的格式分别见表8.4和表8.5。有关人员,包括盘点人员和实物保管人员应当在盘存单和实存账存对比表上签名,以明确经济责任。

表8.4 盘存单

单位名称:　　　　　　　　　盘点时间:
财产类别:　　　　　　　　　存放地点:　　　　　　　　　编号:

编号	名称	规格型号	计量单位	实存数量	单价	金额	备注

盘点人:　　　　　　　保管人:

表8.5 实存账存对比表

单位名称:　　　　　　　　　年　月　日

编号	名称与规格	计量单位	单价	实存		账存		对比结果				备注
				数量	金额	数量	金额	盘盈		盘亏		
								数量	金额	数量	金额	

主管人员:　　　　　　会计:　　　　　　制表:

盘存单是记录实物盘点结果的书面证明,也是反映实物财产实有数额的原始凭证。盘存单中所列的实物编号、名称、规格型号、计量单位和单价等项目必须与账面记录一致,以便于核对。实存账存对比表是根据账面记录与盘存单编制的,是分析账实不符的原因和明确经济责任的依据,也是调整财产物资账面记录的依据。表内"实存"栏根据盘存单填列,"账存"栏根据有关财产物资的明细账账面余额填列。"对比结果"栏中的盘盈是指实存数大于账存数的差额,也称溢余;盘亏是指实存数小于账存数的差额,也称短缺。"备注"栏主要用于说明盘盈、盘亏的原因。

8.2.3 债权债务的清查

1. 债权债务的清查方法

对于借款以及往来结算款项等债权债务的清查,一般采用询证核对的方法。即通过向债务债权单位发出询证函(或称对账单)的方式,同对方单位核对账目,以确定有关债权债务是否存在,双方余额是否一致等问题。

询证函(或对账单)按债权债务单位填制,通常一式两份,如双方核对相符,由对方单位在回执单上注明"经核对无误"字样并加盖公章后退回;如果经核对不符,则由对方单位在回执单上注明情况,或另抄对账单退回本单位。债权债务核对的结果与账面记录不符,除了可能存在记账错误以外,也有可能存在未达账项或其他原因。应进一步查明原因,再进行核对,直至相符为止。对于发现的记账错误,应按规定方法更正;对于未达账项,双方都应采用调节法核对账面余额是否相符。询证函(或往来款项对账单)的格式见表8.6。

表8.6 往来款项对账单

×××单位: 编号:

本公司因进行财产清查,需要与贵公司核对截至某年某月某日的往来款项发生额及余额情况。下列数额出自本公司账簿记录,如与贵公司记录相符,请在本函下端"数额证明无误"处签章证明;如有不符,请在"数额不符及需要说明事项"处详加说明。(本函仅为核对账目之用,并非催款结算)

发生日期	贵公司欠	欠贵公司	余 额	备 注

_____(公司印鉴)
年 月 日

数额证明无误

签章_____日期_____

数额不符及需要说明事项

签章_____日期_____

2.债权债务清查结果的记录

债权债务清查的结果,可以通过编制"往来款项清查表"加以记录。往来款项清查表的格式见表8.7。

表8.7 往来款项清查表

单位名称: 年 月 日 计量单位:

询证函编号	债务(权)人名称及地址	账面余额	询证结果	差异金额	核对不符的原因分析				备注
					争执中款项	未达账项	无法收回或偿还	其他	

主管: 清查: 制表:

往来款项清查表是根据询证函编制的,是分析账实不符的原因和明确经济责任的依据,也是调整往来款项账面记录的依据。

除上述清查内容外,对于金融资产与长期股权投资等的清查,主要是通过同证券公司和被投资单位等核对账目的方式进行。对于采用公允价值计量的金融资产,主要判断其公允价值的确定是否准确,是否及时反映了公允价值变动损益;对于长期股权投资,则根据所采用的核算方法判断其账面价值是否与实际价值相符,是否发生了减值。相关内容将在"中级财务会计"课程中学习,这里不做介绍。

8.3 财产清查结果的处理

8.3.1 财产清查结果的处理程序

财产清查工作结束后,如果账实相符,则不必进行账务处理。如果账实不符,即发生了盘盈(实存数大于账存数)或盘亏(实存数小于账存数),或虽然账实相符,即账存数等于实存数,但实际结存的财产物资发生毁损或减值,或者有质量问题甚至发生报废等,不能正常使用,从会计的角度则需要进行账务处理,财产清查结果的处理一般包括:

(1)核准盘盈、盘亏、毁损的金额,分析产生差异的原因,明确经济责任,提出处理意见,按规定的程序报请有关部门审批处理。

(2)调整账簿,做到账实相符。根据"实存账存对比表"或"现金盘点报告单"以及"往来款项清查表"等在清查过程中编制的原始凭证,填制记账凭证,据以登记有关账簿,调整账存数,使账实相符。同时将因账实不符而产生的损失或收益暂时挂账,等待查明原因后,报请有关部门审批后再处理。

(3)根据查明的原因,以经审批的有关书面凭证为依据,填制记账凭证,登记账簿,确认损失或收益。

债权债务清查结果的账务处理与现金和实物资产不同,一般其处理方式只有一种,即在发现时不做账务处理,只在经调查确定确实无法收回或偿还时,才对由此所产生的损失或收益经批准进行处理。

8.3.2 财产清查结果账务处理应设置的账户

为恰当地核算和监督财产清查的过程与结果,企业需要设置"待处理财产损溢"账户,此外还涉及"其他应收款""以前年度损益调整""管理费用""营业外收入""营业外支出"等账户。

"待处理财产损溢"账户专门用来核算企业在清查财产过程中查明的各种财产盘盈、盘亏和毁损的价值。物资在运输途中发生的非正常短缺与损耗,也通过本科目核算。但固定资产的盘盈和无法收回或偿还的债权债务所产生的损失或收益不在本科目核算。"待处理财产损溢"账户从会计科目表上看是资产类的账户,但具有双重性质。其借方登记各种材料、产成品、商品、生物资产、固定资产等的盘亏、毁损额,以及经批准确认的盘盈收益;贷方登记各种材料、产成品、商品、生物资产等的盘盈收益,以及经批准确认的盘亏、毁损损失。原材料采用计划成本核算的企业,还应同时登记应当结转的材料成本差异。涉及增值税的,还应进行相应处理企业清查的各种财产物资的损溢,应于期末前查明原因,并根据企业的管理权限,经股东大会或董事会,或经理(厂长)会议或类似机构批准后,在期末结账前处理完毕,期末本账户无余额。本账户可按盘盈、盘亏的资产种类和项目设置明细账,进行明细核算。

"待处理财产损溢"账户的结构如下:

待处理财产损溢	
①发生的待处理财产盘亏、毁损额 ②批准转销的待处理财产盘盈额	①发生的待处理财产盘盈额 ②批准转销的待处理财产盘亏、毁损额

债权债务清查结果的账务处理不需要单独设置账户进行核算。

8.3.3 财产清查结果的账务处理原则

前述已知,对于财产清查中发现的问题,应首先将盘盈、盘亏、毁损的金额调整增加或冲减有关财产物资账户,同时,记入"待处理财产损溢"账户或有关账户。然后,根据查明原因后报经审批处理的结果,确认损益。具体处理原则如下:

1. 现金和实物资产清查结果的处理

(1) 盘盈。

①批准前调账,做到账实相符。

a. 盘盈的固定资产,借记"固定资产"科目,贷记"以前年度损益调整"账户。

b. 盘盈的除固定资产以外的现金、各种材料、产成品等,借记"库存现金""原材料""库存商品"等账户,贷记"待处理财产损溢"账户。

②按管理权限报经批准后处理。

盘盈的除固定资产以外的其他财产,借记"待处理财产损溢"账户,贷记"管理费用"等账户。

(2) 盘亏、毁损。

①批准前调账,做到账实相符。

对于盘亏、毁损的现金、各种材料、产成品等,盘亏的固定资产,借记"待处理财产损溢"账户,贷记"库存现金""原材料""库存商品""固定资产"等账户。材料、产成品、商品采用计划成本(或售价)核算的,还应同时结转成本差异(或商品进销差价)。涉及增值税的,如果该资产在购进时进项税额已经抵扣计入"应交税费"账户借方的,还应贷记"应交税费——应交增值税(进项税额转出)"账户,将进项税额转出,不再作为抵扣项目减少企业的应交增值税。

②按管理权限报经批准后处理。

盘亏、毁损的各项资产,可能收回一些残余材料物资,或者获得保险赔偿或过失人赔偿。按收回的残料价值,借记"原材料"等账户;按可收回的保险赔偿或过失人赔偿,借记"其他应收款"账户。待实际收到赔偿时,再冲减"其他应收款"账户。按扣除前两项后的剩余部分,固定资产和由于非常原因造成的固定资产以外的其他资产的损失,借记"营业外支出"账户,其他情况借记"管理费用"账户。按"待处理财产损溢"账户余额,贷记"待处理财产损溢"账户。

2. 债权债务清查结果的处理

按照《企业会计准则》的规定,对于确实无法支付的应付账款,一般直接调整减少应付账款账面余额,同时确认为营业外收入。对于确实无法收回的应收账款,应当直接调整减少应收账款的余额,同时冲减企业为可能无法收回的应收账款计提的坏账准备。相关内容将在"中级财务会计"课程中学习,这里不做介绍。

8.3.4 财产清查结果账务处理举例

为进一步明确财产清查结果的账务处理方法,现举例说明财产物资清查结果的账务处理。

【例8.3】 W公司20×8年年终决算前进行了全面清查,清查中发现以下情况:

(1)盘盈甲材料400千克,价值2 000元。经查系收发计量差错所致。

首先,调整原材料账户的账面余额,使账实相符。同时将盘盈的材料挂账待查。这项经济业务的发生,一方面使W公司的原材料增加2 000元,另一方面使待处理的财产盘盈额增加2 000元,因此涉及"原材料"和"待处理财产损溢"两个账户,根据账户结构,原材料增加记入"原材料"账户借方,待处理的盘盈额记入"待处理财产损溢"账户的贷方。应编制的会计分录如下:

借:原材料——甲材料　　　　　　　　　　　　　　　2 000
　　贷:待处理财产损溢　　　　　　　　　　　　　　　　2 000

其次,审批后根据审批意见转销盘盈的财产。按照规定,材料的盘盈应当冲减管理费用。因此,这项经济业务的发生,一方面使W公司的待处理的财产盘盈额减少2 000元,另一方面使管理费用减少2 000元,因此涉及"待处理财产损溢"和"管理费用"两个账户,根据账户结构,审批处理的财产盘盈额记入"待处理财产损溢"账户的借方,管理费用减少记入"管理费用"账户的贷方。应编制的会计分录如下:

借:待处理财产损溢　　　　　　　　　　　　　　　　2 000
　　贷:管理费用　　　　　　　　　　　　　　　　　　　2 000

(2)盘亏丁材料100千克,价值1 000元,该材料系外购材料。其购进时发生的增值税进项税额130元已抵扣。经查系管理不善造成,无人为原因。

首先,调整原材料账户的账面余额,使账实相符,同时将材料的短缺损失挂账待查。

应注意的是,按照增值税条例的规定,购进货物因管理不善造成货物被盗窃、发生霉烂变质等非正常损失时,其进项税额不得从销项税额中抵扣。已抵扣的,应将该项货物的进项税额从当期发生的进项税额中扣减。在会计处理上,应在"应交税费"账户贷方转出,通常称为进项税额转出。并随同盘亏、毁损财产的历史成本一起记入"待处理财产损溢"账户。

这项经济业务的发生,一方面使W公司的待处理财产损失增加1 130元,另一方面使企业的原材料减少1 000元,增值税进行税额转出130元,因此涉及"待处理财产损溢""原材料"和"应交税费"三个账户,根据账户结构应分别记入"待处理财产损溢"账户的借方和"原材料""应交税费"账户的贷方。应编制的会计分录如下:

借:待处理财产损溢　　　　　　　　　　　　　　　　1 130
　　贷:原材料——丁材料　　　　　　　　　　　　　　　1 000
　　　　应交税费——应交增值税(进项税额转出)　　　　　130

其次,审批后根据审批结果转销财产的损失。按照规定,该项材料的盘亏损失应当计入管理费用。这项经济业务的发生,一方面使W公司的管理费用增加1 130元,另一方面使待处理财产损失减少1 130元,因此,涉及"管理费用"和"待处理财产损溢"两个账户,根据账户结构,管理费用的增加应记入"管理费用"账户的借方,审批处理的盘亏应记入"待处理财产损溢"账户的贷方。应编制的会计分录如下:

借:管理费用　　　　　　　　　　　　　　　　　　　　　　　　　1 130
　　贷:待处理财产损溢　　　　　　　　　　　　　　　　　　　　　　　1 130

（3）盘盈设备一台,经确定其同类市场价格为100 000元,估计折旧额为30 000元。

调整固定资产账户的账面余额,使账实相符,同时作为会计差错计入"以前年度损益调整"科目。按照会计准则的规定,盘盈固定资产的入账价值应按同类或类似固定资产的市场价格扣除估计折旧后的余额确定。本例中,固定资产的入账价值为

$$100\ 000 - 30\ 000 = 70\ 000(元)$$

这项经济业务的发生,一方面使W公司的固定资产增加70 000元,另一方面应调整企业的以前年度损益70 000元,因此,涉及"固定资产"和"以前年度损益调整"两个账户,根据账户结构,应分别记入"固定资产"账户的借方和"以前年度损益调整"账户的贷方。应编制的会计分录如下:

借:固定资产　　　　　　　　　　　　　　　　　　　　　　　　　70 000
　　贷:以前年度损益调整　　　　　　　　　　　　　　　　　　　　　70 000

（4）盘亏一台设备。该设备账面原值（即历史成本）200 000元,累计折旧额为165 000元。

首先调整固定资产账户的账面余额,使账实相符,同时将盘亏损失挂账待查。

应当注意的是,由于累计折旧是依附于固定资产而存在的,没有固定资产,也就不存在累计折旧。固定资产减少,则该项固定资产在使用期间提取的累计折旧也应当随之转销。此外,由于该项固定资产已经使用,累计折旧账户的余额代表了其已经转移到有关成本费用中的价值。因此,盘亏固定资产所发生的实际损失额并不是该项固定资产的历史成本即账面原值,而是该项固定资产的原值减去累计折旧后的差额,即该项固定资产的净值。

这项经济业务的发生,一方面使W公司的固定资产减少200 000元,累计折旧转销165 000元;另一方面使待处理财产损失增加35 000元,因此,涉及"待处理财产损溢""累计折旧"和"固定资产"三个账户。根据账户结构,应分别记入"待处理财产损溢""累计折旧"账户的借方和"固定资产"账户的贷方。应编制的会计分录如下:

借:累计折旧　　　　　　　　　　　　　　　　　　　　　　　　165 000
　　待处理财产损溢　　　　　　　　　　　　　　　　　　　　　　 35 000
　　贷:固定资产　　　　　　　　　　　　　　　　　　　　　　　　200 000

其次,根据调查审批结果转销财产的损失。按照规定,固定资产的盘亏损失应当计入营业外支出。

这项经济业务的发生,一方面使W公司的营业外支出增加35 000元;另一方面使待处理财产损失减少35 000元,因此,涉及"营业外支出"和"待处理财产损溢"两个账户。根据账户结构应分别记入"营业外支出"账户的借方和"待处理财产损溢"账户的贷方。应编制的会计分录如下:

借:营业外支出　　　　　　　　　　　　　　　　　　　　　　　　 35 000
　　贷:待处理财产损溢　　　　　　　　　　　　　　　　　　　　　　35 000

(5)因雷电引起火灾,烧毁库存材料一批,价值200 000元,企业已于上年年末投保,经保险公司确定,应当赔偿120 000元。赔款尚未收到。

首先,应调整原材料账户的账面余额,使账实相符,同时将材料毁损损失挂账待查。

这项经济业务的发生,一方面使W公司的原材料减少200 000元;另一方面使待处理财产损失增加200 000元,因此,涉及"待处理财产损溢"和"原材料"两个账户。根据账户的结构,应分别记入"待处理财产损溢"账户的借方和"原材料"账户的贷方。应编制的会计分录如下:

借:待处理财产损溢　　　　　　　　　　　　　　　　　　　　200 000
　　贷:原材料　　　　　　　　　　　　　　　　　　　　　　　　200 000

其次,根据调查审批结果转销财产毁损损失。该批材料毁损的原因系自然灾害,按照规定,自然灾害等非常原因造成的财产毁损损失在扣除保险公司的赔偿后应当计入营业外支出。

这项经济业务的发生,一方面使W公司的其他应收款增加120 000元,营业外支出增加80 000元;另一方面使企业待处理财产损失减少200 000元,因此,涉及"其他应收款""营业外支出"和"待处理财产损溢"三个账户。根据账户的结构,应分别记入"其他应收款""营业外支出"账户的借方和"待处理财产损溢"账户的贷方。应编制的会计分录如下:

借:其他应收款　　　　　　　　　　　　　　　　　　　　　　120 000
　　营业外支出　　　　　　　　　　　　　　　　　　　　　　　80 000
　　贷:待处理财产损溢　　　　　　　　　　　　　　　　　　　　200 000

本章小结

财产清查是通过盘点、检查财产物资实物和核对账目等方式,来确定货币资金、财产物资和债权债务等的实有数额和实际价值,并同账面结存数和账面价值进行对比,查明账面与实际是否相符的一种专门的会计核算方法。

财产清查按照财产清查的对象和范围,分为全面清查和局部清查。按照财产清查的时间,分为定期清查和不定期清查

财产清查是会计核算的一项重要内容,各单位必须组织好财产清查工作,确保财产清查工作的合理、有效和有序进行。财产清查的组织工作主要包括建立、健全财产清查制度,做好清查前的准备工作,财产清查的实施以及清查结果的处理四个内容。

财产清查的重点工作是确定资产的实存数量和质量。企业应当明确存货的盘存制度,存货盘存制度一般有两种,即实地盘存制和永续盘存制。存货成本取决于存货的数量和存货单位成本,企业应当采用先进先出法、加权平均法或者个别计价法确定发出存货的实际成本。

财产清产的对象不同,清查方法也有所不同。各种实物财产的清查方法主要包括实地盘点和技术推算,库存现金的清查采用实地盘点法,银行存款的清查采用与开户银行核对账目的方法;对于借款以及往来结算款项等债权债务的清查,一般采用询证核对的方法。

财产清查工作结束后,如果账实相符,则不必进行账务处理;如果账实不符,应调整账存

数,使账实相符。然后根据查明的原因,报经审批处理的结果,确认损益。

思考题

1. 为什么要进行财产清查?
2. 如果你的朋友请你帮助他的公司进行一次财产清查工作,你应做好哪些准备工作?
3. 财产清查如何分类? 全面清查和局部清查分别在什么情况下进行?
4. 什么是永续盘存制? 什么是实地盘存制? 请比较二者的异同点。
5. 什么是未达账项? 未达账项有哪几种情况? 未达账项应如何调整?
6. 发生的盘盈、盘亏应如何进行账务处理?

案例分析

本章开头的那个案例,到底是什么原因造成了巨额的水泥盘盈呢? 小张和清查小组的人员经过调查发现该公司水泥出库是用一种手推车,但是由于长期使用,没有及时清理,手推车的底部大约有1/4的部分因受潮而沾满了水泥,凝固在底部,每次装车实际上只是装了3/4的容量,却是按照满车的容量来填制发料单,每次发出多少车乘以车的容量,就是发出的数量,再乘以单位成本就是发出总成本。原因查清后,公司的会计按照领料单记载的发出数量估算了一下,基本上与每年盘盈的数字相符。

1. 本案例的账实不符是什么原因造成的?
2. 此种原因造成的账实不符会对哪些会计要素构成影响? 具体会涉及哪些会计账户? 有哪些影响(指增加或减少)?
3. 如果你是该单位会计,对于此种原因造成的账实不符应如何进行会计处理?

第 9 章

财务报告

学习目标

- 了解财务报告的含义及其构成
- 熟悉财务报表的种类
- 掌握资产负债表的编制方法
- 掌握利润表的编制方法
- 了解现金流量表的作用和结构

关键术语

财务报告　financial report
财务报表　financial statement
资产负债表　balance sheet
利润表　profit statement
现金流量表　statement of cash flow

经过一段时间的经营,小张等人的甜品店受到本校及周围学校学生的认可,按照规定会计小刘编制了资产负债表和利润表,从甜点店的这两张报表能得到什么会计信息呢？会计报表又如何编制呢？

9.1 财务报告概述

在日常的会计核算工作中,企业已经按照会计准则的规定,采用一定的账务处理程序,运用会计核算方法对发生的经济业务进行了会计处理,即取得和填制了会计凭证,并据以登记有关账簿,进行了连续、系统、全面、分类的记录。因此,企业在一定时期的经营成果和现金流量以及由此形成的财务状况,都已经在这些日常的会计记录资料中得以反映。

但是会计凭证和账簿中的日常会计核算资料数量太多,过于零散,没有系统性、整体性和概括性,不能集中、概括、相互联系地反映企业经营业务的全貌。在现实生活中,一方面,大部分人并没有专业的会计知识,也没有足够的时间去从凭证、账簿中快速地提炼出他所需要的会计信息;另一方面,企业也没有可能和必要向众多的信息需求者逐一提供会计凭证和账簿供其查阅。会计信息的使用者不能直接利用这些分散、零星的会计记录来分析和评价企业的财务状况、经营成果及现金流量,据以做出恰当的决策。因此,有必要定期地对日常会计核算资料进行归纳、总结,按照会计准则的规定编制成书面文件,为有关方面提供决策所需的相关信息。这种书面文件就是在会计凭证和账簿的基础上,经过加工提炼而成的财务报告。

财务报告是企业会计工作的最终成果。如果将会计人员视为生产者,则财务报告就是其生产的最终产品。而会计凭证、会计账簿则是为生产最终产品而取得的原材料和生产的半成品。这些"原材料""半成品"记录了经济活动的具体内容和发生过程,而最终产品——财务报告则是对其进行了进一步加工,即概括、综合和总结,从而形成有关方面所需的会计信息。财务报告是企业对外提供会计信息的主要途径,是对企业一定时期经济活动的过程与结果的高度概括和综合。

9.1.1 财务报告的含义及构成

1. 财务报告的含义

财务报告又称财务会计报告,我国《企业会计准则》规定:财务会计报告是指企业对外提供的反映企业某一特定日期的财务状况和某一会计期间的经营成果、现金流量等会计信息的文件。财务报告包括以下含义：

(1)财务报告是对外报告。财务报告服务对象主要是投资者、债权人等外部信息使用者。

(2)财务报告应该能够综合反映企业某一特定日期的财务状况和某一会计期间的经营成果、现金流量等会计信息的文件。

(3)财务报告应该是一整套系统的文件，能够提供完整的、系统的信息。财务报告是会计人员在会计期末根据账簿记录等资料，按照规定的方法编制而成的，它既是会计工作的定期总结，也是向会计信息使用者提供会计信息的方式。

2. 财务报告的构成

根据我国企业会计准则规定，财务会计报告包括会计报表与其附注以及其他应当在财务会计报告中披露的相关信息和资料。

财务报表是对企业财务状况、经营成果和现金流量的结构性表述。《企业会计准则第30号——财务报表列报》规定，财务报表至少应当包括资产负债表、利润表、现金流量表、所有者权益(或股东权益，下同)变动表和附注。其中资产负债表、利润表、现金流量表、所有者权益变动表属于基本财务报表。附注是对在财务报表中列示项目的文字描述或明细资料，以及对未能在这些报表中列示项目的说明等。财务报表上述组成部分具有同等的重要程度。

9.1.2 财务报告的作用

前述已知，财务会计报告的目标是向财务会计报告使用者提供与企业财务状况、经营成果和现金流量等有关的会计信息，反映企业管理层受托责任履行情况，有助于财务会计报告使用者做出经济决策。财务会计报告使用者包括投资者、债权人、政府及其有关部门和社会公众等。

虽然投资者、债权人、政府及其有关部门和社会公众对会计信息需求的侧重点有所不同，但它们都需要全面了解企业的财务状况、经营成果和现金流量情况。这就要求企业必须定期地为上述有关方面提供其所需的会计信息，财务报告作为会计信息使用者做出经济决策的有用工具，其作用有如下几点。

(1)财务报告提供的信息是投资人、债权人以及广大社会公众进行经济决策的依据，有助于促进资本市场和其他市场的有效运作，促进有限资源的合理配置。

随着经济的发展，资本市场、证券市场的建立和完善，企业与社会上各方面的联系越来越密切，在企业外部形成了众多的与企业有利害关系的单位和个人。它们往往不能直接参与企业的生产经营活动，不能直接从中获取所需要的信息，为了进行投资等方面的决策，它们需要通过财务报告了解企业的财务状况及生产经营情况，分析企业的偿债能力和获利能力，并对企业的财务状况做出判断，作为决策的依据；同时，投资人和债权人还需要通过财务报表提供的信息，了解企业的情况，监督企业的生产经营管理，以保护自身的合法权益，减少经营风险和财务风险，从而促进资本市场和其他市场的有效运作，促进有限资源的合理配置。

(2)财务报告提供的经济信息是企业加强和改善经营管理的重要依据。

企业管理当局通过财务报告,可以全面、系统、综合地了解企业生产经营活动情况、财务情况和经营成果,检查分析财务计划、成本计划、费用预算及有关方针政策的执行情况,能够及时发现经营活动中存在的问题,迅速做出决策,采取有效的措施,改善经营管理;同时也可以根据财务报告提供的信息,制订更为科学、合理的经营计划和方针。

(3)财务报告提供的信息是国家经济管理部门进行宏观调控和管理的依据。

政府部门可以通过财务报告及时掌握各企业、各行业的经济情况和管理情况,便于对企业的生产经营情况进行检查分析。如国家财政部门可以利用企业报送的财务报告,监督检查企业会计核算是否符合会计准则和相关会计制度的规定,财务报告的内容是否真实、合法;税务部门可以通过财务报告了解企业税收执行情况,据以做出是否对税收政策进行调整的决策等。

9.1.3 财务报告的种类

财务报表是财务报告的核心。这里的种类指的是财务报表的种类。不同性质的会计主体,其财务报表的种类也不尽相同,企业财务报表分类如下:

1. 按照财务报表所反映的内容分类

财务报表按照反映的内容,可以分为静态财务报表和动态财务报表。

(1)静态财务报表。静态财务报表是指综合反映企业一定时点的资产、负债、所有者权益的财务报表,如资产负债表,它主要反映企业的财务状况。静态财务报表反映的是企业资金运动在某一时点上的结果。

(2)动态财务报表。动态财务报表是指反映企业一定时期内资金耗费和收回的报表,如利润表和现金流量表。动态财务报表反映的是企业某一时期资金运动的过程,反映企业的获利能力和现金的流入、流出情况。

2. 按照财务报表的报送对象分类

财务报表按照报送对象可以分为对外财务报表和对内财务报表。

(1)对外财务报表。对外财务报表是指向企业外部有关方面提供的,可以供各类会计信息使用者共同使用的通用财务报表。企业会计准则规定,企业对外提供的财务报表包括资产负债表、利润表、现金流量表、所有者权益(或股东权益)变动表及附注。

(2)对内财务报表。对内财务报表是指企业根据自身管理的需要自行确定编制的,为企业经营管理服务,供企业内部使用的财务报表,如产品销售收入明细表、管理费用明细表等。对内财务报表一般没有统一规定的格式和指标口径。

3. 按照财务报表的编报期间分类

财务报表按照编报期间可以分为中期财务报表和年度财务报表。

(1)中期财务报表。中期财务报表是指以短于一个完整的会计年度的报告期间为基础编制的财务报表,包括月度财务报表、季度财务报表、半年度财务报表等。中期财务报表的内容至少应当包括资产负债表、利润表、现金流量表和附注。并且资产负债表、利润表、现金流量表应当是完整的,与年度财务报表的格式和内容一致。附注可适当简略。

(2)年度财务报表。年度财务报表反映一个完整会计年度财务状况、经营成果和现金流量等信息。年度财务报表包括资产负债表、利润表、现金流量表、所有者权益(或股东权益)变动表及附注。

4. 按照财务报表的编报主体分类

财务报表按照编报主体可以分为个别财务报表和合并财务报表。

(1)个别财务报表。个别财务报表是根据账簿等日常会计核算资料加工后编制的,反映一个独立法人财务状况、经营成果和现金流量情况的财务报表。

(2)合并财务报表。合并财务报表是以母公司及其子公司组成的企业集团为会计主体,以母公司和其子公司单独编制的个别财务报表为基础,由母公司编制的反映集团合并财务状况、经营成果和现金流量的财务报表。合并报表包括合并资产负债表、合并利润表、合并现金流量表或合并所有者权益变动表等。

9.1.4 财务报表的编制要求

财务报表的编制应当符合以下要求:

1. 真实可靠

财务报表作为综合反映企业财务状况、经营成果、现金流量等方面信息的重要文件,关系到各有关方面决策的正确性以及整个国民经济的发展,甚至关系到企业、投资人、债权人的生死存亡。因此,企业编制的财务报表首先应当是真实的、可靠的。

企业编制财务报表,应当根据真实的交易、事项以及完整、准确的账簿记录等资料,按照会计准则规定的编制基础、编制依据、编制原则和方法编制的,做到内容真实、数据准确可靠。《会计法》《公司法》《证券法》等有关法律均规定,企业不得编制和对外提供虚假的或者隐瞒重要事实的财务报表,并规定企业负责人对本企业财务报表的真实性、完整性负责。

2. 相关可比

相关可比是指企业财务报表所反映的综合会计信息必须是与有关方面进行经济决策有关的,并且按照会计准则的规定编制。编制财务报表的目的就是为各有关方面提供决策所需的信息,因此,财务报表所提供的信息必须和决策有关,有助于正确决策;同时,为使有关方面能够在众多决策方案中通过比较,选择出更加合理、更加科学的方案,必须使不同的企业提供的财务报表所反映的相同信息具有可比性。

3. 全面完整

全面完整是指企业编制的财务报表应当全面反映报告日和报告期内企业的财务状况、经营成果、现金流量等方面的信息,不得遗漏。财务报表只有全面反映企业的财务状况、经营成果和现金流量,提供完整的会计信息资料,才能满足各方面对会计信息的需求。为了保证财务报表全面完整,企业在编制财务报表时,应当按照会计准则规定的格式和内容,根据登记完整、核对无误的会计账簿记录和其他有关资料编制,做到内容完整、数字真实、计算准确,不得漏报或者任意取舍。

4. 便于理解

便于理解是指财务报表提供的信息易于为财务报表使用者理解。财务报表是为有关方面进行经济决策提供信息,而这些会计信息的使用者不可能都是会计专业人士,因此,财务报表应当清晰易懂,易于理解。如果财务报表提供的信息晦涩难懂,不可理解,会计信息的使用者就无法做出可靠的判断,财务报表也就毫无作用。当然,财务报表的这一编制要求是建立在财务报表的使用者具有一定的阅读财务报表能力的基础之上。

5. 编报及时

信息的特征是有时效性。财务报表只有及时编制和报送,才能有利于财务报表的使用者使用。否则,即使最真实、可靠、完整的财务报表,对其使用者而言,也没有价值。特别是在市场经济条件下,市场需求瞬息万变,企业应当根据市场供求的变化情况,及时调整生产经营活动。如果不能及时得到有关信息资料,对市场的变化情况及时做出反应,企业在市场竞争中将处于被动的地位。因此,企业应当及时编制财务报表,并及时报送传递给有关方面。

为了保证财务报表的质量,做到真实可靠、相关可比、全面完整和编报及时,企业在编制财务报表之前,应当做好准备工作。编制财务报表前应当做的准备工作主要包括期末账项调整、财产清查、对账、结账等。

9.2 资产负债表

9.2.1 资产负债表的概念及作用

1. 资产负债表的概念

资产负债表是指反映企业在某一特定日期财务状况的会计报表,即反映企业拥有多少资产,欠多少债务,有多少净资产的报表。

根据会计分期这一会计核算的基本前提,企业应当定期对外报告企业的财务状况,即按月份、季度、半年或全年报告。因此,这里的某一特定日期一般是指公历每月、每季、每半年的最后一天以及公历每年的12月31日,因此,资产负债表属于静态报表。

资产负债表是以"资产=负债+所有者权益"这一会计等式为理论依据,按照一定的分类标准和顺序,把企业一定日期的资产、负债和所有者权益予以适当排列,按照会计准则的规定编制而成的。

2. 资产负债表的作用

(1)能够反映资产、负债和所有者权益的全貌,可以帮助财务报表使用者了解企业所拥有或控制的资源的总量,以及这些资源的分布与结构,帮助财务报表使用者分析企业的生产经营能力。

(2)能够反映企业资金的来源构成,即债权人和投资人各自的权益及其结构,从而分析企业未来需用多少资产或劳务清偿债务,了解投资者在企业资产中所享有的份额,帮助财务报表使用者分析企业的财务风险和权益保障程度。

(3)通过资产负债的对比分析,可以了解企业的偿债能力(包括短期偿债能力和长期偿债能力)与支付能力,分析企业未来财务状况的变动趋势。

9.2.2 资产负债表的内容与结构

1. 资产负债表的内容

资产负债表的内容分为资产和权益两部分,其中权益部分包括负债和所有者权益。按照企业会计准则的规定,各项目的分类标准和排列顺序如下:

(1)资产分为流动资产和非流动资产,按照其流动性由强到弱分类列示。流动资产中的具体项目也按照流动性由强到弱依次排列;非流动资产中的各项目则按性质分类列示。

(2)负债分为流动负债和非流动负债,按照其偿还期限由短到长分类列示。其中各项目按其性质分别列示。

(3)所有者权益应当按照其永久性递减的顺序排列。

2. 资产负债表的结构

资产负债表的结构由表首和正表构成。其中,表首概括地说明报表名称、编制单位、编制日期、报表编号、货币名称等。正表是资产负债表的主体,列示说明企业财务状况的各个项目,正表有账户式和报告式两种格式。

(1)报告式资产负债表。报告式资产负债表是将资产负债表的项目自上而下排列,首先列示资产各项目的数额,然后列示负债各项目的数额,最后列示所有者权益各项目的数额。其格式见表9.1。

表9.1 资产负债表(报告式)

资产	
流动资产	××××
持有至到期投资	××××
固定资产	××××
无形资产	××××
其他资产	××××
资产合计	××××
负债	
流动负债	××××
非流动负债	××××
负债合计	××××
所有者权益	
实收资本	××××
资本公积	××××
盈余公积	××××
未分配利润	××××
所有者权益合计	××××

(2)账户式资产负债表。账户式资产负债表又称平衡式资产负债表。账户式资产负债表严格地将该表分为左、右两方,左方列示资产项目,右方列示负债和所有者权益项目,从而使资产负债表左、右两方的合计数保持平衡。按照我国企业会计准则的规定,企业的资产负债表采用账户式。其格式见表9.2。

表 9.2　资产负债表(简表)　　　　　　　　　　会企 01 表

编制单位：　　　　　　　　　　年　月　日　　　　　　　　　　单位：元

资　产	行次	期末余额	年初余额	负债和所有者权益（或股东权益）	行次	期末余额	年初余额
流动资产：	略			流动负债：			
货币资金				短期借款			
交易性金融资产				交易性金融负债			
应收票据				应付票据			
应收账款				应付账款			
预付款项				预收款项			
其他应收款				应交税费			
存货				应付职工薪酬			
合同资产				合同负债			
一年内到期的非流动资产				其他应付款			
其他流动资产				一年内到期的非流动负债			
流动资产合计				其他流动负债			
非流动资产：				流动负债合计			
债权投资				非流动负债：			
其他债权投资				长期借款			
长期应收款				应付债券			
长期股权投资				长期应付款			
投资性房地产				预计负债			
固定资产				递延所得税负债			
在建工程				其他非流动负债			
工程物资				非流动负债合计			
生产性生物资产				负债合计			
油气资产				所有者权益（或股东权益）：			
无形资产				实收资本（或股本）			
开发支出				资本公积			
商誉				减：库存股			
长期待摊费用				其他综合收益			
递延所得税资产				盈余公积			
其他非流动资产				未分配利润			
非流动资产合计				所有者权益（或股东权益）合计			
资产总计				负债和所有者权益（或股东权益）总计			

9.2.3 资产负债表的编制方法

资产负债表各项目的有关数据应当按照资产、负债和所有者权益账户本期总分类账户以及明细分类账户的期末余额直接填列、汇总填列、分析处理后填列。具体填列方法如下：

(1)"年初余额"栏内的数字，应根据上年年末资产负债表"期末数"栏内所列数字填列。如果本年度资产负债表规定的各个项目的名称和内容同上一年度不一致，应对上年年末资产负债表中各项目的名称和数字按照本年度的口径进行调整，填入本表"年初余额"栏内。

(2)"期末余额"栏内的数字，应根据以下方法填列：

①根据总账的期末余额直接填列。资产负债表的有些项目可以根据一个总账的期末余额直接填列，主要包括短期借款、应付职工薪酬、应交税费、实收资本(或股本)、资本公积、盈余公积等项目。

②根据明细账户的期末余额计算填列。资产负债表某些项目不能根据总账账户的期末余额直接填列，而是需要根据有关总账账户所属明细账户的期末余额计算填列。主要包括一年内到期的非流动资产、应付账款、预收款项、一年内到期的非流动负债、长期借款、未分配利润等项目。

③根据若干总账账户期末余额计算填列。资产负债表某些项目需要根据若干个总账账户的期末余额计算(相加或相减)填列。主要包括货币资金、存货、固定资产、无形资产等项目。如："货币资金"项目应根据"库存现金"、"银行存款"、"其他货币资金"总账期末余额合计数填列。

④根据总账账户和明细账户期末余额分析计算填列。主要包括应收账款、预付款项、其他应收款、长期借款、应付债券、长期应付款、其他非流动负债等项目。

⑤根据表中数据计算填列。包括资产负债表中的"流动资产合计""非流动资产合计""资产总计""流动负债合计""非流动资产负债合计""负债合计""所有者权益合计""负债和所有者权益总计"项目。

下面举例说明资产负债表的简要编制方法。

【例9.1】 W公司20×8年12月1日总分类账户余额资料见表9.3。

表9.3 账户余额表 单位:元

账户名称	借方余额	账户名称	贷方余额
库存现金	1 000	短期借款	100 000
银行存款	568 500	应付账款	113 000
应收账款	268 000	应付职工薪酬	43 500
预付账款	80 000	应交税费	0
原材料	40 000	应付利息	27 600
库存商品	232 110	实收资本	1 000 000
生产成本	68 000	盈余公积	48 000
固定资产	100 000		
累计折旧	−25 510		
合　　计	1 332 100	合　　计	1 332 100

W公司20×8年12月发生的经济业务见第4章例4.1~例4.6、例4.10~例4.21、例

4.23~例4.58。根据这些业务计算W公司各总账12月的本期发生额和期末余额,具体见表9.4。

表 9.4 总账本期发生额与期末余额表   单位:元

账户名称	本期发生额		期末余额	
	借方	贷方	借方	贷方
库存现金	75 000.00	75 960.00	40.00	
银行存款	2 040 660.00	622 065.54	1 987 094.46	
应收账款	316 925.00	123 975.00	460 950.00	
预付账款	50 000.00	90 400.00	39 600.00	
原材料	212 750.00	229 600.00	23 150.00	
库存商品	292 480.00	386 850.00	137 740.00	
在途物资	51 100.00	51 100.00	0	
生产成本	312 740.00	292 480.00	88 260.00	
制造费用	19 280.00	19 280.00	0	
固定资产	540 000.00		640 000.00	
累计折旧		5 500.00		31 010.00
在建工程	60 000.00	60 000.00	0	
无形资产	300 000.00		300 000.00	
累计摊销		5 000.00		5 000.00
短期借款		600 000.00		700 000.00
应付账款	91 086.00	91 086.00		113 000.00
预收账款	218 655.00	218 655.00		0
应付职工薪酬	75 000.00	90 000.00		58 500.00
应交税费	45 106.00	168 741.55		123 635.55
应付利息		3 000.00		30 600.00
应付股利	71 609.54	71 609.54		0
长期借款		400 000.00		400 000.00
实收资本		1 000 000.00		2 000 000.00
盈余公积		71 609.54		119 609.54
本年利润	847 000.00	847 000.00		0
利润分配	286 438.16	381 917.53		95 479.37
主营业务收入	645 000.00	645 000.00		0
其他业务收入	2 000.00	2 000.00		0
主营业务成本	386 850.00	386 850.00	0	
其他业务成本	1 100.00	1 100.00	0	

续表9.4　　　　　　　　　　　　　　　　　　　　　　　　　　　　　　单位:元

账户名称	本期发生额		期末余额	
	借方	贷方	借方	贷方
税金及附加	5 065.40	5 065.40	0	
销售费用	10 500.00	10 500.00	0	
管理费用	22 220.00	22 220.00	0	
财务费用	3 000.00	3 000.00	0	
营业外收入	200 000.00	200 000.00		0
营业外支出	100 000.00	100 000.00	0	
所得税费用	79 566.15	79 566.15	0	
合计	7 361 131.25	7 361 131.25	3 676 834.46	3 676 834.46

根据上述资料编制 W 公司 20×8 年 12 月 31 日的资产负债表,见表9.5。

表9.5　资产负债表(简化)

编制单位:W公司　　　　　　20×8 年 12 月 31 日　　　　　　　　单位:元

资产	期末余额	年初余额	负债和所有者权益(或股东权益)	期末余额	年初余额
流动资产:			流动负债:		
货币资金	1 987 134.46	略	短期借款	700 000.00	略
交易性金融资产			交易性金融负债		
应收票据			应付票据		
应收账款	460 950.00		应付账款	113 000.00	
预付款项	39 600.00		预收款项		
其他应收款			应交税费	123 635.55	
存货	249 150.00		应付职工薪酬	58 500.00	
合同资产			合同负债		
一年内到期的非流动资产			其他应付款	30 600.00	
其他流动资产			一年内到期的非流动负债		
流动资产合计	2 736 834.46		其他流动负债		
			流动负债合计	1 025 735.55	
非流动资产:			非流动负债:		
债权投资			长期借款	400 000.00	

续表 9.5

编制单位：W 公司　　　　　　　　20×8 年 12 月 31 日　　　　　　　　单位：元

资　产	期末余额	年初余额	负债和所有者权益（或股东权益）	期末余额	年初余额
其他债权投资			应付债券		
长期应收款			长期应付款		
长期股权投资			预计负债		
投资性房地产			递延所得税负债		
固定资产	608 990.00		其他非流动负债		
在建工程			非流动负债合计	400 000.00	
生产性生物资产			负债合计	1 425 735.55	
油气资产			所有者权益（或股东权益）：		
无形资产	295 000.00		实收资本（或股本）	2 000 000.00	
开发支出			资本公积		
长期待摊费用			减：库存股		
递延所得税资产			其他综合收益		
			盈余公积	119 609.54	
			未分配利润	95 479.37	
其他非流动资产			所有者权益（或股东权益）合计	2 215 088.91	
非流动资产合计	903 990.00				
资产总计	3 640 824.46		负债和所有者权益（或股东权益）总计	3 640 824.46	

其中：

货币资金期末余额＝库存现金账户期末余额＋银行存款账户期末余额

存货期末余额＝原材料账户期末余额＋库存商品账户期末余额＋生产成本账户期末余额

固定资产期末余额＝固定资产账户期末余额－累计折旧账户期末余额

无形资产期末余额＝无形资产账户期末余额－累计摊销账户期末余额

9.3　利　润　表

9.3.1　利润表的概念及作用

1. 利润表的概念

利润表是指反映企业在一定会计期间经营成果的财务报表。这里的一定期间包括一个月、一个季度、半年和一年等。利润表属于动态报表。由于利润是企业经营业绩的综合体现,也是企业分配利润的主要依据,因此,利润表是企业财务报表中的主表之一。

利润表是以"收入-费用=利润"为理论依据,企业在利润表中应当对费用按照功能分类,分为从事经营业务发生的成本、管理费用、销售费用和财务费用等。将企业在一定时期内所有的收入和利得与所有的费用和损失进行比较,按照企业会计准则的规定编制而成,据以计算该期间的净利润(或净亏损)。

2. 利润表的作用

(1)能够反映企业生产经营的收益和成本耗费情况,表明企业的生产经营成果。

(2)能够提供企业不同时期的比较数字,可以帮助财务报表使用者分析企业未来的利润发展趋势和获利能力,了解投资人投入资本的完整性。

(3)能够帮助财务报表使用者分析企业利润增减变动的原因,有助于发现企业经营管理中存在的漏洞和弊端。

9.3.2 利润表的内容与结构

利润表的结构一般包括表首、正表两部分。其中,表首概括地说明报表名称、编制单位、编制日期、报表编号、货币名称、计量单位等。正表是利润表的主体,反映形成经营成果的各个项目和计算过程。正表有单步式和多步式两种格式。

1. 单步式利润表

单步式利润表有账户式和报告式两种格式。账户式利润表采用左、右对照的结构,把表格分为左、右两个部分,左边反映各种收入项目,右边反映各种费用项目,两者相抵的差额,即为本期实现的净利润(或净亏损)。其格式见表9.6。

表9.6 利润表(账户式)

项 目	上年实际数	本年累计数	项 目	上年实际数	本年累计数
主营业务收入			主营业务成本		
其他业务收入			税金及附加		
公允价值变动收益			其他业务成本		
投资收益			销售费用		
营业外收入			管理费用		
			财务费用		
			营业外支出		
			所得税费用		
合计			合计		
净利润					

报告式利润表是将利润表的项目自上而下排列,首先列示收入各项目的数额,然后列示费用各项目的数额,最后列示二者的差额即净利润(或净亏损)。其格式见表9.7。

表9.7 利润表(报告式)

项　目	上年实际数	本年实际数
收入：		
主营业务收入		
其他业务收入		
公允价值变动收益		
投资收益		
营业外收入		
收入与利得合计		
费用：		
主营业务成本		
税金及附加		
其他业务成本		
销售费用		
管理费用		
财务费用		
资产减值损失		
营业外支出		
所得税费用		
费用与损失合计		
净利润		

无论是账户式还是报告式,单步式利润表中利润的形成都是一步完成的,其计算过程都可以用如下公式表示:

收入与利得合计数-费用与损失合计数=净利润

单步式利润表的优点是比较直观、简单,易于编制。但它不能揭示利润各构成要素之间的内在联系,不便于财务报表使用者对企业进行盈利预测及分析,也不便于同行业之间财务报表的比较评价。因此,单步式利润表主要适用于那些业务比较简单的行业。

2. 多步式利润表

多步式利润表通常采用上加下减的报告式结构。在该表中,净利润的计算不是利用收入合计数减去费用合计数一步计算完成的,而是将其分解为若干个计算步骤,分步计算确定净利润。由于不同行业之间生产经营特点不同,各行业之间这种步骤的划分也不完全一致。通常是将净利润的计算分解为营业利润、利润总额和净利润三个步骤来进行。各步骤计算过程见表9.8。

多步式利润表能清晰地反映企业利润的形成过程,准确揭示利润各构成要素之间的内在联系,便于财务报表使用者进行预测与分析,评价企业的获利能力。这种格式的利润表在我国运用得十分普遍。企业的利润表即采用多步式。

表 9.8 利润表(简化)

编制单位：　　　　　　　　　　　　年　　月　　　　　　　　　　　单位:元

项　目	本月数	本年累计数
一、营业收入		
减:营业成本		
税金及附加		
销售费用		
管理费用		
研发费用		
财务费用		
加:其他收益		
投资收益(损失以"-"号填列)		
公允价值变动收益(损失以"-"号填列)		
信用减值损失(损失以"-"号填列)		
资产减值损失(损失以"-"号填列)		
资产处置损失(损失以"-"号填列)		
二、营业利润(亏损以"-"号填列)		
加:营业外收入		
减:营业外支出		
三、利润总额(亏损总额以"-"号填列)		
减:所得税费用		
四、净利润(净亏损以"-"号填列)		
五、其他综合收益的税后净额		
……		
六、综合收益总额		
七、每股收益		
(一)基本每股收益		
(二)稀释每股收益		

9.3.3 利润表的编制方法

利润表"本月数"栏反映各项目的本月实际发生数，"本年累计数"栏反映各项目自年初起至报告期末止的累计实际发生数。

编制年度利润表时应填列"上期金额"和"本期金额"。

"上期金额"栏应当根据上年同期利润表"本期金额"栏内所列数字填列。如果企业上年该期利润表规定的项目的名称和内容与本期不一致,应当对上年该期利润表相关项目的名称和金额按照本期的规定进行调整,填入"上期金额"栏。

"本期金额"栏一般应根据损益类账户和所有者权益类有关账户的发生额分析填列。

具体编制方法如下:

(1)根据有关损益类总账账户的本期发生额分析填列。包括"税金及附加""销售费用""管理费用""财务费用""资产减值损失""公允价值变动收益""投资收益""营业外收入""营业外支出""所得税费用"等项目。

(2)根据两个损益类总账账户的本期发生额之和填列。"营业收入"项目应根据"主营业务收入"和"其他业务收入"账户发生额合计数填列。"营业成本"项目应根据"主营业务成本"和"其他业务成本"账户发生额合计数填列。

(3)根据有关损益类账户所属的明细账户本期发生额分析填列。"其中:对联营企业和合营企业的投资收益""其中:非流动资产处置利得""其中:非流动资产处置损失"等项目,应根据"投资收益""营业外收入""营业外支出"等账户所属的相关明细账户的发生额分析填列。

(4)根据有关账户及其所属明细账户本期发生额分析填列。"其他综合收益的税后净额"项目及其各组成部分,应根据"其他综合收益"账户及其所属明细账户本期发生额分析填列。

(5)根据利润表中有关项目金额计算填列。包括"营业利润""利润总额""净利润""综合收益总额"项目。

(6)根据相关规定计算填列。包括"基本每股收益"和"稀释每股收益"项目。

【例9.2】 根据 W 公司 20×8 年 12 月各损益类总账账户发生额(表9.4)编制 W 公司 12 月利润表(表9.9)。

表9.9 利润表(简化)

编制单位:　　　　　　　　　　20×8 年 12 月　　　　　　　　　　单位:元

项　目	行次	本月数	本年累计数
一、营业收入	1	647 000.00	
减:营业成本	2	387 950.00	略
税金及附加	3	5 065.40	
销售费用	4	10 500.00	
管理费用	5	22 220.00	
研发费用	6		
财务费用	7	3 000.00	
资产减值损失	8		
加:其他收益	9		
投资收益(损失以"-"号填列)	10		
公允价值变动收益(损失以"-"号填列)	11		
信用减值损失(损失以"-"号填列)	12		
资产减值损失(损失以"-"号填列)	13		

续表 9.9

编制单位：　　　　　　　　　　20×8 年 12 月　　　　　　　　　　单位:元

项　　目	行次	本月数	本年累计数
资产处置损失（损失以"－"号填列）	14		
二、营业利润（亏损以"－"号填列）	15	218 264.60	
加：营业外收入	16	200 000.00	
减：营业外支出	17	100 000.00	
三、利润总额（亏损总额以"－"号填列）	18	318 264.60	
减：所得税费用	19	79 566.15	
四、净利润（净亏损以"－"号填列）	20	238 698.45	
五、其他综合收益的税后净额	21		
……	22		
六、综合收益总额	23		
七、每股收益	24		
（一）基本每股收益	25		
（二）稀释每股收益	26		

9.4　现金流量表

9.4.1　现金流量表的概念及作用

现金流量表是指反映企业在一定会计期间的现金和现金等价物流入与流出的财务报表。

现金流量表中的现金是广义的概念，是指现金和现金等价物，具体包括库存现金、银行存款、其他货币资金和现金等价物。

现金是指企业库存现金以及可以随时用于支付的存款。不能随时用于支付的存款不属于现金。

现金等价物是指企业持有的期限短、流动性强，易于转换为已知金额现金、价值变动风险很小的投资。期限短，一般是指从购买日起三个月内到期。现金等价物通常包括三个月内到期的债券投资等。权益性投资变现的金额通常不确定，因而不属于现金等价物。企业应当根据具体情况，确定现金等价物的范围，一经确定不得随意变更。

现金流量是指现金和现金等价物的流入与流出。

现金流量表能告诉我们企业在一定会计期间内现金（含现金等价物）的来源和去向，反映企业获取现金的能力。

现金流量表具有以下作用：

（1）通过现金流量表提供的企业现金流量信息，可以弥补权责发生制的不足，有助于财务报告使用者对企业的整体财务状况做出客观评价。评价一个企业的获利能力，预测其发展前景，仅仅依靠资产负债表和利润表是不够的。由于资产负债表和利润表都是权责发生制的核算结果，企业利润表中所反映的利润并不与企业当期获取的现金对应，即企业当期获得了1 000万元的利润，并不等于企业当期增加了1 000万元的现金，有1 000万元的现金可供使用。在市场经济条件下，竞争异常激烈，如果企业的利润仅仅是账面上的"利润"，而实际并无现金可供周转，长此以往，企业必然陷入困境，甚至可能因无法偿还到期债务而处于濒临破产的境地。因此，企业不仅应当向财务报告使用者提供有关财务状况和经营成果方面的信息，还应当向其提供反映企业现金流量情况的信息，从而使财务报告使用者能够从总体上评价企业的财务状况，了解企业的偿债能力和支付能力。

（2）通过现金流量表，可以了解企业当前的财务状况，预测企业未来的发展情况。现金流量表将引起企业现金流入、流出的经济活动分为三类，即经营活动产生的现金流量、投资活动产生的现金流量和筹资活动产生的现金流量。根据报表中现金流量的构成，可以判断企业现金流量结构是否合理，现金流量是否有重大波动，从而深入分析和评价企业的财务状况，并根据企业现阶段发生的重大理财活动，预测其未来的发展情况。

9.4.2 现金流量表的内容与格式

1. 现金流量表的内容

现金流量表包括现金流量表和附注两部分。

（1）正表。

正表应当分为经营活动、投资活动和筹资活动列报现金流量。经营活动是指企业投资活动和筹资活动以外的所有交易和事项；投资活动是指企业长期资产的购建和不包括在现金等价物范围的投资及其处置活动；筹资活动是指导致企业资本及债务规模和构成发生变化的活动。各项活动产生的现金流量的具体内容详见报表格式。

（2）附注。

现金流量表附注也是现金流量表的补充资料，分为三部分：第一部分是"将净利润调节为经营活动现金流量"；第二部分是"不涉及现金收支的重大投资和筹资活动"；第三部分是"现金和现金等价物净变动情况。"

2. 现金流量表的格式

企业会计准则对一般企业、商业银行、保险公司、证券公司等企业类型现金流量表的格式分别进行了规定。企业应当根据其经营活动的性质，确定本企业适用的现金流量表格式。

一般企业的现金流量表正表格式见表9.10。

表9.10 现金流量表

编制单位：　　　　　　　　　　　　年　月　　　　　　　　　　　　单位：元

项　目	本期金额	上期金额
一、经营活动产生的现金流量：		
销售商品、提供劳务收到的现金		
收到的税费返还		

续表9.10

编制单位:　　　　　　　　　　年　月　　　　　　　　　单位:元

项　　目	本期金额	上期金额
收到其他与经营活动有关的现金		
经营活动现金流入小计		
购买商品、接受劳务支付的现金		
支付给职工以及为职工支付的现金		
支付的各项税费		
支付其他与经营活动有关的现金		
经营活动现金流出小计		
经营活动产生的现金流量净额		
二、投资活动产生的现金流量:		
收回投资收到的现金		
取得投资收益收到的现金		
处置固定资产、无形资产和其他长期资产收回的现金净额		
处置子公司及其他营业单位收到的现金净额		
收到其他与投资活动有关的现金		
投资活动现金流入小计		
购建固定资产、无形资产和其他长期资产支付的现金		
投资支付的现金		
取得子公司及其他营业单位支付的现金净额		
支付其他与投资活动有关的现金		
投资活动现金流出小计		
投资活动产生的现金流量净额		
三、筹资活动产生的现金流量:		
吸收投资收到的现金		
取得借款收到的现金		
收到其他与筹资活动有关的现金		
筹资活动现金流入小计		
偿还债务支付的现金		
分配股利、利润或偿付利息支付的现金		
支付其他与筹资活动有关的现金		
筹资活动现金流出小计		
筹资活动产生的现金流量净额		
四、汇率变动对现金及现金等价物的影响		
五、现金及现金等价物净增加额		
加:期初现金及现金等价物余额		
六、期末现金及现金等价物余额		

9.4.3　现金流量表的编制方法

经营活动产生的现金流量是现金流量表的重要组成部分。因此现金流量表的编制方法通常可以按照经营活动产生的现金流量的编制方法分为直接法和间接法两种。

有关经营活动现金流量的信息,可以通过企业的会计记录或者根据有关项目对利润表中的营业收入、营业成本以及其他项目进行调整获得。

直接法是指通过现金收入和现金支出的主要类别列示经营活动的现金流量。通常根据企业的会计记录获取有关信息。

间接法则是通过对净利润的调整来确定经营活动现金流量。在现金流量表附注中披露将净利润调节为经营活动现金流量的信息时,采用间接法。

关于现金流量表的具体编制方法及现金流量表附注的内容将在"中级会计实务"课程中详细介绍。

按照企业会计准则的规定,财务报表除了资产负债表、利润表、现金流量表外,还有所有者权益(或股东权益)变动表、附注等。

所有者权益变动表是反映构成所有者权益的各组成部分当期增减变动情况的财务报表。

所有者权益变动表应当全面反映一定时期所有者权益变动的情况,不仅包括所有者权益总量的增减变动,还包括所有者权益增减变动的重要结构性信息,有助于报表使用者理解所有者权益增减变动的根源。通过该表,可以了解企业某一会计年度所有者权益(或股东权益)的各项目实收资本(或股本)、资本公积、盈余公积和未分配利润等的增加、减少及其余额的情况,分析其变动原因及预测未来的变动趋势。

按照《企业会计准则第30号——财务报表列报》的规定,所有者权益(或股东权益)变动表至少应当单独列示下列信息项目:净利润、直接计入所有者权益的利得和损失项目及其总额、会计政策变更和差错更正的累积影响金额、所有者投入资本和向所有者分配利润等,按照规定提取的盈余公积、实收资本(或股本)、资本公积、盈余公积、未分配利润的期初和期末余额及其调节情况。

根据企业会计准则的规定,企业需要提供比较所有者权益变动表,所有者权益变动表还就各项目再分为"本年金额"和"上年金额"两栏分别填列。企业应当根据所有者权益类科目和损益类有关科目的发生额分析填列所有者权益变动表"本年金额"栏,企业应当根据上年度所有者权益变动表"本年金额"栏内所列数字填列本年度"上年金额"栏内各项数字。如果上年度所有者权益变动表规定的项目的名称和内容同本年度不一致,应对上年度所有者权益变动表相关项目的名称和金额按本年度的规定进行调整,填入所有者权益变动表"上年金额"栏内。

附注是对在资产负债表、利润表、现金流量表和所有者权益变动表等报表中列示项目的文字描述或明细资料,以及对未能在这些报表中列示项目的说明等。附注就是对报表所不能包括的内容或者披露不详尽的内容所做的进一步解释和说明,是报表的必要补充。

企业会计准则对附注的披露要求是对企业附注披露的最低要求,应当适用于所有类型的企业,企业还应当按照各项会计准则的规定在附注中披露相关信息。

附注应当披露财务报表的编制基础,其所披露的其他相关信息应当与资产负债表、利润表、现金流量表和所有者权益变动表等报表中列示的项目相互参照。并且应当按顺序披露以下内容:

(1)企业的基本情况。

(2) 财务报表的编制基础。
(3) 遵循企业会计准则的声明。
(4) 重要会计政策和会计估计。
(5) 会计政策、会计估计变更以及差错更正的说明。
(6) 报表重要项目的说明。
(7) 或有和承诺事项、资产负债表日后非调整事项、关联方关系及其交易等需要说明的事项。
(8) 有助于财务报表使用者评价企业管理资本的目标、政策及程序的信息。

财务会计报告是重要的经济档案和历史资料,根据《会计档案管理办法》规定,应当归档保管,单位应当严格按照相关制度建立调阅制度,在进行会计档案查阅、复制、借出时履行登记手续,严禁篡改和损坏。月度、季度、半年度财务会计报告保管期限为10年,年度财务会计报告永久保存。

本章小结

财务会计报告是指企业对外提供的反映企业某一特定日期的财务状况和某一会计期间经营成果、现金流量等会计信息的文件。财务会计报告包括会计报表及其附注以及其他应当在财务会计报告中披露的相关信息和资料。

财务报表是对企业财务状况、经营成果和现金流量的结构性表述。财务报表至少应当包括资产负债表、利润表、现金流量表、所有者权益(或股东权益,下同)变动表和附注。其中资产负债表、利润表、现金流量表、所有者权益(或股东权益,下同)变动表属于基本财务报表。附注是对在财务报表中列示项目所做的进一步说明,以及对未能在这些报表中列示项目的说明等。

财务报表按照反映的内容可以分为静态财务报表和动态财务报表;按照报送对象可以分为对外财务报表和对内财务报表;按照编报期间可以分为中期财务报表和年度财务报表;按照编报主体可以分为个别财务报表和合并财务报表。

财务报表的编制应当真实可靠、相关可比、全面完整、便于理解、编报及时。

资产负债表是指反映企业在某一特定日期财务状况的会计报表,即反映企业拥有多少资产,欠多少债务,有多少净资产的报表。资产负债表是以"资产=负债+所有者权益"这一会计等式为理论依据,我国企业的资产负债表采用账户式。资产负债表各项目的有关数据应当按照资产、负债和所有者权益账户本期总分类账户以及明细分类账户的期末余额直接填列、汇总填列、分析处理后填列。

利润表是指反映企业在一定会计期间的经营成果的财务报表。利润表的理论依据是"收入-费用=利润"。我国企业利润表采用多步式。利润表是根据损益类账户的本期发生额分析编制的。

现金流量表是指反映企业在一定会计期间的现金和现金等价物流入与流出的财务报表。企业会计准则对一般企业、商业银行、保险公司、证券公司等企业类型现金流量表的格式分别进行了规定。现金流量表的编制方法通常可以按照经营活动产生的现金流量的编制方法分为直接法和间接法两种。

按照企业会计准则的规定,财务报表除了资产负债表、利润表、现金流量表外,还有所有者权益(或股东权益)变动表、附注等。

思考题

1. 什么是财务报告?财务报告由哪些内容构成?财务报告有什么作用?
2. 什么是资产负债表?资产负债表的理论基础是什么?资产负债表有什么作用?
3. 如何编制资产负债表?
4. 什么是利润表?其编制基础是什么?利润表有什么作用?
5. 如何编制利润表?

第 10 章

账务处理程序

 学习目标

- 了解账务处理程序及其种类
- 掌握记账凭证账务处理程序、科目汇总表账务处理程序、汇总记账凭证账务处理程序的步骤、特点和适用范围

> **关键术语**
>
> 账务处理程序　bookkeeping procedure

经过近一个学期的学习,小张了解了会计凭证、账簿的种类,掌握了会计核算的七种方法,知道了经济业务发生以后,要采用设置账户、复式记账、填制审核凭证、登记账簿、成本计算、财产清查、编制财务报告等一系列会计核算的专门方法进行会计处理。在实际工作中,由于各单位的业务性质、经营规模大小、经济业务繁简程度不尽相同,会计凭证、账簿应如何选用?会计凭证、账簿与会计报表之间存在什么关系?采用会计核算方法进行会计处理的步骤又有哪些呢?

10.1 账务处理程序概述

10.1.1 账务处理程序的意义

科学、合理的账务处理程序是正确组织会计核算工作的一个重要前提。账务处理程序是否科学、合理,会对整个会计核算工作产生多方面的影响。因此,为了全面、连续、系统地反映经济业务,为经济管理提供系统的会计信息,科学、合理地组织会计工作,必须根据各单位的具体情况确定相应的账务处理程序,使会计凭证、会计账簿、会计报表能够有机地结合起来,以便有条不紊地做好会计核算工作。

账务处理程序也称会计核算组织程序、会计核算形式,它是指在会计循环中,会计主体采用的会计凭证、会计账簿、会计报表的种类和格式与记账程序有机结合的方法和步骤。由于国家有关的准则或会计制度中对于会计报表的种类和格式已有统一规定,因此,不论选择哪一种账务处理程序,会计报表的种类与格式都不会有变动。所以一般来说,账务处理程序主要包括凭证组织、账簿组织、记账程序和方法三个方面的内容。

凭证组织包括原始凭证的取得、填制、整理和汇总,记账凭证的填制和汇总,会计凭证的审核、传递和保管等;账簿组织包括各类账簿的设置,账页格式的确定,账簿的登记,各账簿之间的相互关系;记账程序和方法包括从会计凭证填制、会计账簿登记到会计报表编制的步骤和方法。

确定科学、合理的账务处理程序,对于保证能够准确、及时提供系统的、完整的会计信息,具有十分重要的意义。

(1)有利于规范会计核算组织工作。会计核算工作需要会计部门和会计人员之间的密切配合,科学合理的会计账务处理程序,使会计机构和会计人员在进行会计核算的过程中有序可循,可以按照不同的责任分工,有条不紊地处理好各个环节上的会计核算工作内容。

(2)有利于保证会计核算工作质量。在进行会计核算的过程中,保证会计核算工作的质量是对会计工作的基本要求。建立起科学、合理的会计账务处理程序,形成加工和整理会计信息的正常机制,是提高会计核算工作质量的重要保障。

(3)有利于提高会计核算工作效率。会计核算工作效率的高低,直接关系到提供会计信息的及时性和相关性。按照既定的会计账务处理程序井然有序地进行会计信息的处理,减少不必要的环节,提高会计核算工作效率,使会计信息整理、加工和对外报告顺利进行,保证会计信息的及时性和相关性。

10.1.2 账务处理程序的要求

建立科学、合理、适用的账务处理程序,应当符合下列基本要求:

(1)从本会计主体的实际情况出发。各单位应根据会计主体所属行业的特点、组织规模的大小、经济业务的复杂程度和经营管理的需要设计账务处理程序。一般而言,在经济活动内容比较庞杂,规模比较大,经济业务繁多的企业,其账务处理程序相对也比较复杂;反之则比较简单。

(2)以保证会计核算质量为立足点。确定账务处理程序的目的是要保证能够准确、及时和完整地提供系统而完备的会计信息资料,以满足会计信息的使用者了解会计信息,据以做出经济决策的需要。因此,账务处理程序应以保证会计信息质量为根本立足点。

(3)力求降低会计核算成本。在满足会计核算工作需要,保证会计核算工作质量,提高会计核算工作效率的前提下,力求简化会计核算手续,以利于节约人力、物力和财力,从而降低会计核算成本。

(4)应有利于内部控制制度的贯彻执行。确定账务处理程序要有利于会计部门和会计人员的分工与合作,有利于明确各会计人员工作岗位的职责,有利于不同程序之间的相互牵制。

10.1.3 账务处理程序的种类

在会计实务中,会计凭证、会计账簿和会计报表的种类繁多,格式也各不相同。由于所采用的会计凭证、会计账簿和会计报表的种类与格式不同,因此账务处理程序也不可能完全相同。常用的账务处理程序主要有记账凭证账务处理程序、科目汇总表账务处理程序、汇总记账凭证账务处理程序和多栏式日记账账务处理程序等。

各种账务处理程序的主要区别在于登记总账的依据和方法不同。

10.2 记账凭证账务处理程序

10.2.1 记账凭证账务处理程序的特点

记账凭证账务处理程序是指直接根据各种记账凭证逐笔登记总分类账,并定期编制财务报表的一种账务处理程序。其显著特征是直接根据记账凭证逐笔登记总账。它是最基本的账务处理程序,其他账务处理程序都是在此基础上发展演变而成的。

在记账凭证账务处理程序中,记账凭证可以采用收款凭证、付款凭证和转账凭证等专用记账凭证,也可以用通用记账凭证。现金日记账和银行存款日记账一般应设置收、付、余三栏式;各总分类账均采用借、贷、余三栏式;明细分类账可根据核算需要,采用三栏式、数量金额式或多栏式。

10.2.2 记账凭证账务处理程序的基本步骤

记账凭证账务处理程序的基本步骤如图10.1所示。

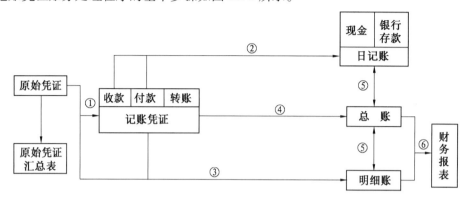

图10.1 记账凭证账务处理程序的基本步骤

(1)经济业务发生以后,根据有关的原始凭证或原始凭证汇总表填制记账凭证。
(2)根据收款凭证和付款凭证逐笔登记库存现金日记账与银行存款日记账。
(3)根据记账凭证并参考原始凭证或原始凭证汇总表,逐笔登记各种明细分类账。
(4)根据各种记账凭证逐笔登记总分类账。
(5)月末,将日记账、明细分类账的余额分别与相应的总分类账的余额进行核对。
(6)月末,根据总分类账和明细分类账的资料编制财务报表。

10.2.3 记账凭证账务处理程序的优缺点及适用范围

记账凭证账务处理程序的优点是方法简单明了,易于掌握,总分类账能够比较详细地反映经济业务的发生情况,清晰地反映账户之间的对应关系;其缺点是对于记账凭证数量较多的单位,登记总分类账工作量过大。

记账凭证账务处理程序一般只适用于规模较小、经济业务量比较少、需要编制记账凭证不是很多的会计主体。

10.3 科目汇总表账务处理程序

10.3.1 科目汇总表账务处理程序的特点

科目汇总表账务处理程序是指根据科目汇总表登记总分类账,并定期编制财务报表的账务处理程序。其显著特征是定期(10天、15天、每个月一次等)根据记账凭证编制科目汇总表,并据以登记总分类账。科目汇总表账务处理程序是在记账凭证账务处理程序的基础上发展和演变而来的。

在科目汇总表账务处理程序中,记账凭证和账簿的种类和格式与记账凭证账务处理程序相同,但是还要使用"科目汇总表"这种具有汇总性质的记账凭证。

10.3.2 科目汇总表的编制方法

科目汇总表也称记账凭证汇总表,实际上是一种汇总记账凭证,是根据记账凭证汇总编制的,列示各总分类账户的本期发生额,据以登记总账的记账凭证。

科目汇总表的编制方法:

(1)编制科目汇总表底稿。将一定时期内的全部记账凭证,在科目汇总表底稿(丁字账或表格)上按照相同会计科目进行归类,分别汇总每个科目的借、贷双方的发生额。

(2)将科目汇总表底稿上各会计科目的发生额填列在科目汇总表的相应栏内,并计算出全部账户的借方发生额合计和贷方发生额合计。

根据科目汇总表登记总分类账时,只需要将该表中汇总起来的各会计科目的本期借、贷方发生额,分次或月末一次记入相应总分类账的借方或贷方即可。

科目汇总表的编制举例:

【例10.1】 某工厂20×9年6月根据所发生的经济业务编制的记账凭证(表10.1~10.12)。假设该厂采用科目汇总表账务处理程序。月末,根据记账凭证编制科目汇总表。

表10.1 收款凭证

借方科目:银行存款　　　　　　20×9年6月2日　　　　　　收字第1号

对方单位	摘要	贷方科目		金额							过账	附凭证1张
		总账科目	明细科目	十	万	千	百	十	元	角	分	
	接受投资	实收资本	某公司		5	0	0	0	0	0		
合　计				¥	5	0	0	0	0	0		

主管:　　　　会计:　　　　记账:　　　　审核:　　　　制单:

表10.2 付款凭证

贷方科目:库存现金　　　　　　20×9年6月3日　　　　　　付字第1号

对方单位	摘要	借方科目		金额							过账	附凭证1张
		总账科目	明细科目	十	万	千	百	十	元	角	分	
	借差旅费	其他应收款	李强			5	0	0	0	0		
合　计					¥	5	0	0	0	0		

主管:　　　　会计:　　　　记账:　　　　审核:　　　　制单:

表 10.3 收款凭证

借方科目：银行存款　　　　　　20×9 年 6 月 5 日　　　　　　收字第 2 号

对方单位	摘要	贷方科目		金额							过账
		总账科目	明细科目	十	万	千	百	十	元	角	分	
某公司	收到还款	应收账款	某公司		2	0	0	0	0	0	
合　　计				¥	2	0	0	0	0	0	

附凭证 1 张

主管：　　　　会计：　　　　记账：　　　　审核：　　　　制单：

表 10.4 付款凭证

贷方科目：库存现金　　　　　　20×9 年 6 月 11 日　　　　　　付字第 2 号

对方单位	摘要	借方科目		金额							过账
		总账科目	明细科目	十	万	千	百	十	元	角	分	
	购买办公用品	管理费用	办公费				1	2	0	0	0
		制造费用	办公费					8	0	0	0
合　　计					¥		2	0	0	0	0

附凭证 2 张

主管：　　　　会计：　　　　记账：　　　　审核：　　　　制单：

表 10.5 转账凭证

20×9 年 6 月 11 日　　　　　　转字第 1 号

摘要	借方科目		贷方科目		金额								过账
	总账科目	明细科目	总账科目	明细科目	十	万	千	百	十	元	角	分	
车间领料	生产成本	A 产品	原材料	甲材料		1	5	0	0	0	0	0	
	生产成本	B 产品	原材料	甲材料		2	0	0	0	0	0	0	
	管理费用		原材料	乙材料			3	0	0	0	0	0	
	制造费用		原材料	乙材料			2	0	0	0	0	0	
合　　计					¥	4	0	0	0	0	0	0	

附凭证 1 张

主管：　　　　会计：　　　　记账：　　　　审核：　　　　制单：

表 10.6　转账凭证

20×9 年 6 月 15 日　　　　　　　　　　　转字第 2 号

摘要	借方科目		贷方科目		金额								过账
	总账科目	明细科目	总账科目	明细科目	十	万	千	百	十	元	角	分	
销售产品	应收账款	某公司	主营业务收入			1	0	0	0	0	0		
	应收账款	某公司	应交税费	应交增值税			1	3	0	0	0		
合　计					¥	1	1	3	0	0	0		

附凭证 1 张

主管：　　　会计：　　　记账：　　　审核：　　　制单：

表 10.7　收款凭证

借方科目：库存现金　　　20×9 年 6 月 18 日　　　　　　　收字第 3 号

对方单位	摘要	贷方科目		金额								过账
		总账科目	明细科目	十	万	千	百	十	元	角	分	
李强	还差旅费余款	其他应收款	李强					5	0	0	0	
合　计							¥	5	0	0	0	

附凭证 1 张

主管：　　　会计：　　　记账：　　　审核：　　　制单：

表 10.8　转账凭证

20×9 年 6 月 18 日　　　　　　　　　　　转字第 3 号

摘要	借方科目		贷方科目		金额								过账
	总账科目	明细科目	总账科目	明细科目	十	万	千	百	十	元	角	分	
报销差旅费	管理费用	差旅费	其他应收款	李强				4	5	0	0	0	
合　计							¥	4	5	0	0	0	

附凭证 1 张

主管：　　　会计：　　　记账：　　　审核：　　　制单：

表10.9 付款凭证

贷方科目：银行存款　　　　　20×9年6月20日　　　　　　　付字第3号

对方单位	摘要	借方科目		金额								过账
		总账科目	明细科目	十	万	千	百	十	元	角	分	
某工厂	还货款	应付账款	某工厂		5	0	0	0	0	0	0	
合　　计				¥	5	0	0	0	0	0	0	

主管：　　　会计：　　　记账：　　　审核：　　　制单：

附凭证1张

表10.10 转账凭证

20×9年6月25日　　　　　　　转字第4号

摘要	借方科目		贷方科目		金额								过账
	总账科目	明细科目	总账科目	明细科目	十	万	千	百	十	元	角	分	
材料入库	原材料	甲材料	在途物资	甲材料		5	0	0	0	0	0	0	
合　　计					¥	5	0	0	0	0	0	0	

主管：　　　会计：　　　记账：　　　审核：　　　制单：

附凭证1张

表10.11 付款凭证

贷方科目：库存现金　　　　　20×9年6月28日　　　　　　　付字第4号

对方单位	摘要	借方科目		金额								过账
		总账科目	明细科目	十	万	千	百	十	元	角	分	
	发工资	应付职工薪酬				9	0	0	0	0	0	
合　　计				¥		9	0	0	0	0	0	

主管：　　　会计：　　　记账：　　　审核：　　　制单：

附凭证2张

表 10.12　转账凭证

20×9 年 6 月 30 日　　　　　　　　　　　　转字第 5 号

摘要	借方科目		贷方科目		金额							过账	附凭证1张
	总账科目	明细科目	总账科目	明细科目	十万	千	百	十	元	角	分		
分配制造	生产成本	A 产品	制造费用				8	0	0	0	0		
费用	生产成本	B 产品	制造费用			1	2	8	0	0	0		
合　计					￥	2	0	8	0	0	0		

主管：　　　会计：　　　记账：　　　审核：　　　制单：

在以上经济业务的记账凭证中，编制的会计分录涉及了很多会计科目。对这些会计科目分别按借、贷方发生额进行汇总时，可利用编制科目汇总表工作底稿的方法进行。科目汇总表工作底稿的格式如图 10.2 所示。

借方	库存现金	贷方
收3	50	付1　　500
		付2　　200
		付4　9 000
	50	9 700

借方	银行存款	贷方
收1	5 000	付3　5 000
收2	2 000	
	7 000	5 000

借方	应收账款	贷方
转2	1 130	收2　2 000
	1 130	2 000

借方	其他应收款	贷方
付1	500	收3　　50
		转3　450
	500	500

借方	在途物资	贷方
		转4　5 000
		5 000

借方	原材料	贷方
转4	5 000	转1　40 000
	5 000	40 000

借方	应付账款	贷方
付3	5 000	
	5 000	

借方	应付职工薪酬	贷方
付4	9 000	
	9 000	

借方	应交税费	贷方
		转2　130
		130

借方	实收资本	贷方
		收1　5 000
		5 000

图 10.2　科目汇总表底稿

借方	生产成本	贷方		借方	制造费用	贷方	
转1	35 000			付2	80	转5	2 080
转5	2 080			转1	2 000		
	37 080				2 080		2 080

借方	主营业务收入	贷方		借方	管理费用	贷方	
		转2	1 000	付2	120		
			1 000	转1	3 000		
				转3	450		
					3 570		

续图 10.2

根据图 10.2 汇总结果编制科目汇总表,见表 10.13。

表 10.13 科目汇总表

20×9 年 6 月 1 日至 30 日　　　　　　　　　　　　　　科汇第 1 号

会计科目	账页	本期发生额		记账凭证起讫号数
		借　方	贷　方	
库存现金		50	9 700	略
银行存款		7 000	5 000	
应收账款		1 130	2 000	
其他应收款		500	500	
在途物资			5 000	
原材料		5 000	40 000	
应付账款		5 000		
应付职工薪酬		9 000		
应交税费			130	
实收资本			5 000	
生产成本		37 080		
制造费用		2 080	2 080	
主营业务收入			1 000	
管理费用		3 570		
合计		70 410	70 410	

主管：　　　　　　记账：　　　　　　制表：

10.3.3 科目汇总表账务处理程序的基本步骤

科目汇总表账务处理程序的基本步骤如图 10.3 所示。

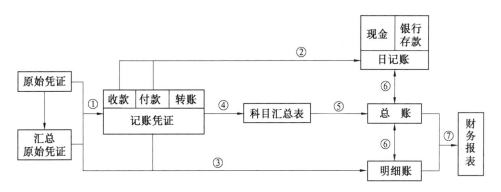

图 10.3　科目汇总表账务处理程序的基本步骤

（1）经济业务发生以后，根据有关的原始凭证或原始凭证汇总表填制记账凭证。
（2）根据收款凭证和付款凭证逐笔登记库存现金日记账与银行存款日记账。
（3）根据记账凭证并参考原始凭证或原始凭证汇总表，逐笔登记各种明细分类账。
（4）根据各种记账凭证编制科目汇总表。
（5）根据各种科目汇总表登记总分类账。
（6）月末，将日记账、明细分类账的余额分别与相应的总分类账的余额进行核对。
（7）月末，根据总分类账和明细分类账的资料编制财务报表。

10.3.4　科目汇总表账务处理程序的优缺点及适用范围

科目汇总表账务处理程序的优点是汇总方法简单，便于掌握，能够大大减少登记总账的工作量，可以利用科目汇总表的汇总结果进行账户发生额的试算平衡，提高核算的准确度；缺点是由于科目汇总表是按照相同科目进行汇总，并且是按照汇总后的金额登记总账，因此，不能够清晰地反映账户之间的对应关系，不能够说明经济业务的来龙去脉。

科目汇总表账务处理程序适用于规模较大、经济业务较多、记账凭证较多的单位。

10.4　汇总记账凭证账务处理程序

10.4.1　汇总记账凭证账务处理程序的特点

汇总记账凭证账务处理程序是指根据汇总记账凭证登记总分类账，并定期编制财务报表的一种账务处理程序。其显著特点是定期（5 天、10 天等）根据各种专用记账凭证编制汇总记账凭证并据以登记总分类账。汇总记账凭证账务处理程序是在记账凭证账务处理程序的基础上发展演变而来的。

在汇总记账凭证账务处理程序中，除使用收款凭证、付款凭证和转账凭证之外，还使用汇总记账凭证，包括汇总收款凭证、汇总付款凭证和汇总转账凭证。使用的会计账簿与记账凭证账务处理程序基本相同。

10.4.2 汇总记账凭证的编制方法

汇总记账凭证是根据专用记账凭证,定期按照一定的方法进行汇总编制而成的。汇总记账凭证的种类不同,汇总编制的方法也有所不同。

1. 汇总收款凭证的编制方法

汇总收款凭证的编制方法是:按收款凭证上的借方科目(主体科目)设置汇总收款凭证,按其相应的贷方科目定期进行汇总,每月编制一张,汇总时计算出每个贷方科目发生额合计数,填入汇总收款凭证的相应栏次。

经过上述汇总过程得到的各个贷方科目发生额的合计数,就是这些账户在一定会计期间发生额的总和,是登记有关总分类账户的依据。对以上各账户的发生额合计数进行合计,也就是所汇总的主体科目"库存现金"或"银行存款"在该会计期间的借方发生额总额,是登记"库存现金"或"银行存款"总账的依据。

汇总收款凭证的编制举例:

【例 10.2】 某工厂 20×6 年 6 月根据所发生的经济业务编制的记账凭证(表 10.1~10.12),假设该厂采用汇总记账凭证账务处理程序,每旬汇总一次,编制汇总收款凭证见表 10.14 和表 10.15。

表 10.14 汇总收款凭证

借方科目:库存现金　　　　20×9 年 6 月 30 日　　　　汇收第 1 号

贷方科目	金　额				记　账	
	(1)	(2)	(3)	合　计	借　方	贷　方
其他应收款		50		50		
合　　计				50		

附注:(1)自＿＿＿日至＿＿＿日　　收款凭证共计＿＿＿张
　　　(2)自 11 日至 20 日　　收款凭证共计 1 张
　　　(3)自＿＿＿日至＿＿＿日　　收款凭证共计＿＿＿张

表 10.15 汇总收款凭证

借方科目:银行存款　　　　20×9 年 6 月 30 日　　　　汇收第 2 号

贷方科目	金　额				记　账	
	(1)	(2)	(3)	合　计	借　方	贷　方
实收资本	5 000			5 000		
应收账款	2 000			2 000		
合　　计	7 000			7 000		

附注:(1)自 1 日至 10 日　　收款凭证共计 2 张
　　　(2)自＿＿＿日至＿＿＿日　　收款凭证共计＿＿＿张
　　　(3)自＿＿＿日至＿＿＿日　　收款凭证共计＿＿＿张

2. 汇总付款凭证的编制方法

汇总付款凭证的编制方法是：按付款凭证上的贷方科目（主体科目）设置汇总付款凭证，按其相应的借方科目定期(5 天、10 天等)进行汇总，每月编制一张。汇总时计算出每一个借方科目发生额合计数，填入汇总付款凭证的相应栏次。

经过上述汇总过程得到的各个借方科目发生额的合计数，就是这些账户在一定会计期间发生额的总和，是登记有关总分类账户的依据。对以上各账户的发生额合计数进行合计，也就是所汇总的主体科目"库存现金"或"银行存款"在该会计期间的贷方发生额总额，是登记"库存现金"或"银行存款"总账的依据。

汇总付款凭证的编制举例：

【例 10.3】 承接例 10.2。编制汇总付款凭证见表 10.16 和表 10.17。

表 10.16　汇总付款凭证

贷方科目：库存现金　　　　　20×9 年 6 月 30 日　　　　　汇付第 1 号

借方科目	金额				记账	
	(1)	(2)	(3)	合计	借方	贷方
其他应收款	500			500		
管理费用		120		120		
制造费用		80		80		
应付职工薪酬			9 000	9 000		
合计	500	200	9 000	9 700		

附注：(1) 自　1　日至　10　日　收款凭证共计　1　张
　　　(2) 自　11　日至　20　日　收款凭证共计　1　张
　　　(3) 自　21　日至　30　日　收款凭证共计　1　张

表 10.17　汇总付款凭证

贷方科目：银行存款　　　　　20×9 年 6 月 30 日　　　　　汇付第 2 号

借方科目	金额				记账	
	(1)	(2)	(3)	合计	借方	贷方
应付账款		5 000		5 000		
合计		5 000		5 000		

附注：(1) 自　　　日至　　　日　收款凭证共计　　　张
　　　(2) 自　11　日至　20　日　收款凭证共计　1　张
　　　(3) 自　　　日至　　　日　收款凭证共计　　　张

3. 汇总转账凭证的编制方法

汇总转账凭证的编制方法是：按转账凭证上的贷方科目设置汇总转账凭证，按其相应的借方科目定期(5天、10天等)进行汇总,每月编制一张。汇总时计算出每个借方科目发生额合计数,填入汇总转账凭证的相应栏中。

经过上述汇总过程得到的各个借方科目发生额的合计数,就是这些账户在一定会计期间发生额的总和,是登记有关总分类账户的依据。对以上各账户的发生额合计数进行合计,也就是所汇总的贷方科目在该会计期间的贷方发生额总额,是登记该账户的依据。

如果在汇总期内某一个贷方账户的转账凭证为数不多时,也可不填汇总转账凭证,直接根据转账凭证登记总账。

10.4.3 汇总记账凭证账务处理程序的基本步骤

汇总记账凭证账务处理程序的基本步骤如图10.4所示。

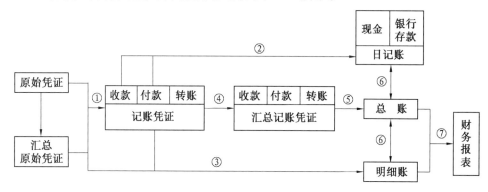

图10.4 汇总记账凭证账务处理程序的基本步骤

(1)经济业务发生以后,根据有关的原始凭证或原始凭证汇总表填制记账凭证。
(2)根据收款凭证和付款凭证逐笔登记库存现金日记账与银行存款日记账。
(3)根据记账凭证并参考原始凭证或原始凭证汇总表,逐笔登记各种明细分类账。
(4)根据各种记账凭证编制汇总记账凭证。
(5)根据各种汇总记账凭证登记总分类账。
(6)月末,将日记账、明细分类账的余额分别与相应的总分类账的余额进行核对。
(7)月末,根据总分类账和明细分类账的资料编制财务报表。

10.4.4 汇总记账凭证账务处理程序的优缺点及适用范围

汇总记账凭证账务处理程序的优点是大大减少登记总账的工作量,汇总记账凭证和账簿均能够清晰地反映账户之间的对应关系;缺点是编制汇总记账凭证的工作量比较大,并且汇总过程中可能存在的错误不易发现。

汇总记账凭证账务处理程序适用于规模较大、经济业务较多、记账凭证较多的单位。

10.5 多栏式日记账账务处理程序

10.5.1 多栏式日记账账务处理程序的特点

多栏式日记账账务处理程序是指月末根据多栏式日记账登记总账的一种账务处理程序。其显著特点是设置多栏式日记账,根据收、付款凭证直接逐笔登记多栏式日记账,月末根据多栏式现金日记账和多栏式银行存款日记账登记总分类账,对于转账业务,可以根据转账凭证逐笔登记总分类账,也可以根据转账凭证编制转账凭证科目汇总表,据以登记总分类账。

在多栏式日记账账务处理程序中记账凭证一般采用专用凭证,使用的总账和明细账与记账凭证账务处理程序基本相同。但是日记账需要采用多栏式。

10.5.2 多栏式日记账账务处理程序的基本步骤

多栏式日记账账务处理程序的基本步骤如图 10.5 所示。

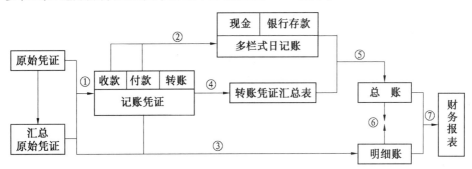

图 10.5 多栏式日记账账务处理程序基本步骤示意图

(1)经济业务发生以后,根据有关的原始凭证或原始凭证汇总表填制记账凭证。
(2)根据收款凭证和付款凭证逐笔登记多栏式库存现金日记账与银行存款日记账。
(3)根据记账凭证并参考原始凭证或原始凭证汇总表,逐笔登记各种明细分类账。
(4)根据多栏式日记账及转账凭证(或转账凭证汇总表)登记总分类账。
(5)月末,将明细分类账的余额分别与相应的总分类账的余额进行核对。
(6)月末,根据总分类账和明细分类账的资料编制会计报表。

10.5.3 多栏式日记账账务处理程序的优缺点及适用范围

多栏式日记账账务处理程序的优点是减少了登记总账的工作量;缺点是登记多栏式日记账的工作量较大,对于业务复杂的单位,多栏式日记账中的栏次会设置较多,账页过宽,不便于登记。

多栏式日记账账务处理程序适用于经济规模较小、收付款业务较多的单位。

本章小结

账务处理程序是指在会计循环中,会计主体采用的会计凭证、会计账簿、会计报表的种类和格式与记账程序有机结合的方法及步骤。账务处理程序主要包括凭证组织、账簿组织、记账程序和方法三个方面的内容。在会计实务中,由于所采用的会计凭证、会计账簿和会计报表的种类与格式不同,账务处理程序也不可能完全相同。

常用的账务处理程序程序有记账凭证账务处理程序、科目汇总表账务处理程序、汇总记账凭证账务处理程序和日记总账确定账务处理程序等。各种账务处理程序的主要区别在于登记总账的依据和方法不同。不管采用哪种账务处理程序,都是以账簿为核心,再把凭证、账簿、记账程序和记账方法结合起来。

记账凭证账务处理程序是直接根据各种记账凭证逐笔登记总分类账,并定期编制财务报表的一种账务处理程序。其显著特征是直接根据记账凭证逐笔登记总账。它是最基本的账务处理程序。

科目汇总表账务处理程序是指根据各种记账凭证定期编制科目汇总表,然后根据科目汇总表登记总分类账,并定期编制财务报表的账务处理程序。

汇总记账凭证账务处理程序是指根据各种专用记账凭证定期汇总编制汇总记账凭证,然后根据汇总记账凭证登记总分类账,并定期编制财务报表的一种账务处理程序。

多栏式日记账账务处理程序是指根据收、付款凭证直接逐笔登记多栏式日记账,月末根据多栏式日记账登记总账的一种账务处理程序。

各种账务处理程序在记账凭证、会计账簿的选择上有各自的要求,并且有各自的适用范围。

思考题

1. 什么是账务处理程序?我国常用的账务处理程序有哪几种?各种账务处理程序的主要区别是什么?
2. 简述记账凭证账务处理程序的特点、优缺点和适用范围。
3. 试述记账凭证账务处理程序的操作步骤。
4. 简述科目汇总表账务处理程序的特点、优缺点和适用范围。
5. 怎样编制科目汇总表?
6. 试述科目汇总表账务处理程序的操作步骤。

案例分析

结合所学知识,你认为小张等人的甜点店应采用哪种账务处理程序?为什么?

第 11 章

会计工作组织

学习目标

- 了解会计工作组织的意义
- 熟悉会计机构设置和会计人员的职责与权限
- 掌握会计规范体系的构成

关键术语

会计机构　accounting offices
会计人员　accountant
会计制度　accounting system
会计规范　accounting standards

11.1　会计工作组织概述

会计既是一项综合性、政策性较强的管理工作,也是一项复杂的、细致的工作,是经济管理的重要组成部分。会计以价值形式对经济业务进行确认、计量和报告,为经济决策提供所需的财务信息。为了适合会计工作的综合性、政策性和严密细致的特点,必须正确、合理地组织会计工作。

会计工作组织就是对会计机构的设置、会计人员的配备、会计制度和法规的制定和执行等工作所做的统筹安排。

11.1.1　组织会计工作的意义

正确、科学地组织会计工作具有十分重要的意义,具体体现在以下方面。

1. 有利于保证会计工作的质量,提高会计工作的效率

会计反映的是再生产过程中各个阶段以货币表现的经济活动,具体又可表现为循环往复的资金运动。会计工作要把这些财务收支和经济活动从凭证到账簿再到报表,连续地进行收集、记录、分类、汇总和分析等。这不但涉及复杂的计算,而且包括一系列的程序和手续,各个程序之间、各种手续之间密切联系,其中任何一个环节出现问题,都会造成整个核算结果错误。这就要求会计机构和会计人员通过合理的手续制度和处理程序,把会计工作科学地组织起来,以保证会计工作的质量,提高会计工作的效率。

2. 有利于会计工作与其他经济管理工作的协调一致

会计工作不但与宏观经济如国家财政、税收、金融等密切相关,而且与各单位内部的计划、统计等工作密切相关。会计工作一方面能够促进其他经济管理工作,另一方面也需要其他管理工作的配合。会计工作必须首先服从国家的宏观经济政策,要与之保持口径一致,同时又要与各单位的计划、统计工作之间保持协调关系。

3. 有利于加强各单位内部的经济责任制

经济责任制是各经营单位实行内部控制和管理的重要手段,会计是经济管理的重要组成部分,必须要在贯彻经济责任制方面发挥重要作用,实行内部控制离不开会计。科学地组织会计工作可以促进会计单位内部有效利用资金,提高管理水平,从而提高经济效益,为企业尽最大可能地创造利润。

11.1.2 组织会计工作的基本原则

组织会计工作的基本原则是指组织会计工作必须遵循的管理工作的一般规律。它是做好会计工作,提高会计工作质量和效率必须遵守的原则。要组织好会计工作,应遵循以下原则:

(1)组织会计工作既要符合国家对会计工作的统一要求,又要适应各单位生产经营的特点,必须按照会计法对会计工作的统一要求,贯彻执行国家的有关规定。只有按照统一要求组织会计工作,才能发挥会计工作在维护社会主义市场经济秩序、加强经济管理、提高经济效益中的作用。此外,还必须结合各单位自身的特点,制定具体办法和补充规定等。

(2)组织会计工作既要保证核算工作的质量,又要节约人力、物力,以提高工作效率。会计工作十分复杂,如果组织不好,就会重复劳动,造成资源浪费。故对会计管理程序的规定,所有会计凭证、账簿、报告的设计,会计机构的设置以及会计人员的配置等,都应避免烦琐、力求精简。

(3)组织会计工作既要保证贯彻整个单位的经济责任制,又要建立会计工作的责任制度,科学地组织会计工作,应在保证贯彻整个企业单位的经济责任制的同时,建立和完善会计工作本身的责任制度,合理分工,建立会计岗位,实现会计处理手续和会计工作程序的规范化。

11.1.3 会计工作的组织形式

会计工作组织形式是指企业根据自身的规模、业务繁简和管理要求对具体会计业务采用不同的分工方式。按企业内部部门之间具体会计工作分工方式的不同,会计工作组织形式分为集中核算和分散核算两种;按企业与所属单位之间的经济管理体制不同,分为独立核算和非独立核算两种。

1. 集中核算和分散核算

集中核算是指企业一般只设一个厂级会计机构,就是把整个企业的主要会计工作,如明细核算、总分类核算、财务报表的编制和各有关项目的考核分析等,都集中在企业财务会计部门进行;其他职能部门、车间、仓库配备专职或兼职的核算人员,对本部门发生的经济业务,只负责填制或取得原始凭证,并对原始凭证进行适当的汇总,定期将其送交企业会计部门,为企业会计部门进行会计核算提供资料。

采用集中核算形式,核算工作集中在会计部门进行,便于会计人员进行合理的分工,采用科学的凭证整理程序,在核算过程中运用现代化手段,可以简化和加速核算工作,提高核算效率,节约费用,并可以根据会计部门的记录,随时了解企业内部各部门的生产经营活动情况。其缺点是各部门领导不能随时利用核算资料检查和控制本部门的工作。

分散核算又称非集中核算,企业的二级单位规模较大的,要设置专门的会计机构,并对本部门所发生的经济业务,在厂级会计机构的指导下进行较为全面的核算,完成填制原始凭证或原始凭证汇总表,登记有关明细账簿,单独核算本部门的成本费用及盈亏,编制财务报表等项工作;企业会计部门只负责登记总账和部分明细账,并汇总编制整个企业的财务报表。但是这些二级部门和车间不能单独与企业外部其他单位发生经济往来,也不能在银行开设结算账户。

采用非集中核算形式,可以使企业内部各部门随时利用有关核算资料检查本部门工作,随时发现问题,随时解决问题。这种核算形式的缺点是会计部门不便于采用最合理的凭证管理办法,会计人员的合理分工在一定程度上会受到限制,从整个企业范围看,核算的工作量有所增加,增加会计人员的数量,因而相应的费用将增多。

对于一个企业而言,是采用集中核算组织形式还是分散核算组织形式并不是绝对的,可以单一地采用集中核算或分散核算形式,也可以二者兼而有之。但无论采用哪一种核算形式,企业对外的现金往来、物资购销、债权债务的结算都应由企业厂级会计部门集中办理。

企业在确定应采用的会计工作组织形式时,既要考虑能正确及时地反映企业的经济活动情况,又要注意简化核算手续,提高工作效率,具体应注意以下几个方面:

(1)考虑本部门规模大小、业务繁简以及相关核算条件的要求。
(2)在保证会计核算质量的前提下,力求简化会计核算手续,及时、正确地提供会计核算资料,节约人力和物力。
(3)全面考虑企业会计人员的数量和业务素质的适应能力。
(4)各相关部门之间要做到相互配合,有关会计核算资料的确定应口径一致。

2. 独立核算和非独立核算

独立核算是指对本单位的业务经营活动过程及其成果进行全面、系统的会计核算。独立核算单位的特点是:在管理上有独立的组织形式,具有一定数量的资金,在当地银行开户;独立进行经营活动,能同其他单位订立经济合同;独立计算盈亏,单独设置会计机构并配备会计人员,并有完整的会计工作组织体系。

非独立核算又称报账制,是把与本单位的业务经营活动有关的日常业务资料,逐日或定期报送上级单位,由上级单位进行核算。非独立核算单位的特点是:一般由上级拨给一定数额的周转资金从事业务活动,一切收入全面上缴,所有支出向上级报销,本身不单独计算盈亏,只记录和计算几个主要指标,进行简易核算。

11.2 会计机构

11.2.1 会计机构的设置

会计机构是各单位内部进行会计工作的职能部门。建立和健全会计机构是做好会计工作的组织保证,是发挥会计职能,确保会计工作有条不紊地进行,及时准确地为经济决策提供信息的重要条件。

根据《会计基础工作规范》的规定,各单位应当根据会计业务的需要设置会计机构;不具备单独设置会计机构条件的,应当在有关机构中配备专职会计人员。对不具备设置会计机构和会计人员的单位,应当委托经批准设立从事会计代理记账业务的中介机构代理记账。

我国会计机构的设置一般分为国家会计管理机构的设置和基层单位会计机构的设置。

1. 国家会计管理机构

国家会计管理机构是指各级财政部门和业务主管部门设置的会计管理机构。

根据《中华人民共和国会计法》的规定,国家财政部设置会计事务管理机构(会计司),主管全国的会计工作,主要职责是制定和实施全国性的会计法令、准则和制度;指导和监督全国的会计工作;审批和汇总各省、市、区上报的财务报表;管理全国注册会计师事务;制订全国会计人员培训计划;管理全国会计人员技术职称评定工作。

财政部以下各级地方政府财政部门设置会计事务管理机构,各级业务主管部门设置会计处、科,在财政部会计司的领导下,主管本地区、本行业的会计工作。

11.2.2　基层单位会计机构

基层单位设置财务会计处、科、股、组,在厂长或总会计师的领导下,负责办理本单位的财务会计工作,接受上级财会部门的指导和监督。

事业行政单位会计机构的设置,应当符合国家统一事业行政单位会计制度的规定。

11.2.3　会计工作岗位

根据《会计基础工作规范》的规定,各单位应当根据会计业务需要设置会计工作岗位。

规定各岗位的职责和权限,建立相应的岗位责任制度。各单位建立会计工作岗位责任制,要从本单位的实际情况出发,考虑会计业务量和会计人员配备,依照效益和精简的原则划分工作岗位。

会计工作岗位一般分为:总会计师(或行使总会计师职权)岗位,会计机构负责人(会计主管人员)岗位,出纳岗位,稽核岗位,资本、基金核算岗位,收入、支出、债权债务核算岗位,工资核算、成本费用核算、财务成果核算岗位,财产物资的收发、增减核算岗位,总账岗位,对外财务会计报告编制岗位,会计电算化岗位,会计档案管理岗位。对于会计档案管理岗位,在会计档案正式移交之前,属于会计岗位,正式移交档案管理部门之后,不再属于会计岗位。

档案管理部门的人员管理会计档案,不属于会计岗位。医院门诊收费员、住院处收费员、药房收费员、药品库房记账员、商场收费(银)员所从事的工作均不属于会计岗位。

单位内部审计、社会审计、政府审计工作也不属于会计岗位。

会计工作岗位,可以一人一岗、一人多岗或者一岗多人。另外,设定会计工作岗位时,必须要考虑到形成规范的内部控制制度的要求,符合内部牵制的原则,如出纳人员不得兼任稽核、会计档案保管和收入、支出、费用、债权债务账目的登记工作。

开展会计电算化和管理会计的单位,可以根据需要设置相应工作岗位,也可以与其他工作岗位相结合。

会计人员的工作岗位应当有计划地进行轮换。

11.3　会计人员

11.3.1　会计人员的资格

会计人员是从事会计工作的专业人员,包括会计机构负责人和直接从事会计工作的人员。

事业行政单位会计人员的配备,应当符合国家统一事业行政单位会计制度的规定。

设置会计机构,应当配备会计机构负责人;在有关机构中配备专职会计人员,应当在专职会计人员中指定会计主管人员。

会计机构负责人、会计主管人员的任免,应当符合《中华人民共和国会计法》和有关法律的规定。

会计机构负责人、会计主管人员应当具备下列基本条件:

(1)坚持原则,廉洁奉公。
(2)具有会计专业技术资格。
(3)主管一个单位或者单位内一个重要方面的财务会计工作时间不少于两年。
(4)熟悉国家财经法律、法规、规章和方针、政策,掌握本行业业务管理的有关知识。
(5)有较强的组织能力。
(6)身体状况能够适应本职工作的要求。

大、中型企业、事业单位、业务主管部门应当根据法律和国家有关规定设置总会计师。总会计师由具有会计师以上专业技术资格的人员担任。总会计师行使《总会计师条例》规定的职责、权限。总会计师的任命(聘任)、免职(解聘)依照《总会计师条例》和有关法律的规定办理。

各单位应当根据会计业务需要按照有关规定配备会计人员。

会计人员应当具备必要的专业知识和专业技能,熟悉国家有关法律、法规、规章和国家统一会计制度,遵守职业道德。

会计人员应当按照国家有关规定参加会计业务的培训。各单位应当合理安排会计人员的培训,保证会计人员每年有一定时间用于学习和参加培训。

各单位领导人应当支持会计机构、会计人员依法行使职权;对忠于职守,坚持原则,做出显著成绩的会计机构、会计人员,应当给予精神的和物质的奖励。

国家机关、国有企业、事业单位任用会计人员应当实行回避制度。单位领导人的直系亲属不得担任本单位的会计机构负责人、会计主管人员。会计机构负责人、会计主管人员的直系亲属不得在本单位会计机构中担任出纳工作。需要回避的直系亲属为夫妻关系、直系血亲关系、三代以内旁系血亲以及配偶亲关系。

11.3.2 会计人员的职业道德

《会计基础工作规范》规定了会计人员的职业道德:

会计人员在会计工作中应当遵守职业道德,树立良好的职业品质、严谨的工作作风,严守工作纪律,努力提高工作效率和工作质量。

会计人员应当热爱本职工作,努力钻研业务,使自己的知识和技能适应所从事工作的要求。

会计人员应当熟悉财经法律、法规、规章和国家统一会计制度,并结合会计工作进行广泛宣传。

会计人员应当按照会计法规、法规和国家统一会计制度规定的程序与要求进行会计工作,保证所提供的会计信息合法、真实、准确、及时、完整。

会计人员办理会计事务应当实事求是、客观公正。

会计人员应当熟悉本单位的生产经营和业务管理情况,运用掌握的会计信息和会计方法,为改善单位内部管理、提高经济效益服务。

会计人员应当保守本单位的商业秘密。除法律规定和单位领导人同意外,不能私自向外界提供或者泄露单位的会计信息。

财政部门、业务主管部门和各单位应当定期检查会计人员遵守职业道德的情况,并作为会计人员晋升、晋级、聘任专业职务、表彰奖励的重要考核依据。

会计人员违反职业道德的,由所在单位进行处罚;情节严重的,由会计证发证机关吊销其会计证。

11.3.3 会计人员的职责

1. 会计人员的职责

(1) 进行会计核算。

(2) 实行会计监督。

(3) 拟订本单位办理会计事务的具体办法。

(4) 参与拟订经济计划、业务计划,考核、分析预算财务计划的执行情况。

(5) 办理其他会计事务。

2. 会计主管人员的职责

(1) 参与本单位经营管理的预测和决策。

(2) 组织和领导本单位的会计工作,对制订本单位各项会计制度、制订财务和财务计划(或单位预算)、检查计划(预算)的执行情况以及编制财务报表负有全面责任。

(3) 负责及时足额的缴纳本单位应缴税金。

(4) 深入地进行调查研究,定期总结先进经验,组织交流,挖掘增产节约(或增收节支)潜力。

(5) 监督本单位各部门正确贯彻执行国家财经政策,遵守财经纪律。

(6) 负责对所属会计人员的工作考核。

3. 总会计师的职责

(1) 编制和执行预算、财务收支计划、信贷计划,拟订资金筹措和使用方案,开辟财源,有效地使用资金。

(2) 进行成本费用预测、计划、控制、核算、分析和考核,督促本单位有关部门降低消耗,节约费用,提高经济效益。

(3) 建立、健全经济核算制度,利用财务会计资料进行经济活动分析。

(4) 承办单位主要行政领导人交办的其他工作。

(5) 总会计师负责对本单位会计机构的设置和会计人员的配备、会计职务的设置和聘任提出方案;组织会计人员的业务培训和考核,支持会计人员依法行使职权。

(6) 总会计师协助单位主要行政领导人企业的生产经营、行政事业单位的业务发展以及其建设投资等问题做出决策;总会计师参与新产品开发、技术改造、科技研究、商品劳务价格和工资奖金等方案的制订;参与重大经济合同和经济协议的研究审查。

11.3.4 会计人员的权限

(1)有权要求本单位各部门、人员严格遵守国家的财经纪律和财务会计制度。对于内部有关部门违反国家法规的情况,会计人员有权拒绝执行,并及时向本单位领导或上级有关部门报告。

(2)有权参与本单位编制计划、制订定额、签订经济合同,参加生产经营会议和业务会议,有权了解企业的生产经营情况,并提出自己的建议。

(3)有权监督、检查本单位有关部门的财务收支、资金使用和财产保管、收发、计量、检验等情况。

11.3.5 会计工作的交接

会计人员调动工作或离职,必须与接管人员办清交接手续。

一般会计人员办理交接手续,有会计机构负责人(会计主管人员)监交。离职的会计人员,在接到移交通知后,应将所有分管的会计工作处理完毕,在所登记的账簿的最后一项记录后签名并加盖公章,已明确经办人员的责任。对于经管未了事项应以书面形式列出,在移交的会计账簿首页认真填写交接情况,并有接管人员和离职人员分别签名盖章。对所移交的凭证、账簿、报表、文件等会计资料应按照移交清册,会同移交人员逐项清点。移交时,如果发现错误或其他问题,应查明情况,对于一时难以查清的问题,必须在移交清册中加以说明。移交清册一般应填制一式三份,交接双方各执一份,存档一份。

会计机构负责人(会计主管人员)办理交接手续,由单位负责人监交,必要时上级主管单位可以派人会同监交。会计机构负责人(会计主管人员)交接时,应将财务部门的全面情况,包括财会部门的工作程序、机构设置及人员分工情况向接管人员一一介绍。

对于关、停、并、转的企业,会计人员必须会同有关人员编制财产、资金、债权、债务的移交清册,以备交换使用或存档备查并办理有关交接手续。

11.4 会计规范体系

会计规范是一个广泛意义的会计的法规和制度,是组织和从事会计工作必须遵循的规范。它是经济法规、制度的重要组成部分。制定和实行会计法规和制度,可以保证会计贯彻执行国家有关的财经政策,保证会计工作沿着社会主义市场经济的方向前进,可以使其提供的会计资料和会计信息真实、及时、可靠等。我国的会计规范体系包括会计法律、会计行政法规及部门规章。

11.4.1 会计法律

会计法律是指由全国人民代表大会及其常务委员会经过一定立法程序制定的、调整我国经济生活中会计行为关系的法律规范的总称。《中华人民共和国会计法》是我国会计工作的根本大法,是会计人员工作的规范,是会计工作的基本法规。《中华人民共和国会计法》是1985年颁布的,后经过几次修订,是唯一的一部会计法律,它是会计法律规范体系中层次最高的法律规范,是制定其他会计法律法规、会计规章制度的依据,也是指导我国会计工作的最高法规,其他任何会计法律法规都不得与之相违背。

除此以外,还有其他法规也涉及会计领域,如《中华人民共和国注册会计师法》《中华人民共和国公司法》等。

《中华人民共和国会计法》全文七章 52 条,分为总则;会计核算;公司、企业会计核算的特别规定;会计监督;会计机构和会计人员;法律责任和附则。

在总则部分,明确了会计法的立法目的、适用范围、设账要求、单位负责人的基本职责、会计机构及会计人员的职责和权利、对会计人员的奖励、会计工作监管体制、会计制度制定体制。

在会计核算部分,规定了会计核算的基本要求、会计核算的内容、会计年度、记账本位币、会计凭证、会计账簿、账目核对、会计处理方法、或有事项的披露、财务会计报告、会计记录文字及会计档案管理。

在公司、企业会计核算的特别规定部分,主要规定两个方面的问题:其一是公司、企业的确认、计量、记录、会计要素的基本要求;其二是公司、企业会计核算的禁止性规定。

在会计监督部分,修订后的《中华人民共和国会计法》第四章会计监督共九条,规定了五个方面的问题:单位内部会计监督制度;相关人员在单位内部会计监督中的职责;对违反会计法行为的检举;会计工作的社会监督;会计工作的国家监督。

在会计机构和会计人员部分,共六条,主要规定了七个方面的内容:企业会计机构设置;总会计师的设置;会计机构内部稽核制度和内部牵制制度;会计人员从业资格;会计机构负责人的任职资格;会计人员业务培训与教育;会计人员调离与接管人员应办清的交接手续及交接手续的监交规定。

11.4.2　会计行政法规

会计行政法规由国务院制定发布或者国务院有关部门拟订经国务院批准发布,制定依据是《中华人民共和国会计法》,会计行政法规是调整经济生活中某些方面会计关系的法律规范,是对会计法律的具体化或某个方面的补充,会计行政法规的效力仅次于会计基本法。会计行政法规通常以条例、办法、规定等具体名称出现。如《总会计师条例》《企业财务会计报告条例》《会计人员职权条例》以及有关会计交接工作的规定和会计人员技术职称等规定。

11.4.3　部门规章

部门规章是指由主管全国会计工作的行政部门——财政部就会计工作中某些方面内容所制定的规范性文件。部门规章必须依据会计法律和会计行政法规制定,包括国家统一的会计核算制度、国家统一的会计监督制度、国家统一的会计机构和会计人员制度、国家统一的会计工作管理制度等。

1. 国家统一的会计核算制度

国家统一的会计核算制度指的是狭义的会计制度,包括会计准则和会计制度两个层次,包括《企业会计准则》《企业会计制度》《政府会计准则》等。

2. 国家统一的会计监督制度

会计核算和监督是会计的基本职能,在会计法规体系中有重要地位,在《中华人民共和国会计法》《会计基础工作规范》中具有相关规定,除此之外还包括《内部会计控制规范》等。

3. 国家统一的会计机构和会计人员制度

国家统一的会计机构和会计人员制度主要是对会计机构和会计人员管理所做的规定,主要包括《会计专业技术人员继续教育规定》等。

4. 国家统一的会计工作管理制度

国家统一的会计工作管理制度主要就会计工作的基础管理和基本要求所做的规定,主要包括《会计基础工作规范》《会计档案管理办法》以及各省、自治区、直辖市人民代表大会及其常委会在同宪法和会计法律、行政法规不相抵触的前提下制定发布的会计规范性文件,也是我国会计法律制度的重要组成部分。

本章小结

会计工作组织是为了适合会计工作的综合性、政策性和严密细致的特点,对会计机构的设置、会计人员的配备、会计制度和法规的制定和执行等工作所做的统筹安排。按企业内部部门之间具体会计工作分工方式的不同,会计工作组织形式分为集中核算和分散核算两种;按企业与所属单位之间的经济管理体制不同,分为独立核算和非独立核算两种。

会计机构是各单位内部进行会计工作的职能部门。我国会计机构的设置一般分为国家会计管理机构的设置和基层单位会计机构的设置。根据《会计基础工作规范》的规定,各单位应当根据会计业务的需要设置会计机构;不具备单独设置会计机构条件的,应当在有关机构中配备专职会计人员。对不具备设置会计机构和会计人员的单位,应当委托经批准设立从事会计代理记账业务的中介机构代理记账。各单位应当根据会计业务需要设置会计工作岗位。企业根据自身的规模、业务繁简和管理要求可以对企业具体会计业务采用不同的分工方式。

会计人员是从事会计工作的专业人员,包括会计机构负责人和直接从事会计工作的人员。从事会计工作的人员,必须取得会计从业资格证书。《中华人民共和国会计法》规定了会计人员的职责和权限。

我国会计规范体系由全国人大常委会通过的《中华人民共和国会计法》、国务院发布的行政法规、会计规范性文件、会计准则和会计制度四个层次构成。

思考题

1. 组织企业会计工作的意义有哪些?
2. 组织会计工作的基本原则是什么?
3. 简述我国会计规范体系的构成。
4. 会计人员的工作职责有哪些?
5. 什么是会计工作的组织形式?工作的组织形式有哪几种类型?具体内容是什么?

附　录

企业会计准则——基本准则

(2006 年 2 月 15 日财政部令第 33 号公布,自 2007 年 1 月 1 日起施行。2014 年 7 月 23 日根据《财政部关于修改〈企业会计准则——基本准则〉的决定》修改)

第一章　总　则

第一条　为了规范企业会计确认、计量和报告行为,保证会计信息质量,根据《中华人民共和国会计法》和其他有关法律、行政法规,制定本准则。

第二条　本准则适用于在中华人民共和国境内设立的企业(包括公司,下同)。

第三条　企业会计准则包括基本准则和具体准则,具体准则的制定应当遵循本准则。

第四条　企业应当编制财务会计报告(又称财务报告,下同)。财务会计报告的目标是向财务会计报告使用者提供与企业财务状况、经营成果和现金流量等有关的会计信息,反映企业管理层受托责任履行情况,有助于财务会计报告使用者做出经济决策。

财务会计报告使用者包括投资者、债权人、政府及其有关部门和社会公众等。

第五条　企业应当对其本身发生的交易或者事项进行会计确认、计量和报告。

第六条　企业会计确认、计量和报告应当以持续经营为前提。

第七条　企业应当划分会计期间,分期结算账目和编制财务会计报告。会计期间分为年度和中期。中期是指短于一个完整的会计年度的报告期间。

第八条　企业会计应当以货币计量。

第九条　企业应当以权责发生制为基础进行会计确认、计量和报告。

第十条　企业应当按照交易或者事项的经济特征确定会计要素。会计要素包括资产、负债、所有者权益、收入、费用和利润。

第十一条　企业应当采用借贷记账法记账。

第二章　会计信息质量要求

第十二条　企业应当以实际发生的交易或者事项为依据进行会计确认、计量和报告,如实反映符合确认和计量要求的各项会计要素及其他相关信息,保证会计信息真实可靠、内容完整。

第十三条　企业提供的会计信息应当与财务会计报告使用者的经济决策需要相关,有助于财务会计报告使用者对企业过去、现在或者未来的情况做出评价或者预测。

第十四条　企业提供的会计信息应当清晰明了,便于财务会计报告使用者理解和使用。

第十五条　企业提供的会计信息应当具有可比性。

同一企业不同时期发生的相同或者相似的交易或者事项,应当采用一致的会计政策,不得随意变更。确需变更的,应当在附注中说明。

不同企业发生的相同或者相似的交易或者事项,应当采用规定的会计政策,确保会计信息口径一致、相互可比。

第十六条　企业应当按照交易或者事项的经济实质进行会计确认、计量和报告,不应仅以交易或者事项的法律形式为依据。

第十七条　企业提供的会计信息应当反映与企业财务状况、经营成果和现金流量等有关的所有重要交易或者事项。

第十八条　企业对交易或者事项进行会计确认、计量和报告应当保持应有的谨慎,不应高估资产或者收益、低估负债或者费用。

第十九条　企业对于已经发生的交易或者事项,应当及时进行会计确认、计量和报告,不得提前或者延后。

第三章　资　产

第二十条　资产是指企业过去的交易或者事项形成的、由企业拥有或者控制的、预期会给企业带来经济利益的资源。

本条所指的企业过去的交易或者事项包括购买、生产、建造行为或其他交易或者事项。预期在未来发生的交易或者事项不形成资产。

由企业拥有或者控制,是指企业享有某项资源的所有权,或者虽然不享有某项资源的所有权,但该资源能被企业所控制。

预期会给企业带来经济利益,是指直接或者间接导致现金和现金等价物流入企业的潜力。

第二十一条　符合本准则第二十条规定的资产定义的资源,在同时满足以下条件时,确认为资产:

(一)与该资源有关的经济利益很可能流入企业;

(二)该资源的成本或者价值能够可靠地计量。

第二十二条　符合资产定义和资产确认条件的项目,应当列入资产负债表;符合资产定义、但不符合资产确认条件的项目,不应当列入资产负债表。

第四章　负　债

第二十三条　负债是指企业过去的交易或者事项形成的、预期会导致经济利益流出企业的现时义务。

现时义务是指企业在现行条件下已承担的义务。未来发生的交易或者事项形成的义务,不属于现时义务,不应当确认为负债。

第二十四条　符合本准则第二十三条规定的负债定义的义务,在同时满足以下条件时,确认为负债:

(一)与该义务有关的经济利益很可能流出企业;

(二)未来流出的经济利益的金额能够可靠地计量。

第二十五条　符合负债定义和负债确认条件的项目,应当列入资产负债表;符合负债定义、但不符合负债确认条件的项目,不应当列入资产负债表。

第五章　所有者权益

第二十六条　所有者权益是指企业资产扣除负债后由所有者享有的剩余权益。

公司的所有者权益又称为股东权益。

第二十七条　所有者权益的来源包括所有者投入的资本、直接计入所有者权益的利得和损失、留存收益等。

直接计入所有者权益的利得和损失，是指不应计入当期损益、会导致所有者权益发生增减变动的、与所有者投入资本或者向所有者分配利润无关的利得或者损失。

利得是指由企业非日常活动所形成的、会导致所有者权益增加的、与所有者投入资本无关的经济利益的流入。

损失是指由企业非日常活动所发生的、会导致所有者权益减少的、与向所有者分配利润无关的经济利益的流出。

第二十八条　所有者权益金额取决于资产和负债的计量。

第二十九条　所有者权益项目应当列入资产负债表。

第六章　收　入

第三十条　收入是指企业在日常活动中形成的、会导致所有者权益增加的、与所有者投入资本无关的经济利益的总流入。

第三十一条　收入只有在经济利益很可能流入，从而导致企业资产增加或者负债减少，且经济利益的流入额能够可靠计量时，才能予以确认。

第三十二条　符合收入定义和收入确认条件的项目，应当列入利润表。

第七章　费　用

第三十三条　费用是指企业在日常活动中发生的、会导致所有者权益减少的、与向所有者分配利润无关的经济利益的总流出。

第三十四条　费用只有在经济利益很可能流出，从而导致企业资产减少或者负债增加，且经济利益的流出额能够可靠计量时，才能予以确认。

第三十五条　企业为生产产品、提供劳务等发生的可归属于产品成本、劳务成本等的费用，应当在确认产品销售收入、劳务收入等时，将已销售产品、已提供劳务的成本等计入当期损益。

企业发生的支出不产生经济利益的，或者即使能够产生经济利益但不符合或者不再符合资产确认条件的，应当在发生时确认为费用，计入当期损益。

企业发生的交易或者事项导致其承担了一项负债而又不确认为一项资产的，应当在发生时确认为费用，计入当期损益。

第三十六条　符合费用定义和费用确认条件的项目，应当列入利润表。

第八章　利　润

第三十七条　利润是指企业在一定会计期间的经营成果。利润包括收入减去费用后的净额、直接计入当期利润的利得和损失等。

第三十八条　直接计入当期利润的利得和损失，是指应当计入当期损益、会导致所有者权益发生增减变动的、与所有者投入资本或者向所有者分配利润无关的利得或者损失。

第三十九条　利润金额取决于收入和费用、直接计入当期利润的利得和损失金额的计量。

第四十条　利润项目应当列入利润表。

第九章　会计计量

第四十一条　企业在将符合确认条件的会计要素登记入账并列报于会计报表及其附注（又称财务报表，下同）时，应当按照规定的会计计量属性进行计量，确定其金额。

第四十二条 会计计量属性主要包括：

（一）历史成本。在历史成本计量下，资产按照购置时支付的现金或者现金等价物的金额，或者按照购置资产时所付出的对价的公允价值计量。负债按照因承担现时义务而实际收到的款项或者资产的金额，或者承担现时义务的合同金额，或者按照日常活动中为偿还负债预期需要支付的现金或者现金等价物的金额计量。

（二）重置成本。在重置成本计量下，资产按照现在购买相同或者相似资产所需支付的现金或者现金等价物的金额计量。负债按照现在偿付该项债务所需支付的现金或者现金等价物的金额计量。

（三）可变现净值。在可变现净值计量下，资产按照其正常对外销售所能收到现金或者现金等价物的金额扣减该资产至完工时估计将要发生的成本、估计的销售费用以及相关税费后的金额计量。

（四）现值。在现值计量下，资产按照预计从其持续使用和最终处置中所产生的未来净现金流入量的折现金额计量。负债按照预计期限内需要偿还的未来净现金流出量的折现金额计量。

（五）公允价值。在公允价值计量下，资产和负债按照市场参与者在计量日发生的有序交易中，出售资产所能收到或者转移负债所需支付的价格计量。

第四十三条 企业在对会计要素进行计量时，一般应当采用历史成本，采用重置成本、可变现净值、现值、公允价值计量的，应当保证所确定的会计要素金额能够取得并可靠计量。

第十章 财务会计报告

第四十四条 财务会计报告是指企业对外提供的，反映企业某一特定日期的财务状况和某一会计期间的经营成果、现金流量等会计信息的文件。

财务会计报告包括会计报表及其附注和其他应当在财务会计报告中披露的相关信息与资料。会计报表至少应当包括资产负债表、利润表、现金流量表等报表。

小企业编制的会计报表可以不包括现金流量表。

第四十五条 资产负债表是指反映企业在某一特定日期的财务状况的会计报表。

第四十六条 利润表是指反映企业在一定会计期间的经营成果的会计报表。

第四十七条 现金流量表是指反映企业在一定会计期间的现金和现金等价物流入和流出的会计报表。

第四十八条 附注是指对在会计报表中列示项目所做的进一步说明，以及对未能在这些报表中列示项目的说明等。

第十一章 附　则

第四十九条 本准则由财政部负责解释。

第五十条 本准则自2007年1月1日起施行。

参考文献

[1] 孟翠湖,张旋,成骏. 基础会计[M]. 北京:人民邮电出版社,2014.

[2] 张捷. 基础会计[M]. 北京:中国人民大学出版社,2013.

[3] 韩俊静,廖雅光. 会计学原理[M]. 北京:人民邮电出版社,2016.

[4] 唐国平. 会计学基础[M]. 2版. 北京:高等教育出版社,2011.

[5] 财政部条法司. 中华人民共和国财政法规汇编[M]. 北京:中国财政经济出版社,2015.

[6] 会计从业资格考试教材编委会. 会计基础[M]. 北京:中国财政经济出版社,2016.

[7] 会计人员继续教育培训教材编写组. 企业会计准则最新政策解读[M]. 北京:中国财政经济出版社,2016.

[8] 财政部营改增课题组. 营业税改征增值税指南[M]. 北京:中国财政经济出版社,2016.

[9] 《会计档案管理办法讲解》编写组. 会计档案管理办法讲解[M]. 北京:中国财政经济出版社,2016.

[10] 常勋,肖华. 会计专业英语[M]. 4版. 上海:立信会计出版社,2005.

[11] 王曙光. 税法[M]. 7版. 大连:东北财经大学出版社,2016.

[12] 中华会计网校. 会计基础工作规范应用指南[M]. 上海:上海交通大学出版社,2010.

[13] 中华人民共和国财政部. 企业会计准则(2020版)[M]. 上海:立信会计出版社,2020.

[14] 中华人民共和国财政部. 企业会计准则应用指南(2020版)[M]. 上海:立信会计出版社,2020.